国宝播迁

抗战时期北平文物迁移纪实

李守义——著

图书在版编目（CIP）数据
国宝播迁 ： 抗战时期北平文物迁移纪实 / 李守义著.
重庆 ： 重庆出版社， 2025. 7. -- ISBN 978-7-229
-20778-6
Ⅰ. K872.1
中国国家版本馆CIP数据核字第2025LV9702号

国宝播迁：抗战时期北平文物迁移纪实

GUOBAO BOQIAN: KANGZHAN SHIQI BEIPING WENWU QIANYI JISHI

李守义　著

策划编辑：秦　琥
责任编辑：秦　琥　冯世毓
责任校对：李小君
装帧设计：冯伟佳
排版设计：侯　建

重庆出版社　**出版**

重庆市南岸区南滨路 162 号 1 幢　邮政编码：400061　http://www.cqph.com
重庆市开州印务有限公司印刷
重庆出版社有限责任公司发行
邮购电话：023-61520646
全国新华书店经销

开本：889mm × 1240mm　1/32　印张：11.5　字数：250 千
2025 年 8 月第 1 版　2025 年 8 月第 1 次印刷
ISBN 978-7-229-20778-6
定价：68.00 元

如有印装质量问题，请向重庆出版社有限责任公司调换：023-61520678

自序

20世纪30年代，中华民族面临严重的民族危机。在战争的阴云笼罩华北，北平城危在旦夕之际，文物的命运成为举国关注的焦点。围绕文物是否迁移，文化界、政界乃至全社会展开了激烈争论。有人建议文物就地保存，誓与文物共存亡；也有人主张未雨绸缪，对文物进行转移，以免毁于战火。最终在蔡元培、易培基、傅斯年等人的积极推动下，国民政府做出了对文物进行迁移的决策，这一决定标志着一场规模空前、艰苦卓绝的国宝播迁悄然展开。

北平文物迁移涉及多个文化机构的珍贵文物，包括历史语言研究所的殷墟甲骨、故宫博物院的皇家珍藏、历史博物馆的国学旧藏、古物陈列所的两宫遗萃、颐和园的清宫旧藏、国子监的千年石鼓、北平图书馆的珍本典籍、西北科学考查团的居延汉简等。这些具有重要历史文化价值的文物在战争威胁下被迫进行多次转移，迁移路线从北平到上海，从南京到宝鸡，从长沙到重庆、昆明，部分文物甚至远赴海外躲避战火。文物的每一次迁移，保护工作都面临多重挑战：运输途中，敌机轰炸、道路塌方、匪患滋扰、经费短缺等问题接踵而至；存藏期间，潮湿霉变、虫蛀鼠害、盗窃觊觎、战火威胁等危机如影随形。然而，正是在这样的困境中，文物守护者展现出卓越的专业素养和奉献精神，以非凡的勇气和智慧，守护着民族的文化命脉。

本书基于对档案文献、当事人书信及回忆录等史料的系统梳理，全面重构了抗战前后北平地区八家主要文物收藏机构的文物迁移历程，生动再现了那段鲜为人知却波澜壮阔的历史图景：在战争阴云笼罩下，珍贵文物如何被秘密装箱启运？如何穿越烽火连天的千里险途，安然抵达西南腹地？如何在战时困境中远赴海外参加国际展览，向世界彰显中华文明的独特魅力？如何漂洋过海，在异国他乡暂得栖身？又如何因历史变局而最终分藏海峡两岸，成为时代变迁的见证？

本书各章题目采用主副标题相结合的形式，主标题力求用精练的短句呈现核心观点，副标题则是对主标题的延伸阐释，界定了研究范围。开篇“国宝何去”呈现国难之际因文物迁留而引起的争论，揭示文物南迁决策背后的博弈。“南迁首途”聚焦中央研究院历史语言研究所率先开启文物迁移行动的经过。“沪上寓公”展现了故宫博物院文物的迁移历程及相关展览活动。“沪上寓公”是指故宫博物院文物暂存上海期间，马衡别出心裁地用“沪”“上”“寓”“公”四个字分别代指原古物馆、图书馆、文献馆和秘书处的文物箱件，“寓公”一词，反映了故宫博物院国宝流离失所的境遇。“端门含章”叙述了历史博物馆文物迁移始末。端门是历史博物馆馆址所在，“含章”二字指代馆藏珍贵文物。“宝蕴藏珍”记述了古物陈列所文物战时迁移及战后划归故宫博物院的历程。宝蕴楼作为古物陈列所库房，见证了这段历史。“颐和御宝”与“陈仓石鼓”两章，分别记录了颐和园皇家珍藏与国子监千年石鼓的播迁故事。“文津元典”与“流沙坠简”两章，则分别叙述了北平图书馆典籍文献与西北科学考查团居延汉简的抢救历程。终章“功侔鲁壁”总结了北平文物迁移的特点与历史价值。抗战胜利后，马衡曾手书“功侔鲁壁”匾额赠予四川安谷镇，意在将当地民众的护宝功绩与“孔壁藏书”的文化意义相提并论。

北平文物的迁移，是一场没有硝烟的文化抗战，是中国人民抗日战争的重要组成部分。这场文物大迁移长达十几年，播迁十余省，行程数万里。抗战时南迁上海、南京，西迁长沙、南昌、宝鸡、汉中、重庆、贵阳、昆明、安顺、巴县、峨眉、乐山、李庄等地；抗战胜利后又经历了集中重庆、东归南京、迁移台湾和北返北平。文物守护者在颠沛流离中完成了世界文物保护史上规模最大、历时最久、行程最长的文物大迁移，创造了战火下保护人类文化遗产的伟大奇迹。尤为可贵的是，文物迁移期间，文物守护者克服各种困难，在上海、南京、贵阳、李庄、重庆、成都，甚至远赴伦敦、莫斯科等地举办和参与了多个展览，弘扬了民族文化，凝聚了民族精神，激发了抗战热情。

北平文物迁移过程虽历经艰难曲折，但文物始终得到了有效的保护，保存基本完整。其原因不仅是各文化机构之间相互协同配合，更是内政部、铁道部、军政部、财政部、教育部等行政单位与诸多地方政府、各界人士和广大民众的共同努力为文物迁移、保存提供了保障，体现了全社会对文物保护的高度重视。文物本身所蕴含的历史、文化、艺术价值，在中华民族处于危亡之际，中日民族矛盾上升为社会主要矛盾时，其承载的家国记忆与民族精神，就显得弥足珍贵。而多方力量因文物而凝心聚力，联动协同保护文物的行为，是民族精神在中华文化保护中的延续与浓缩，彰显了20世纪30年代抗战烽火中的文物播迁，是一次全民护宝的伟大壮举。

如今回望这段历史，文物迁移的意义早已超越了单纯的“保护”范畴。在民族存亡之际，这场跨越万里的文明守护，不仅映照出文物守护者以文化传承为己任的坚定担当，更彰显了中华民族强大的凝聚力。那些颠沛辗转的国之瑰宝，不仅是历史的见证，更是中华民族精神的象征，诉说着一个民族的坚韧与不屈。

本书的写作，既是对历史的致敬，亦是对未来的思考。在全球局势依然动荡的今天，如何守护人类共同的文化遗产？如何在危机中延续文明？这段荡气回肠的历史，必将给予我们深刻的启示。

目录

国宝何去

战争阴影下
北平文物的迁留抉择

1931年，日本发动了震惊中外的九一八事变，并迅速侵占了辽宁、吉林、黑龙江三省。东北沦陷后，华北成为日本侵略的下一个目标，北平笼罩在战争的阴云之下。北平拥有历史博物馆、古物陈列所、故宫博物院、北平图书馆、历史语言研究所等多家博物馆、图书馆及文物研究机构。这些机构收藏的文物数量众多，如九一八事变前，历史博物馆文物数量为21万多件、古物陈列所文物数量为24万多件、故宫博物院文物数量更是近120万件。面对日寇随时可能对华北发动战争的情形，如何处置这些机构所藏珍贵文物才能确保其安全，成为媒体及社会各界关注的焦点，各方甚至因意见不同而产生了一系列争论。

时局骤变

九一八事变与北平文化界的抗日救亡活动

1931年9月18日晚，日本关东军自行炸毁其修筑的沈阳北郊南满铁路柳条湖段的一段路轨，反诬中国军队破坏铁路，并以此为借口向中国军队驻地北大营发起猛烈进攻，炮轰沈阳城，制造了震惊中外的九一八事变（图1-1）。9月19日，关东军攻占北大营，占领沈阳，并迅速占领了南满、安奉铁路沿线的营口、田庄台、盖

图 1-1
日军轰炸东北军兵营。采自中国国家博物馆编：《复兴之路》，文物出版社，2013年，第152页

平（今盖州）、复县（今瓦房店）、大石桥、海城、辽阳、鞍山、铁岭、开原、四平、公主岭、安东、凤城、本溪等重要城镇，日军侵华战火迅速在东北大地蔓延开来。随后，日本关东军又陆续向长春、敦化、通辽、新民等地发起进攻。至9月25日，关东军占领了辽宁、吉林两省的大部分地区。10月3日，关东军开始进攻黑龙江；11月19日，攻陷了省城齐齐哈尔。1932年1月3日，日军占领锦州。关东军在占领锦州和辽西之后继续北上，

于2月5日占领了哈尔滨。至此，辽宁、吉林、黑龙江三省全部沦陷。九一八事变后，东北大地饱受战火摧残，日寇在东北地区肆意践踏，所到之处，生灵涂炭，民众生活在水深火热之中。为了逃避战火，大批民众涌入北平、天津、上海等城市，沦为无家可归的难民。据统计，九一八事变后，从东北地区逃入关内的中国民众人数有数十万之多。[①] 不少涌入内地城市的难民生活没有着落，“率皆鸠形鹄面，破衣烂衫，厥形极惨”[②]（图1-2）。

九一八事变激起了北平各界人士的愤怒。北平文化界为抵抗日寇，救济难民，纷纷以各种方式投身到抗日救亡的运动中。1931年9月24日，北平60余所大中学校宣告成立北平学生抗日救国联合会，组织各大中学校学生成立请愿团和示威团，抗议日军侵略，呼吁全国人民团结一致、抗日到底；11月6日至13日，故宫博物院、历史博物馆、北平研究院、北平图书馆等11个文化机关联合举行展览，展览所得票款为“救济东北募集寒衣”。展览举办前，历史博物馆、历史语言研究所、中国营造学社等文化机关纷纷“添陈珍品”，以期吸引更多观众。

历史博物馆，分发掘、金石、模型、图表等十三大类，

① 孙艳魁：《苦难的人流——抗战时期的难民》，广西师范大学出版社，1994年，第33页。
② 徐晓飞：《九一八事变对民众生活的影响》，《近代大连史研究》第五卷，辽宁人民出版社，2008年，第441页。

图 1–2
日军占领东北后无家可归的同胞。采自中国国家博物馆、中联办宣传文化部编：《和平正义事业的伟大胜利——纪念中国抗日战争暨世界反法西斯战争胜利六十周年》，澳门民政总署辖下澳门艺术博物馆制作，2005年，第33页

陈列新增定兴汉冢陶马土俑，易县燕下都陶器多件，并寄陈鲍奉宽氏旧藏清乾隆时生人徐白斋所绘戏曲春灯百幅，抹脸挂髯，悉与现时不同，不徒良工艺术之足珍，更可知百年来戏装之变迁。又该院历史语言研究所，特在该馆布置陈列室陈览清代入关前天

命、天聪、崇德年间珍秘史料及历年在安阳发掘殷墟所得龟甲、牛首、鹿头、铜器、玉器、石器、骨器、蚌器、白陶器等多种，三千年来之所遗留，此次始获供旧都人士之观览。中国营造学社近注意古代木质建筑，故此次亦在该馆设有陈列室，陈列蓟县之独乐寺、宝坻之广济寺实测图影帧等，皆距今千年之辽时名迹，该社费长时期研究之成绩品，此次特提供众览，当为关心建筑学者所乐闻。[①]

因明末重臣洪承畴的“人格事迹颇有其相当刺激性，为供国人鉴戒计”，历史博物馆于1932年6月18日至26日，举办了洪承畴遗物及史料展。展览文物经过精心选择，重要文物如“清兵犯锦州杏山血战情形各题奏”“吴三桂报兵部奏松锦失守、洪承畴被掳不屈死难情形”[②]，以及洪承畴降清后领受五省经略新印、擒杀明瑞昌王朱谊泐及黄道周揭报等六十余件档案，并将调查北平故家时拍摄的洪氏故宅、冢墓破败情景等影片、拓本分别装裱。洪氏一生经历极富冲突性与戏剧性，其身后事也颇令人唏嘘。展览吸引了众多学术界人士、普通民众入馆观览。[③]

① 《十一机关联合举行 救济东北募集寒衣》，《申报》（上海版）1931年11月8日。

② 《国立中央研究院历史语言研究所二十年度报告》（1931年），欧阳哲生主编：《傅斯年全集》第六卷，湖南教育出版社，2003年，第354页。

③ 《国立中央研究院历史语言研究所二十年度报告》（1931年），欧阳哲生主编：《傅斯年全集》第六卷，湖南教育出版社，2003年，第354页。

1932年11月5日至14日，历史博物馆又与故宫博物院、古物陈列所、古物保管委员会北平分会、北平研究院、天文陈列馆等八家机构，“以时值冬令，东北抗敌战士，饥寒交迫，苦痛滋甚，爰相集议，拟定联合开放展览，所有收入，全数购置寒衣，寄赠前方，以资救济”。“开放十天，各处售票数在九千元以上，全数交由朱子桥先生制备寒衣，汇寄前方”[①]，用于东北抗敌战士御寒抗日。

“一·二八”事变与北平文化界的抗日救亡活动

日本侵占中国东北之后，为转移欧美各国对其侵占中国东北的注意力，又蓄意在上海制造事端并以此为借口发动了对上海的侵略。1932年1月18日下午，5名受到日本间谍唆使的日本僧人到毗邻上海公共租界东区（杨树浦）的华界马玉山路民族资本开办的织造厂——三友实业社生事，故意引发冲突。而之前日本间谍早已雇用打手扮成工人模样混入人群，冲突中，日方5人遭到不明人士攻击。日本指控攻击事件为中国工人所为，借口日本僧人被中国工人击伤，指使暴徒对三友实业社纵火、破坏，煽动日本侨民集会、闹事。1月21日，日本驻上海总领事馆向上海市政府提出四项无理要求，即道歉、惩凶、赔偿、解散抗日团体。上海市政府按照国民

① 《国立中央研究院历史语言研究所二十一年度报告》（1932年），欧阳哲生主编：《傅斯年全集》第六卷，湖南教育出版社，2003年，第408页。

图 1–3
1932 年 1 月 28 日，日军进攻上海，向我闸北防区守军发动炮击。采自上海社会科学院历史研究所编：《“九一八”—“一·二八”上海军民抗日运动史料》插图，上海社会科学出版社，1986 年

政府的指示，虽接受了日方提出的全部要求，但驻上海的日本海军却以保护侨民为由调兵遣将，向上海增派军舰，蓄意扩大事端。1932 年 1 月 28 日夜，日本海军第一遣外舰队司令盐泽幸一指挥海军陆战队分三路突袭上海闸北，第十九路军在总指挥蒋光鼐、军长蔡廷锴指挥下奋起抵抗，震惊中外的“一·二八”事变爆发(图 1–3)。1932 年 3 月 3 日，在英、美、法、意等国的调停下，中日双方停战，5 月 5 日双方正式签订了《淞沪停战协定》。协定要求取缔全国的抗日运动，中国在交战区不得

驻兵，日军可以留驻上海等，从而使上海门户大开，中国的主权进一步受到损害，为日本发动全面侵华战争提供了条件。

“一·二八”事变的发生，不仅沉重打击了上海地区的民族工商业的发展，而且严重破坏了当地高校、图书馆、出版社等机构的文化设施。1932 年“一·二八”事变中，淞沪地区 16 所高校遭受破坏，其中 12 所高校的图书资料全部或部分遭到破坏；商务印书馆总厂被日军飞机轰炸，其附设的东方图书馆被日军焚毁，其创办者张元济悲叹：“工厂、机器、设备都可重修，唯独我数十年辛勤搜集所得的几十万册书籍，今日毁于敌人炮火，是无从复得，从此在地球上消失了。”[①] 北平各文化机关，在控诉日寇暴行的同时，多次举办以筹款抗日为目的的特别展览，支援前方抗日将士，抗日救亡成为这一时期北平文化界活动的核心主题。如 1932 年 3 月，故宫博物院、古物陈列所与历史博物馆在北平各界慰劳上海抗日将士大会集议，“决定联合开放三天，所得票价，全数汇沪作慰劳御日将士之用。其日期系由本月十八日至二十日，故宫博物院中西两路并开，券价只收五角；古物陈列所新开陈列室数处，连同文华、武英、三大殿均按半价收费，共为一元二角五分；历史博物馆除全部开放外，并邀请中央研究院历史语言研究所共襄盛举，特在该馆午门楼上另辟精室，陈列该所近二年来整理内阁大库所得各项明清

① 张树年主编：《张元济年谱》，商务印书馆，1991 年，第 360 页。

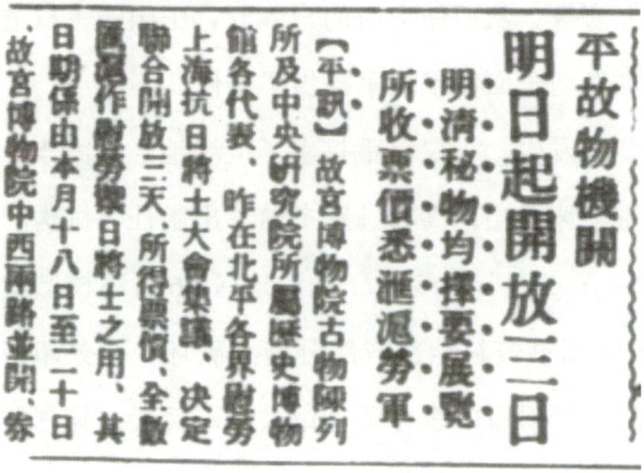

平故物機關
明日起開放三日
‧明清秘物均擇要展覽‧
所收票價悉滙滬勞軍
【平訊】故宮博物院古物陳列所及中央研究院所屬歷史博物館各代表、昨在北平各界慰勞上海抗日將士大會集議、決定聯合開放三天、所得票價、全數匯滬作慰勞禦日將士之用、其日期係由本月十八日至二十日
‧故宮博物院中西兩路並開、叅

图 1–4
《平故物机关 明日起开放三日 明清秘物均择要展览 所收票价悉汇沪劳军》报道。采自《大公报》，1932 年 3 月 17 日

两代文献重要案卷云”[①]（图 1–4）。“当国难日亟之际”，为鼓舞民族士气，1932 年 10 月，历史博物馆特从藏品中搜集关于明代倭寇史料，加以陈览，借以唤起世人对日寇的警惕。展览除借陈历史语言研究所有关明代倭寇事迹档案多通并倭书等件外，还仿绘抗倭英雄戚继光肖像，并万历年间明朝封平臣秀吉为日本国王的诰命写真等，以恢弘民族士气。展览举办一星期，来参观者甚夥，而尤以学术界人士为多。

① 《平故物机关 明日起开放三日 明清秘物均择要展览 所收票价悉汇沪劳军》，《大公报》1932 年 3 月 17 日。

变局下的文物保护筹划

九一八事变后，北平城便已笼罩在战争的阴影下。“一·二八”事变，更让北平民众意识到了战争的紧迫感、危机感，深切地感受到战争就在身边，战争就在眼前。署名“大任”的作者在《谬哉定北平为文化城之建议——正告北平教育界》一文中敏锐地意识到日本侵华野心的日益膨胀，以及随时向华北地区扩大战事的可能性。

> 诸位还要切实明白：日本的野心是很显著的，他不侵吞华北便不能保全伪“满洲国”，不保全伪“满洲国”，便不能称霸太平洋。所以在最近的将来，——也许就是民国二二年吧，他必定有一天占领河北、山东一带的。他本来就在北平城内驻有军队，从北平沿北宁铁路，从天津塘沽，一直到榆关、秦皇岛，都有军队驻扎，天津又有根深蒂固的租界，所以他不动则已，要动则一个晚上就可以平稳的占领北平、天津，三日便可以占领河北、山东各要埠，像九一八占领辽宁、吉林一样的快。[①]

显而易见，作者在揭露日本侵华野心的同时，也对于中国人

① 大任：《谬哉定北平为文化城之建议——正告北平教育界》，《中国新书月报》，第2卷，第9/10期，1932年。

民抗日战争的决心与力量存在着悲观情绪，认为日军能在非常短的时间内占领北平、天津。但时局确实已非常紧迫，1931 年 11 月，日本特务头子土肥原贤二策动“天津事变”，挟持溥仪出关，逼中国驻军退出天津，“平市谣诼繁兴，几至一夕数惊”[①]。面对战火中文物或遭毁坏或被掠夺的两种命运，作为庋藏有大量珍贵文物的故宫博物院、古物陈列所、历史博物馆、北平图书馆、历史语言研究所等多家机构以及关心文物安全的各界人士，在这一变局下，为确保文物安全，未雨绸缪，开始筹划制定相应措施，如有的建议将文物装箱移入北平或天津的租界，有的建议划北平为文化城以避免战火，有的建议将珍贵文物装箱南迁等。这些考虑决非杞人忧天。早在 1894 年，日本宫中顾问官兼帝国博物馆总馆长九鬼隆一便制定了《战时清国宝物搜集方法要旨》，公然宣称“搜集大陆邻邦的遗存品乃属学术上最大之要务”，更赤裸裸地表示，“战时搜集之便，比平时易以低廉之价格得到名品”，“比平时易有搬运重物品之方法”，“战时搜集毫不悖国际公法之通义”，把搜刮邻国的文物称为“雄进国家财产”和“发扬国威”[②]。1931 至 1933 年日寇侵华期间的事实也证明了文物留存北平的风险。据伪满文教部记载，1931 年东北被日军侵占后，文物图书被严重毁坏或疯狂掠夺，

① 《国立中央研究院历史语言研究所二十年度报告》（1931 年），欧阳哲生主编：《傅斯年全集》第六卷，湖南教育出版社，2003 年，第 368 页。

② 参见《战时清国宝物搜集方法要旨》，转引自《东北亚考古资料译文集·高句丽渤海专号》第 3 辑，北方文物杂志社，2001 年。

仅1932年3月至7月间，日伪当局就在东北焚书650余万册；1932年“一·二八”淞沪战役中，被誉为“亚洲第一图书馆”的东方图书馆被焚毁一空，五层大厦仅剩断壁残垣，馆藏几十万册中外文书刊、善本古籍损失殆尽，时人有“申沪烽烟，南地图书尽丧”之语（图1–5）。有鉴于此，社会各界才为保护文物的安全提出多项建议。在战争阴影笼罩下的文物何去何从，是就地安置还是迁移保存？成为了媒体及社会各界关注的

图1–5
东方图书馆和商务印书馆被炸毁。采自上海社会科学院历史研究所编：《“九一八”—“一·二八”上海军民抗日运动史料》插图，上海社会科学出版社，1986年

焦点，各方甚至因意见不同而产生了激烈的争论。

迁留之辩

围绕如何保护文物的安全，北平各界提出了各种建议，在诸多建议中，古物保管委员会北平分会提出的将“北平划为文化城”和以故宫博物院为代表的文物收藏机构提出的文物南迁行动最具代表性。但两种建议都毫无例外地引起了社会的争论，尤其是后者，争论持续时间长达半年，甚至一段时期内，反对者的声势更为浩大。

划北平为文化城

面对华北日趋紧张的局势，为保护北平古迹与文物的安全，古物保管委员会[①]委员黄文弼（图 1–6）、刘复、江瀚、马衡等人提出，“划北平为文化区，永久不驻军队”。

① 古物保管委员会成立于 1928 年。成立之初名称为大学院古物保管委员会，是南京国民政府大学院专门委员会之一，负责全国文物古迹的保管研究及发掘等事宜。1929 年 3 月，大学院制结束，该会改隶教育部，称古物保管委员会。大学院古物保管委员会的会址初设上海，北伐后设北平分会。随后，古物保管委员会迁移北平，以分会会址团城为会址，更名为北平古物保管委员会，另设北平、浙江、江苏、天津等分会或支会。1934 年底，遵行政院令，被 1934 年 7 月成立的中央古物保管委员会接管，改组为中央古物保管委员会北平办事处。

图 1—6
黄文弼像，采自吴华峰、周珊编著：《黄文弼画传》，中西书局，2019 年，第 156 页

1932年8月，黄文弼在《从国防及保存古物立论划北平为文化区》文章中提出：

设计保存古物为本会职责所在，古物之安全与否，又为吾人之切肤问题，似亦不可漠视。今阅报载中央有意裁撤北平绥靖公署另组军事分会整理华北军政，巩固国防。如此则吾人可进一言，吾人所以有北平古物安全之忧虑者，因北平现为华北军事及政治中心，脱有事变，北平立受影响，而学术机关，遂被其波及。然止沸莫如抽薪，重心若移，则非常事变，自无由而生，各文化机关亦可安然保全。曾忆及政府迁都南京后，朝野人士，曾屡有划北平为文化都市，永久不驻军队之主张，终蔽于环境，此良好理想未能实现。今当北方政局改组之时，故吾人仍当重申前议，即划北平为文化区，永久不驻军队是也。……以弼愚见，日人如欲侵占华北，决不直趋平津，盖平津为国际环视之地，设中国不以平津为军事根据地，日人决不来攻，以免国际之指责。然日在关内之侵略策，完全以海岸线为依据，盖日运送全持海运，则选择登岸地点为第一要义。大沽口固然良好，但津平路线，未必能自由运兵（中略），故将来中日战争，决不在平津而在津浦线与津榆线。可以断言，保定交通便利，绾握南北。今我以京汉路为根据，东以维护津浦路，守战均宜，调遣亦便。又张家口北达库伦，东通热河，南为华北屏蔽，与津沽犄角。中国如欲永久抗日，及镇抚蒙边，则张家口确为军事要地，且亦可维护津榆线上之军事，调遣亦便。故今为国防计，亦不宜驻军北平，不仅为保全故都文化计也。[1]

黄文弼这一主张得到刘复、江瀚、马衡等古物保管委员会委员的支持。9月21日，刘复、江瀚、马衡、徐炳昶、朱启钤等多人举行会议，“议决向政府正式建议，将北平划为‘文化城’，永远撤除军备”[2]。意见书由刘复拟定，江瀚领衔向政府请愿，推举马衡携意见书赴南京接洽。意见书大概内容如下：

北平在政治上已远不如以前的重要，所以无须军队的拱卫；北平在地理上并不险要，向来无甚军事设备，也无可设备，历来所有的不过是长官随带的流动的队伍罢了，今后一切军队无妨移驻保定、承德和张家口等处。但是北平的文化地位，因为历年的积聚，却较任何都市为高，理应竭全力来设法久永保留。就目下形势而论，

① 《从国防及保存古物立论划北平为文化区》，《大公报》，1932年8月18日。
② 《北平划为文化城？》，《华年》，第1卷第28期，1932年。

划为文化城是比较最妥善的办法。

……我们不妨姑且假定，世界上还未必有这样一个胆大而野蛮的民族，敢在众目昭彰之下，向没有抵抗的文化设备加以破坏。[①]

1932年10月10日，马衡在南京将意见书呈交国民政府行政院，“同时并转请关心北平文化者向蒋委员长请求，予以有力之援助”。但马衡将意见书呈交国民政府后，一直未能得到回复，“文化城问题尚无结果”[②]。

1932年10月，北平教育界在《中国新书月报》上刊发《北平教育界请定北平为文化城之建议》，文章指出：

我们主张要请求政府明定北平为文化城，将一切军事设备，挪往保定。北平的治安，警察担负完全责任。……我们的目的，是要借此减除北平城里各种文化设备遭受炮火打击的可能。……北平所有的文化品物，如孔庙所藏的石鼓，中央研究院历史语言研究所所藏的殷商甲骨，西北科学考查团所藏的大宗汉代木简，北京大学所藏大幅元代壁画，北平图书馆所藏的四库全书、敦煌经卷，

① 《北平划为文化城？》，《华年》，第1卷第28期，1932年。
② 《绛雪轩昨开理事会决议暂缓改组故宫》，《世界日报》，1931年11月3日。

及其他善本书籍，天坛皇穹宇所藏历朝祭天礼乐器，都是在中国文化史上，推而至于在世界文化史上，具有无上价值的珍品，真可当得国宝的称号。……这些东西，浅一层说，足以表扬国光，深一层说，是国家命脉，国家精神寄托之所在。……而这种表扬国光，寄付着国家命脉，国民精神的文化品物，却是断断不可以牺牲的，要是连这种东西都可牺牲，试问我们牺牲了一切，所争者果是何物。我们希望将来的北平，像欧洲的瑞士一样，永远受不到战争的骚扰。像英国的牛津剑桥两处一样，永远沉浸于文化的清泉之中。[①]

对于设立“文化城”的提议，傅斯年、俞平伯以及一些社会人士并不赞同，甚至反对。1932年10月12日，傅斯年致信蔡元培、杨铨，表示其本人及历史语言研究所同人绝不参与。

北大马叔平先生赴京，运动什么北京设为“文化城”。此事初发起时，斯年即表示不赞成，盖沈阳设治安会于日军入城以后，北平的“学者”将欲划北平为中立区于日军压境之先，而为此事图谋者，偏偏正是平日最反对

① 《北平教育界请定北平为文化城之建议》，《中国新书月报》，第2卷第9/10期，1932年。

外国人者，斯年实为中国读书人惭愧也。今马君南去，难免谓赞助者多人，故斯年有向院声明之必要。此事研究所同人绝无与之有任何之关系。特以环境关系，未便在此明白宣言反对，私下劝告，他们皆不听也。[1]

俞平伯则对“文化城”提议背后国人“一心一意的在靠外国人”心理进行了深刻的分析：“为北平有了文化的缘故，自己就要赌咒永不驻兵”，“假如国难发生在英国，会不会把伦敦改为文化城，或者宣言牛津永不驻兵？比国当年甘心以乾坤一掷，只不许德兵假道，他为什么这么傻！是没有文化之故，还是不懂得文化之故呢？”[2]

《华年》杂志刊发《北平划为文化城？》评论，对依靠侵略者的觉悟来保护北平文物的思想进行了批评：

倡议的人明知“文化城”的办法未必可以保全文化，但是他们很对的说：“我们不妨姑且假定，世界上还未必有这样一个胆大而野蛮的民族，敢在众目昭彰之下，向没有抵抗的文化设备，加以破坏，所以我们尽可以先尽其在我……”“先尽其在我”五个字是再对没有的，

① 《傅斯年致蔡元培、杨铨（抄件）》（1932年10月12日），王汎森、潘光哲、吴政上主编：《傅斯年遗札》第一卷，“中研院”历史语言研究所，2011年，第429页。

② 俞平伯：《广亡征》，《论语》，第10期，1933年2月1日。

我们希望他们的请愿可以成功。

北平之为文化区域，要高出其他中国都市之上。但其他文物殷繁的都市还不算少，大家总得想个法子教他们在中国人自己中间，无形之中逐一变成“文化城”才是。……我们更是希望北平文化区地理上的划分可以在国人心理上养成一个文化区的观念。[①]

《中国新书月报》刊发名为大任的作者撰写的评论《谬哉定北平为文化城之建议——正告北平教育界》，对黄文弼等人的提议提出了质疑：

……请问一二八之役，日本飞机不是在万商云集。众目昭彰的上海，对于没有抵抗的文化设备——商务印书馆和东方图书馆……加以讯电不及掩耳的破坏吗？他既敢在万国皆有利害关系的市场做出毫无人道的暴行，又何所忌惮而不敢抛弹北平？他只要不抛弹东交民巷就够了，把其余的房屋炸成闸北一样，又有何难？[②]

① 《北平划为文化城？》，《华年》，第1卷第28期，1932年。

② 大任：《谬哉定北平为文化城之建议——正告北平教育界》，《中国新书月报》，第2卷第9/10期，1932年。

11 月 12 日，古物保管委员会在怀仁堂召集北平各文化机关代表开会，讨论“防护一切古物办法”[①]，“计到有二十余团体，马衡、徐炳昶、李书华、张继等均参加”。因“将北平改为文化城”的提议一直未能得到国民政府支持，会议也讨论了将文物“移出”[②]北平的问题。

对文物进行南迁

早在“文化城”提议提出之前，以故宫博物院为代表的北平文物收藏机关就已开始着手对古物迁移进行准备。1932 年 8 月，故宫博物院为保护文物的安全，开始筹划文物的迁移。理事会通过了《密呈国民政府及行政院应付时局案》（图 1–7），向国民政府强调了时局的危急及故宫博物院文物面临的险境，“际兹日犯热河，榆关吃紧，平津地面当然在可危之列。则以故宫物品之繁重宝贵，设非未雨绸缪，万一仓卒变生，势必束手无方，非沦敌手，即遭摧毁”。建议政府“及早妥筹安顿之策”，必要时“择其最要数千箱”，“分别装送北平东交民巷及天津、上海租界区域，暂为安顿，再策万全”[③]。为避免不必要的麻烦，故宫博物院在对文物进行装箱的

① 《古物有不堪设想危险 保委会召集各文化机关会商之由来》，《世界日报》，1932 年 11 月 11 日。

② 《昨日平市各文化机关讨论保存古物办法》，《世界日报》，1932 年 11 月 13 日。

③ 《密呈国民政府及行政院应付时局案》，故宫博物院藏。

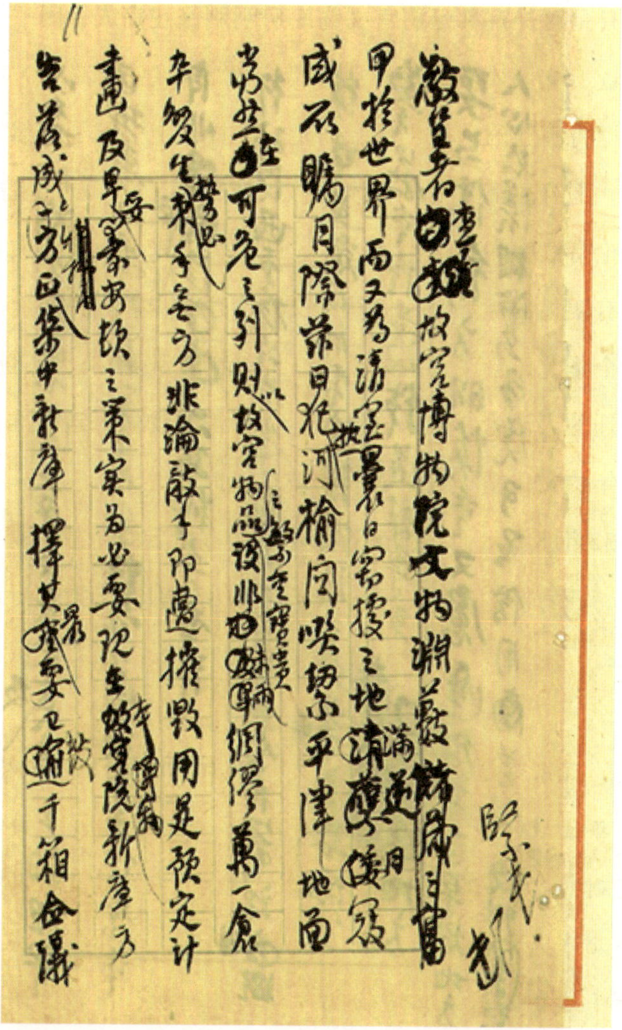

图 1–7

《密呈国民政府及行政院应付时局案》。采自故宫博物院官网

时候，只是对外宣称延禧宫文物库房刚刚修建完成，因“铁架无款置备，遂有先装木箱入库，为最低限度之保存地步”[①]。然而，文物装箱即将南迁的消息仍不胫而走，在社会上引起了轩然大波，舆论哗然。围绕故都文物该不该迁移，赞成者有之，反对者亦有之，双方争论持续时间长达半年之久。从声势上来看，反对文物南迁的一方占有明显的优势，他们认为文物南迁意味着国民政府放弃北平以至整个华北，会动摇抗战信心，对抵御外敌不利；与之相对的，支持南迁的人认为，应未雨绸缪，为保护文物做好迁移准备，不能让数千年的文化精华毁于战火或被日寇掠夺。

1932年8月8日，湖南石门市市民多奇云致函故宫博物院（图1–8），支持故宫博物院、古物陈列所等机构的文物进行迁移，以避战火：

> 辽东变起，沈阳四库全失；申沪烽烟，南地图书尽丧。千年古物，毁于须臾。凡属国人，畴不痛惜？虽曰变生莫测，究亦人谋之未臧。念成物之维艰，痛传留之匪易……今北平为文化之区，而倭人居心叵测，近且扬言将不利于平津……夫故宫博物院、古物陈列所，所藏古物，咸为希世之珍，为本国文化计，为世界文化计，均宜早为之所，妥为保存，纵不能一举迁避，亦宜先后施行……

① 《故宫文物抵押问题 故宫博物院昨发表声明》，《大公报》，1932年9月4日。

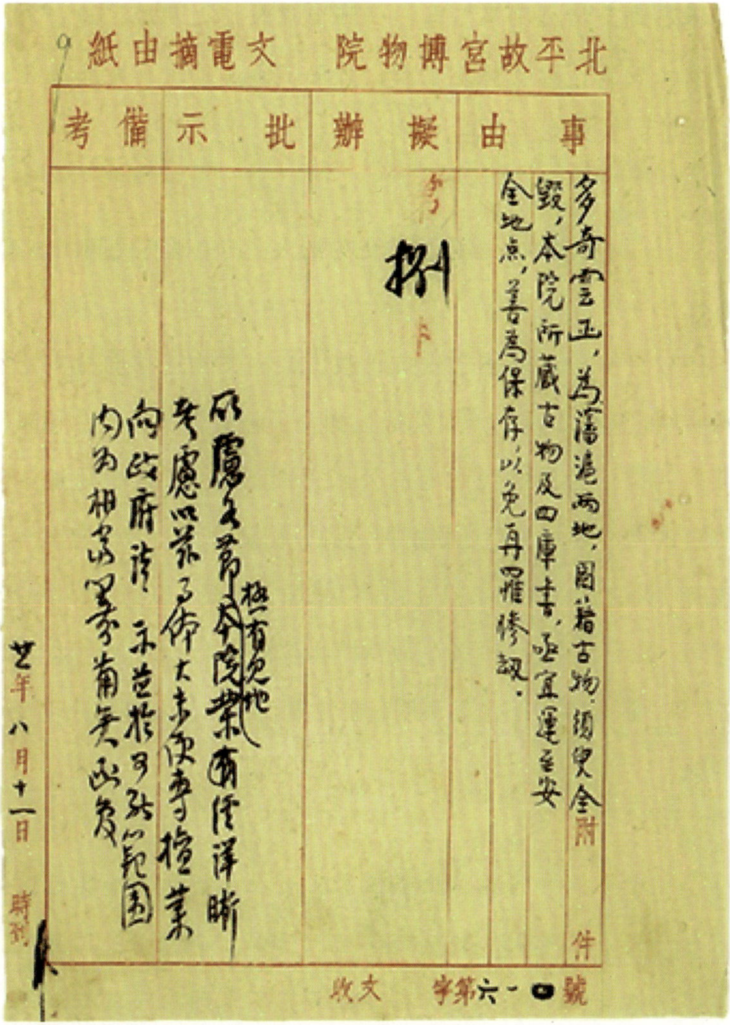

北平故宮博物院文電摘由紙

事由	擬辦	批示	備考
多奇雲函，為滬港兩地，因藉古物，須免全毀，本院所藏古物及四庫書，亟宜運至安全地點，善為保存，以免再罹浩劫。			

附件

廿年八月十一日 時刻

收文字第六一〇號

图 1—8

《多奇云致故宫博物院、古物保管委员会函》。采自故宫博物院官网

深愿贵会诸公刚果毅断，一洒因循敷衍之积弊，速行有效之处置，古物得免于难，文化不再遭劫，则中华文化幸甚，世界文化幸甚。[1]

然而，反对文物迁移的声势更为浩大，其中既有民间团体组织，亦有社会各界名人。

1932年8月，北平学生抗日救国会因文物迁移向故宫博物院发函质问。9月2日，《大公报》刊登了陈寅恪、洪业、顾颉刚和吴其昌四位学者致国民政府的公函（图1–9），其中写道："北平故宫古物，近月忽有迁移抵押之说，初疑谰言，渐似定谳"，要求政府"明令故宫古物不得迁移，以息国人惊疑，以绝国贼阴谋"[2]。一时间，关于文物迁移一事，故宫博物院被推上了舆论的风口浪尖，9月4日，院方不得不主动声明，在各报刊明显位置刊登声明书"以释群疑"：

迁移抵押问题，此事在本院同人，初意仅知其为保存安全问题，不谓转辗传讹，至于如此。此事外关国际，内系治安，同人职责所在，自不能不未雨绸缪，亦未便筑室道傍，执途人而尽语以原委。亦知责任重大、事变

① 《多奇云致故宫博物院、古物保管委员会函》（1932年8月8日），故宫博物院藏。
② 《故宫文物将迁移抵押？》，《大公报》，1932年9月2日。

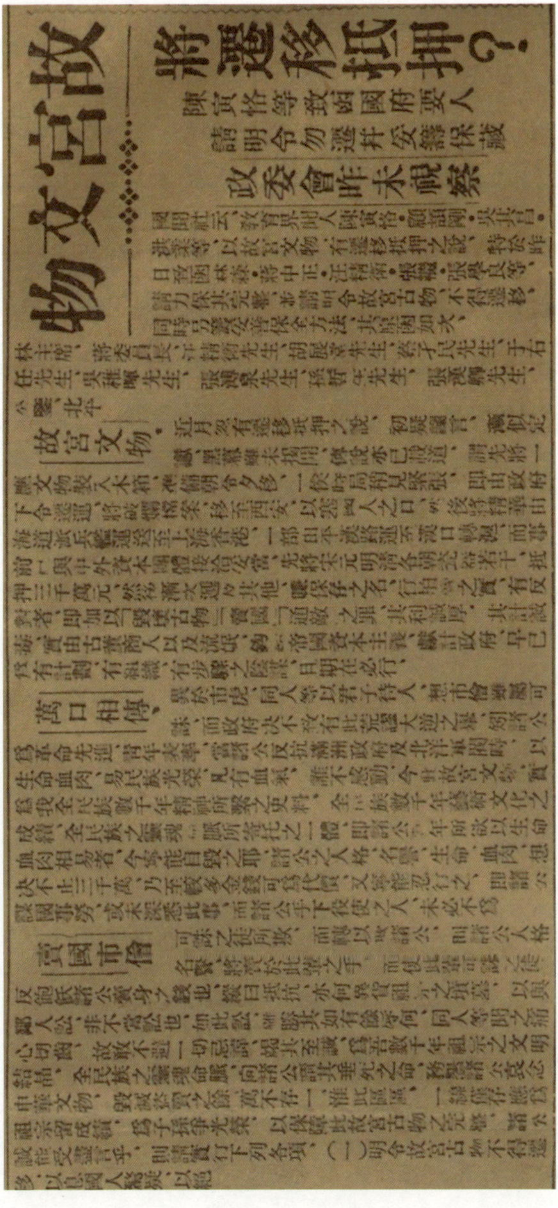
故宮文物
將遷移抵押？
陳寅恪等致函國府要人
請明令勿遷並妥籌保護
政委會昨未討論

图1–9
《故宫文物将迁移抵押？》。采自《大公报》，1932年9月2日

难料，昼夜忧思，不惶启处。适因库房幸将落成，而铁架无款置备，遂有先装木箱入库，为最低限度之保存地步。一面请示政府，筹策万全。不谓诽议渐兴，责言频至，同人于是有招待新闻界参观仓库，以此意公之各界之举。

当时复有人责以国事正在危殆，仓库不宜公开，尤不宜以备敌之谋、尽量宣示为言。同人等实逼处此，左右为难，外维国势之凌夷，内感处事之棘手，直至欲哭无泪，啼笑皆非。然犹以为自此以后，多得一部分之谅解，则多助之至，于无办法中，或求得比较妥善办法，亦未可知。不谓众口铄金，推演愈甚，文电宣传，曲折附会，甚至经过如何，计划如何，线索如何，价格如何，历历如绘，抑若真有其事者。通常流言，不足为怪，而文人学士有识之流，亦复不蒙省察，为此不经之谈，加以肯定之语，曾参杀人，似成定谳。同人之信誓，且曾不与以丝毫之信用，夫复何言，窃思同人，同为国人，爱护国宝，奚敢后人，加以缔造。

……无论何方，有盗卖抵押之举，自当与各界同志，誓言抵抗，一息尚存，此心不渝。……何以国难方张，在同人正欲尽力图存之际，而乃以无稽谣言，横加诬蔑。凡有血气能不痛心，然则诚将终于不加准备，以远嫌避谤得乎，此同人之愚，窃所不解者也。总之，各界诸公，其爱护古物，勖勉同人之意，敢不拜嘉。而事实所在，国誉所关，浮议之不可尽信，虑危之必宜沉思，则处此疑难之顷，尤同人所愿与君子共勉者耳，敢布区区，即希公鉴，诸维亮察，为幸。①

故宫博物院公开声明之后，反对“迁移抵押”的社会舆论渐趋平缓。然而，时隔 2 个月，媒体又传出故宫博物院文物将迁往洛阳的消息，北平社会各界反对文物迁移之声再起。

1932 年 11 月 19 日，北平自治团体发表声明书，声明：“古物绝对不能移出故宫，以免损失”；“法定民众团体，应推员参加保管”；“就本地设法保存，官民合力办理”。并强调，“如违背上三项原则，本市人民决不承认，并尽力阻其实施”②。

11 月 26 日，北平市商会、各自治区公所、总工会等七团体通电反对将故宫博物院文物移洛保存。

将北平故宫古物运洛，全市人民团体，异常惶惑，以为中央将弃我北平而先绝人民之生命也。北平繁荣计划，文化居首，若无故宫古物，则文化无所取资，各国游历研究不出其途，北平必至日就衰落，何以生存。……

---

① 《故宫文物抵押问题 故宫博物院昨发表声明》，《大公报》，1932 年 9 月 4 日。

② 《平自治团体发表声明书》，《申报》，1932 年 11 月 20 日。

北平有土地，有人民，亦将举而徙之乎，不然，视古物何重，人民土地何轻也。即为古物打算，运洛亦未见其安全，北平各国使所在，故宫近在咫尺，众目昭彰，古物关系文化，非同战斗之品，敌虽强暴，当不至肆其破坏。……外间纷纷议论，以为迁洛其名，一出北平，即转徙抵卖，事乖理非，无怪人疑。综而言之，故宫古物与北平人民共存共荣，如就地以图安全，人民自当尽力相助。若中央不恤北平，不纳民意，徇少数人之私，实行周顾，北平人民惟有攀辕卧辙，与古物偕亡而已。惟党国诸领袖，详慎图之，如果报载属实，请迳取消，倘无此议，亦即明确表示，用释群疑。此后保管方法，应取公开，以免把持，则古物保存，庶可永久。

面对北平社会各界言辞激烈的质问，国民政府行政院秘书长褚民谊不得不出面“辟谣”，明确表示报载故宫博物院文物迁洛一事绝非事实[1]，故宫博物院文物迁洛流言一事算是告一段落。

1933 年 1 月 3 日，日军侵占山海关（图 1–10），华北形势告急，平津震动。易培基在 1 月 5 日致南京行政院函电中称：“榆关事出，影响北平故宫宝藏，关系全国文化……今事变日急，除随时

① 《故宫古物不迁洛 褚民谊电平辟谣》，《大公报》，1932 年 12 月 1 日。

设法防护外，究应如何办理之，□请速定夺。”[1]

1月7日，故宫博物院理事会召开会议，议决对文物装箱南迁。1月17日，国民党中央常务委员会决定将故宫博物院重要文物南运，暂迁上海租界保存。至此，“北平故宫古物，自榆关事变，迁徙之声复起”[2]，引起了北平社会各界更为强烈的反对。

1月20日，北平市各自治区公所致函国民

① 《易培基致行政院电》，故宫博物院藏。

② 《各自治公所函张继》，《世界日报》，1933年1月21日。

图 1–10

被日军飞机炸毁的山海关南门。采自高鹏编著：《长城抗战：抗日第一仗》，团结出版社，2005年，第51页

图 1–11
周肇祥像。采自北平古物陈列所编：《古物陈列所二十周年纪念专刊》（1934 年）插图

党中央委员张继，函请其“领导大众，努力进行”[1]，阻止文物迁移。古物陈列所前所长周肇祥（图 1–11）为反对文物南迁，组织了“北平民众保护古物协会”[2]。1 月 24 日，北平民众保护古物协会致电国民党中央，要求政府立即制止故宫博物院的文物装运。

北平故宫古物，久为人所觊觎，

① 《各自治公所函张继》，《世界日报》，1933 年 1 月 21 日。
② 《保存故宫古物协会成立》，《世界日报》，1933 年 1 月 24 日。

屡议迁移，各界以古物为北平繁荣所恃，电请停止。行政院表示，绝非事实。不意墨渖未干，榆关变起，迁移竟将实行。元电切陈，未奉覆示。访问当局，莫得要领。但闻其电请禁止团体阻挠，不许报纸登载而已。人民为古物策安全，系属天职，绝非阻挠舆论。一致反对，安能禁制。不谓文化机关，压迫甚于军阀，前者盗卖金器，监察院调查有据，岂堪信任。近闻装箱损坏瓷器，将珍贵朝珠拆散，种种传言，中外惊疑。佥谓平时查点，监视何严。今兹装收，草率乃尔，流弊莫可究诘，移存危险滋多，是古物不亡于迭经事变，而亡于借口保全。市民与古物共存亡，务请立予停止装运，免激事端。调到车辆，改运米煤，以充军实，而恤民生。内政部七千元，留为此地保存之用，一转移间，观听聿新，裨益甚大。华北紧急，政府应殚精竭力，为土地人民谋安全，示中外以守死不去，不应只顾古物，乘乱先徙，况长期抵抗，尤须固结人心，岂可令其解体。即为古物计，可静不可动。昔年一部，由热运平，既费长时，尚有损失，抢攘之秋，舟车转徙，中途讵保无虞，仓卒储存，防范难周妥。就地筹划，并非绝无办法，何必迁移。人民百思莫解，疑虑益甚，敢避阻挠，以安缄默，沥诚再吁，不胜待命之至。[1]

① 《平各团体愿与古物共存亡 昨电中央反对迁移》，《世界日报》，1933 年 1 月 25 日。

1 月 23 日，北平各团体救国联合会亦通电全国，反对北平文物南迁。[1]

反对文物南迁的人员中，甚至出现了一些极端的行为。1933 年 1 月 20 日，北平市商会针对故宫博物院文物南迁召开紧急会议，强调“应坚持不能迁移态度，倘有移徙情形，誓率平市全体民众攀辕卧辙以阻，决与古物偕亡”[2]。1 月 29 日，北平民众保护古物协会闻讯故宫博物院文物将于 31 日“运出北平之说”后，于 30 日召开紧急会议，决议“于必要时把守故宫博物院各门，为有效之制止”[3]。北平民众保护古物协会主席周肇祥更是在故宫太和门集会，宣誓“誓与国宝共存亡”，并联合公益联合会，到处集众演讲，散发传单，鼓动群众反对故宫博物院文物南迁。

虽然社会各界质疑与反对的声音此起彼伏，但故宫博物院在国民政府的支持下，仍计划于 1 月 31 日晚对重要文物进行南迁。为确保文物运输顺利，在北平市政府的协助下，故宫博物院采取了一些保障措施，如“古物运输时，所经过街道，一律静街”，“马路两旁均配备军警”[4] 等。但令院方始料不及的是“事前所雇之运货汽车二十余辆，临时避匿，排子车六十余辆，全体罢工，重赏无效，

① 《北平救联会反对古物迁移》，《世界日报》，1933 年 1 月 24 日。
② 《平商民决与古物偕亡》，《世界日报》，1933 年 1 月 21 日。
③ 《第一批古物明日起运？》，《益世报》，1933 年 1 月 30 日。
④ 《第一批古物明日起运？》，《益世报》，1933 年 1 月 30 日。

图 1–12
蔡元培像，采自故宫博物院编：《故宫博物院早期院史（1925—1949）》，故宫出版社，2016年，第53页

劝导俱穷”，致使装箱文物“卒难起运”[①]，文物南迁计划不得不另做安排。

事实上，在故宫博物院文物准备南迁之前，中央研究院历史语言研究所的文物、古籍“计善本书籍九十箱，古物三十箱，共一百二十箱”[②]已于1933年1月21日

① 《褚民谊致宋子文电》（1933年2月1日），刘楠楠、蔡全周、庞璐选辑：《故宫博物院古物南迁各方来往函电一组》，《民国档案》，2014年第3期。

② 《历史语言研究所古物装箱共百二十箱》，《国立北平图书馆读书月刊》，第2卷第5期，1933年。

晚起运，2 月 1 日运抵上海。文物运抵上海后，面对各界的质疑，中央研究院院长蔡元培（图 1-12）接受了媒体的采访，阐述了非常时期文物南迁的必要性。蔡元培谈道："宁未雨绸缪，即使苟有损坏，但以全部被夺与损坏小部相较，孰轻孰重。况此次起运，手续异常妥慎乎，我人作事，应以超然目光观察，若徒拘于事实，必有措手不及之虑。"①

蔡元培的表态，遭到了北平民众保护古物协会的反对。2 月 4 日，北平民众保护古物协会"致函质问蔡元培，询问主张迁移古物用意"②，并要求蔡元培"向中央建议停止装运古物，仍在北平就地筹划安全方法，果能公开办理，人民愿竭死力协助保管，免致损失，籍安人心"③。

北平文物南迁的行动，甚至引起了天津各界的恐慌。1933 年 2 月 3 日，天津各团体救国联合会致电段祺瑞，请求其力陈当局，"免数千年文化古物遭播迁之危"④。

除了社会各界团体，鲁迅（图 1-13）、胡适、徐志摩、严智怡等社会人士亦对文物南迁表示反对。1933 年 1 月 31 日，鲁迅专门写了一首诗来对国民政府迁移文物之举进行讽刺，借此反对国民政府的不抵抗政策。诗云："阔人已骑文化去，此地空余文化城。

① 《中央研究院两所书籍等南迁 昨已运抵沪》，《民报》，1933 年 2 月 2 日。
② 《古物又定今日南运 平市反对空气仍极激烈》，《大公报》，1933 年 2 月 3 日。
③ 《保护古物协会电蔡元培》，《京报》，1933 年 2 月 6 日。
④ 《救国会电段祺瑞阻古物南迁免纷失之危》，《大公报》，1933 年 2 月 3 日。

图 1–13
鲁迅像。采自《鲁迅杂文选》插图，1972 年

文化一去不复返，古城千载冷清清。专车队队前门站，晦气重重大学生。日薄榆关何处抗，烟花场上没人惊。”[①] 胡适也不赞成文物迁移，他认为文物在国际人士监视之下，未必有人敢于破坏文化古物，北平古物数量极巨，迁移并非易事，且南京、上海均无适当地方进行存储。徐志摩在 1931 年 4 月 20 日给国民政府呈中，请求故宫文物“无论巨细”，“概以不出故宫

① 鲁迅：《鲁迅全集》第 5 卷，人民文学出版社，1981 年，第 12—13 页。

之门”。严智怡致电古物保管委员会北平分会，建议故宫博物院文物“就地慎重则可”，“北平文化精神寄予古物，一旦迁移，则故宫建筑，躯壳仅存，不惟丧失文化中心资格，不久且将沦为芜城”[①]。

在社会各界反对北平文物尤其故宫博物院文物南迁的同时，故宫博物院内部亦出现了意见不统一的现象，部分管理人员及普通职工对文物南迁持反对意见。

1933年2月2日，故宫博物院理事会理事江瀚（图1–14）接受《大公报》采访时称反对文物南迁的理由有三：“一因北平并非毫无保存之道；二因一迁移多少要受损失，即吾人在城内搬家一次，家具亦不免有损坏处，何况如此大量古物，经数千里之遥乎；三因日人虽蛮横，亦不敢冒天下之大不韪破坏文物古物。”[②]曾负责文物南迁押运的吴瀛认为，“古物一出神武门的圈子，问题非常多，责任既重，闲话也多，内外的敌人都等待着！我们最好不做此事！”[③]除管理人员外，故宫博物院部分职工亦对媒体“发表宣言，反对古物南迁”，并“与全市市民取一致之行动起见，即日电请政府迅予收回迁移成命，以免摇动人心，一面希望各界速来负责保管，以防私人抢运”[④]；同时，也有部分职工因“虑古物南迁后，势必失业”[⑤]，

① 《故宫古物将迁未迁 一部装箱尚待中央后命 严智怡主就地慎重保存》，《大公报》，1932年1月27日。

② 《古物又定今日南运 平市反对空气仍极激烈》，《大公报》，1933年2月3日。

③ 吴瀛：《故宫尘梦录》，紫禁城出版社，2005年，第178页。

④ 《故宫工友反对迁移》，《大公报》，1933年2月3日。

⑤ 《平商民决与古物偕亡》，《世界日报》，1933年1月21日。

图 1–14
江瀚像。采自故宫博物院编：《故宫博物院早期院史（1925—1949）》，故宫出版社，2016年，第53页

而反对文物南迁。

虽然文物南迁计划遭到了北平乃至天津社会各界的强烈反对，但国民政府认为日本对中国侵略扩张的野心不会就此而止，必然南下，须采取果断措施对文物进行南迁，使“古物得免于难，文化不再遭劫”①。2月4日，周肇祥以扰乱治安的罪名被逮捕。2月7日凌晨，

① 《多齐云致故宫博物院、古物保管委员会函》（1932年8月8日），故宫博物院藏。

故宫博物院第一批文物共计 2118 箱，从午门前由军警护送至前门火车西站开始南迁。

在故宫博物院文物南迁后不久，历史博物馆、北平图书馆、古物陈列所等单位的文物也纷纷踏上了南迁之旅。

南迁首途

历史语言研究所开文物迁移先河

历史语言研究所1928年成立于广州，隶属中央研究院。这是中国第一个以历史学、考古学、语言学为主要研究方向的国立研究机构，是中国近代最重要的学术高地之一。1929年，历史语言研究所迁至北平，所址设在北海静心斋。根据工作任务的不同，所内设一、二、三组，即历史学组、语言学组、考古学组，并分别聘任陈寅恪、赵元任、李济为各组主任。历史语言研究所的文物收藏主要为清内阁大库档案及山东龙山遗址（图2-1、图2-2）、河南安阳殷墟（图2-3、图2-4）等地的考古发掘品。九一八事变后，平津危急，历史语言研究所于1933年南迁至上海。1934年，位于南京鸡鸣寺路1号的新址落成，历史语言研究所迁至南京。1937年抗日战争全面爆发后，历史语言研究所由南京迁到长沙，1938年春由长沙迁往昆明。1940年冬，再由昆

图 2-1
出土于城子崖遗址下层的卜骨。采自台湾“中研院”历史语言研究所官网

图 2-2
蛋壳陶高足杯。采自台湾“中研院”历史语言研究所官网

图 2-3
大理石枭形小立雕。采自台湾“中研院”历史语言研究所官网

图 2-4
带卜辞龟腹甲。采自台湾“中研院”历史语言研究所官网

明迁往四川南溪县李庄镇。抗战胜利后，历史语言研究所于 1946 年 10 月至 12 月，由李庄经重庆迁回南京原址。1948 年冬，历史语言研究所迁至台湾。该所所存文物、图书，在抗日战争爆发后，“不得已”随同该所先后迁运至上海、南京、长沙、昆明、李庄等地。

南迁沪宁

“自榆关事件发生之后，北平各学术机关大感震动，各有南迁之意。盖北平虽未必为日本即行占据，而倭寇热境已为必然之势。纵使北平可苟安于一时，然热河不幸陷落之后，国家边疆已在北平百余里间，此时日贼在此已如此横行，在如彼局面之下，欲学术机关安心且不可得，发展更谈不到矣。”[①] 在此情况下，中央研究院主张历史语言研究所由北平迁移南京。1933 年 1 月，中央研究院命令历史语言研究所将该所“所藏善本书籍，及有关文化之各种古物，应即日装箱南运”。历史语言研究所所长傅斯年（图 2-5）“奉令后，当即派员着手装箱”，至 1 月 20 日，装箱完毕，“计善本书籍九十箱，古物三十箱，共一百二十箱”[②]。在装箱的同时，经中央研究院协调，铁道部电令北宁路局“拨车两辆，以备该所装运”。1 月 20 日，历史语言研究所“派庶务员吴巍赴北平北宁路车站，接洽车辆”[③]。1 月 21 日晚，第一批南迁文物图书起运，“铁部已令沿途各站保护”[④]。2 月 1 日，文物、书籍运抵上海，存于中央研究院驻

① 《傅斯年致朱家骅》（1933 年 1 月 30 日），王汎森、潘光哲、吴政上主编：《傅斯年遗札》第一卷，“中研院”历史语言研究所，2011 年，第 450 页。

② 《历史语言研究所古物装箱 共百二十箱》，《国立北平图书馆读书月刊》，第 2 卷第 5 期，1933 年。

③ 《中央研究院起运古书物运往南京保存》，《大公报》，1933 年 1 月 21 日。

④ 《历史语言研究所文书古物运京》，《申报》，1933 年 1 月 22 日。

图 2–5
傅斯年像。采自“中研院”历史语言研究所编：《传承与求新——中央研究院历史语言研究所简介》，“中研院”历史语言研究所，1998 年，第 10 页

沪总办事处。历史语言研究所文物的这次南迁，开北平文物南迁之先河（图 2–6、图 2–7）。

在文物迁与不迁争论不休的背景下，历史语言研究所文物南迁自然“引起一部人反对”。多家媒体对历史语言研究所文物南迁进行了报道，甚至有部分媒体将南迁文物误认为故宫博物院或历史博物馆的文物。针对媒体的疑问及不实报道，1 月

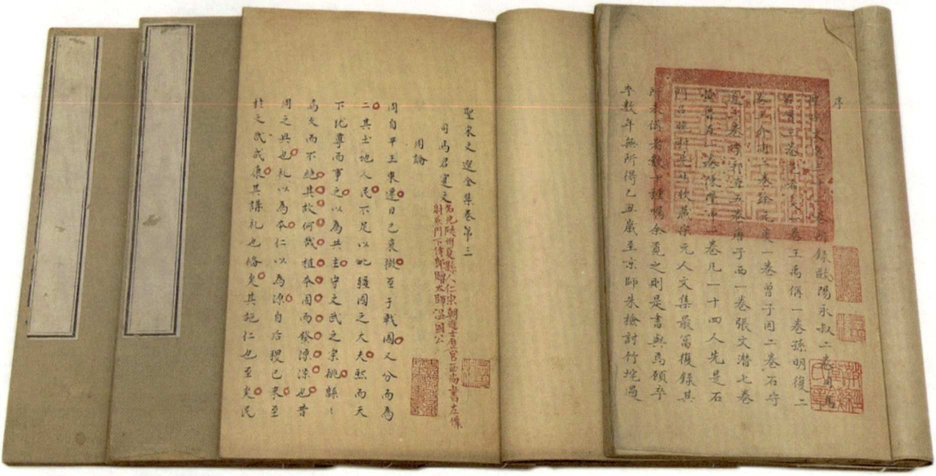

图 2-6
清钞本《圣宋文选全集》。采自台湾“中研院”历史语言研究所官网

22 日，在文物起运后的第二天，历史语言研究所所长傅斯年接受了《世界日报》记者的采访，介绍了中央研究院及历史语言研究所的现状，并对该所文物南迁的原因进行了解答。为了避免不必要的麻烦，傅斯年特别强调，“外传本所将大批贵重古物运京说，绝对不确”，此次南迁文物为“书籍及人骨、陶片等材料”，“无贵重物品”。历史语言研究所“将来终必移设南京。现本所在南京北极阁山上，设人类学工作室，故将本所有关此类书籍及人骨、陶片等材料移京，以

图 2–7
清顺治四年（1647）
陈帆钞本《类编》。
采自台湾“中研院”
历史语言研究所官网

供研究”[①]。

文物运抵上海后，中央研究院院长蔡元培接受媒体采访时表示：“古物南迁”，实为“未雨绸缪”，“保存古物之道”。

① 《历史语言研究所无贵重物可迁移》，《世界日报》，1933 年 1 月 22 日。

据中央研究院长蔡元培氏谈，古物运沪，平津各界，颇有反对者，其理由谓日军现下，尚无实行进占平津之举，古物南迁，即使民众惊恐，而沿途苟有散失损坏，尤非保存古物之道，故均加以反对。此项理由，固觉充分，但我人应思日军行动，每属不顾一切，去年一二八之沪战，突然而作，则其显例。现下平津日军，虽尚未实行动作，但谁可保证其不有变动。即使日军或有所顾忌，但去岁天津事变之前例，我人又安能保证其不唆使汉奸与傀儡再度起事。苟在事变发生而后，再谋补救，如何得及。北平故宫古物及本院所有者，均属吾数千年之国粹，若不妥加保存，后患诚难设想。故宁未雨绸缪，即使苟有损坏，但以全部被夺与损坏小部相较，孰轻孰重。况此次起运，手续异常妥慎乎，我人作事，应以超然目光观察，若徒拘于事实，必有措手不及之虑。现本院古物，共计一百廿箱，业已运沪，途中一无失散，惟内中有无损坏，则尚未加检视，此项古物，价值殊难估计，就中尚有古版书籍与仪器等。在北平时，曾公开陈列，供人参观，运沪而后，亦当同样办理。[1]

① 《中央研究院两所书籍等南迁 昨已运抵沪》，《民报》，1933年2月2日。

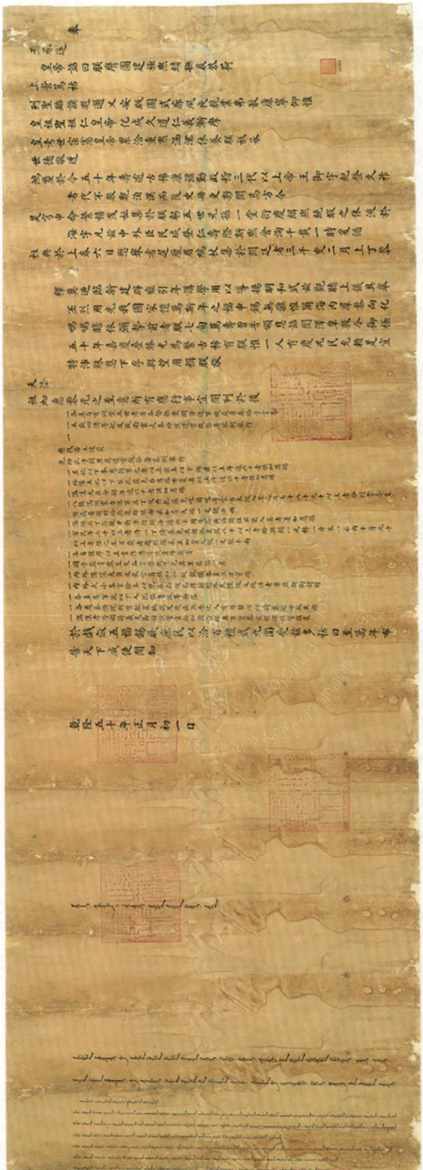

图 2-8 《高宗纯皇帝御极五十年大庆恩诏》。采自台湾"中研院"历史语言研究所官网

图 2–9 《宝良承袭奉恩将军诰命》。采自台湾“中研院”历史语言研究所官网

1933年3月至4月间，历史语言研究所又将所藏清内阁大库“所有档案亦择其重要者整齐者”，“共装四百余箱，分两次南运。内有二十余箱存上海本院白利南路新屋中，其余三百余箱存南京本院陶瓷试验场中”[①]（图2–8、图2–9）。

关于历史语言研究所文物这两次南迁的详细过程，目前还没有看到更为详细的信息，只有在历史语言研究所年度报告及当时媒体报道的只言片语中，找到一些线索。

如《国立中央研究院历史语言研究所二十二年度报告》中记载：“当本年3月间本所二三组南迁时，即此项档案中年代较早较重要者，装二十箱随同南运。”[②]《申报》1933年3月24日报道，“中央研究院北平历史语言及心理研究所，自经决定南迁后，其所有古物，曾于前运沪一百二十箱之外，尚有四百箱，本拟与第二批故宫古物同运来沪，因不见装运，将与第三批故宫古物一同运沪。据杨杏佛氏语记者，待所有古物全数装沪后，将陈列白利南路中央研究院所建之新厦中，以供展览。”[③]再如《申报》1933年3月26日报道，“北平第二批古物十五晨装车一列离平南使，该项古物将完全存放南京。又中央研究院北平历史语言研究所古物，

① 《国立中央研究院历史语言研究所二十三年度报告》（1934年），欧阳哲生编：《傅斯年全集》第六卷，湖南教育出版社，2003年，第426页。

② 《国立中央研究院历史语言研究所二十二年度报告》，欧阳哲生编：《傅斯年全集》，湖南教育出版社，2003年，第383页。

③ 《中央研究院古物将在沪陈列展览》，《申报》，1933年3月24日。

亦装车一辆，附挂第二批古物专车南下。”[①] 因南迁的文物“尽属标本等奇珍物品，足供学术之研究”，中央研究院院长蔡元培曾计划利用这批“古物在沪陈列展览”，以“增进国人学识”[②]。

1933 年 5 月初，历史语言研究所将存于北平“所有已上架之档案，除去残碎之三法司案卷及脱去汉文之满文档件全行移运北海蚕坛静心斋两处整理外，其余均按类装钉三百二十余箱”[③]。5 月 13 日，“北平中央研究院历史语言研究所重要物品三百二十九箱”，“运往车站，装运南下”[④]。

1933 年 6 月 18 日，历史语言研究所又将“该所各种图书，共装四十二箱，连同桌椅器具十八件，一同运京”[⑤]。

至此，从 1933 年 1 月至 6 月，历史语言研究所共计将近 900 箱的文物、图书运抵上海、南京。

回迁北平

历史语言研究所第一组为历史学组，主要从事内阁大库明

① 《第二批古物昨晨装车南下》，《申报》，1933 年 3 月 26 日。

② 《古物在沪展览研究院奇珍物品 地址在白利南路》，《大美晚报》，1933 年 4 月 20 日。

③ 《国立中央研究院历史语言研究所二十二年度报告》，欧阳哲生编：《傅斯年全集》，湖南教育出版社，2003 年，第 383 页。

④ 《历史语言研究所大批重要物品前日南迁》，《京报》，1933 年 5 月 15 日。

⑤ 《历史语言研究所决定移京》，《世界日报》，1933 年 6 月 18 日。

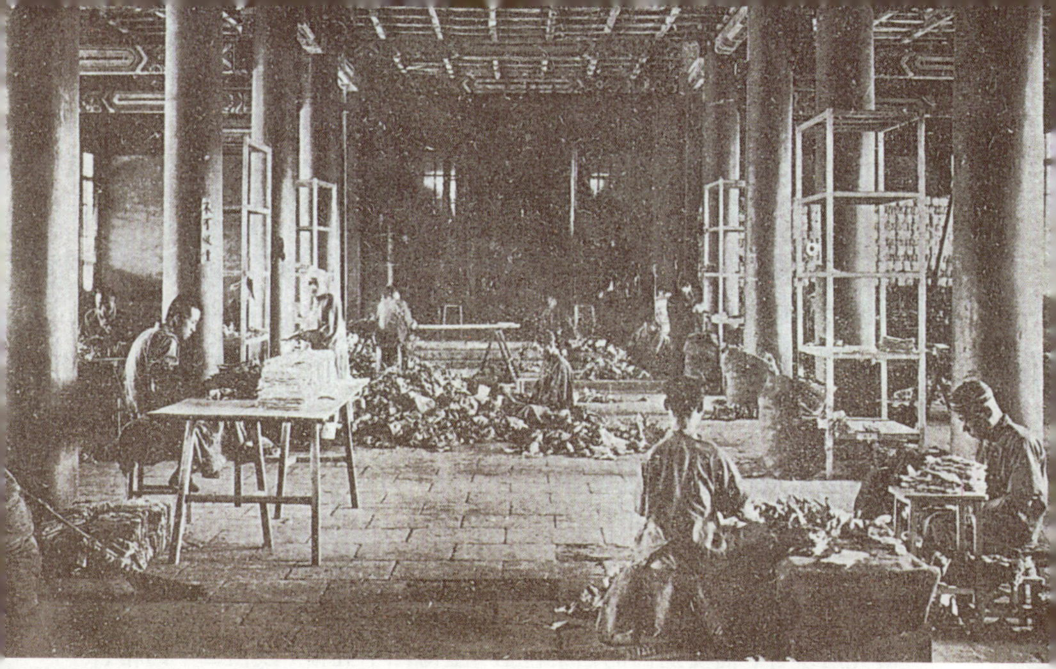

图 2-10
北平午门西翼楼上历史组整理内阁大库档案情形。采自“中研院”历史语言研究所编：《传承与求新——中央研究院历史语言研究所简介》，“中研院”历史语言研究所，1998 年，第 24 页

清档案的整理工作。南迁的内阁大库明清档案为该所所藏档案中较为重要的一部分。除此之外，北平仍留存有大量的明清档案需要整理，该所“第一组为工作上之便利，仍留北平，对于编印明清史料及校勘明实录等事均在进行”[①]（图 2-10）。九一八事变后，

① 《历史语言研究所致中央研究院呈》（1933 年 11 月 6 日），陈晓敏选辑：《中央研究院历史语言研究所整理运送及接收保管明清档案相关史料》，《民国档案》，2008 年第 1 期。

日军虽于1933年上半年发动热河、长城作战而一度使华北局势出现紧张的局面，但随后的相当一段时期，北平呈现了相对稳定的局面。

因“夏秋两季南京既多霉雨，而陶瓷试验场地又卑湿，于档案之贮存，殊不相宜”，于是经历史语言研究所所务会议决定，“仍将所有南运档案，全数运平”①。1933年11月6日，历史语言研究所代所长李济呈函中央研究院院长蔡元培，建议将南迁至上海、南京的四百余箱“档案全数运回，以免妨碍工作”②。据历史语言研究所统计，需要运回的档案包括“上海四十五箱（残档二十四箱、瓦片十六箱、书籍五箱）；南京三百七十六箱（残档三百二十六箱、书籍五十箱）”③。11月10日，蔡元培批示“照行”，同意了历史语言研究所的请求。所有箱只由铁道部援照“半费起运公物成例，电令沪宁、津浦、北宁三路局按照最低货价半费迅予起运”。11月23日，档案运回北平。“因为工作之便利，除将原存破烂档案仍存午门西翼楼上外，所有此次运回之档案，乃尽行庋置北海蚕

① 《国立中央研究院历史语言研究所二十三年度报告》（1934年），欧阳哲生主编：《傅斯年全集》第六卷，湖南教育出版社，2003年，第426页。

② 《历史语言研究所致中央研究院呈》（1933年11月6日），陈晓敏选辑：《中央研究院历史语言研究所整理运送及接收保管明清档案相关史料》，《民国档案》，2008年第1期。

③ 《中央研究院历史语言研究所致该院总办事处函》（1933年10月28日），陈晓敏选辑：《中央研究院历史语言研究所整理运送及接收保管明清档案相关史料》，《民国档案》，2008年第1期。

坛内"[1]。

至1935年"六七月之交，也正当平津环境日非之时，于是傅先生（傅斯年）以为华北终非安全之地，关于史语所北平部分的所有的书物，也应为未雨绸缪之计。特令光涛（李光涛）就档案中择要共装一百箱，同时并为长久不致受损起见，择出一百箱，在其中再各装有铁皮箱，档案装入之后，铁皮箱箱盖再用锡封焊，使不透气，以策万全"[2]。装好箱的明清档案随之迁到南京。对于此事，1946年9月20日，傅斯年在致中央研究院总办事处的函中有提道："本所旧存内阁大库档案，叠经挑选精品裱褙、抄写，陆续刊布，其裱好之件在抗战前先后运京。"[3]

西迁李庄

1937年8月13日，日军进攻上海，淞沪会战爆发，南京告急。由上海迁至南京北极阁的历史语言研究所被迫西迁。其实，

① 《国立中央研究院历史语言研究所二十二年度报告》（1933年），欧阳哲生主编.《傅斯年全集》第六卷，湖南教育出版社，2003年，第426页。

② 李光涛：《记内阁大库残余档案》，《清史及近代史研究论集》，（台湾）大陆杂志史学丛书第一辑第七册，1960年，第99页。

③ 《中央研究院历史语言研究所致院总办事处函》（1946年9月20日），陈晓敏选辑：《中央研究院历史语言研究所整理运送及接收保管明清档案相关史料》，《民国档案》，2008年第1期。

早在淞沪会战爆发前，历史语言研究所就已经根据时局的变化，将所内的文物与书籍打包装箱，准备西迁。1937 年 8 月，中央研究院组织长沙工作站筹备委员会，历史语言研究所迁入长沙圣经学院，部分珍贵文物、图书随之运往南昌及长沙。“先选装最珍贵中西文图书、杂志及善本书共六十箱，首批运往南昌农学院，其余一千三百三十三箱分批运长沙”[①]。运往长沙的文物中，除由北平迁移南京的文物外，还包括历史语言研究所对安阳殷墟第 10、11、12、13 次发掘出土的文物。这些文物是在历史语言研究所迁移南京后，由安阳运往南京保存的，也有部分文物是由安阳直接运往长沙。但还有一部分“殷墟出土的人骨、兽骨及陶片等，限于运输工具，暂留原址”[②]。

同年 10 月，历史语言研究所派李济将“先后运存南昌农学院之珍贵图书文物迁往重庆，寄存于重庆大学”[③]。

南京沦陷后，战局不利，历史语言研究所不得不由长沙继续南迁。1937 年 12 月，历史语言研究所“议迁昆明”，“图书标本迁昆明者三百六十五箱，运重庆者三百箱，运桂林者三十四箱，待运汉口者两箱，待运香港者五十二箱，其余六十多箱且封存于

① （台湾）“中研院”历史语言研究所编：《中研院历史语言研究所七十年大事记》（1928—1998），“中研院”历史语言研究所，1998 年，第 14 页。

② （台湾）“中研院”历史语言研究所编：《中央研究院历史语言研究所七十年大事记》（1928—1998），“中研院”历史语言研究所，1998 年，第 14 页。

③ （台湾）“中研院”历史语言研究所编：《中央研究院历史语言研究所七十年大事记》（1928—1998），“中研院”历史语言研究所，1998 年，第 14 页。

长沙”[①]。

对于运往重庆的三百箱文物、图书的运输过程，张政烺在《我在史语所的十年》中记述：

> 在史语所令我欣慰的一件事，就是完成押运图书入川任务。史语所迁到长沙不久，南京沦陷，全所人员又转移到昆明，而傅斯年所长命我和潘实君携书入川。所里有中文图书十二万册，西文图书一万册。我们在长沙租用怡和公司一条船，沿湘江而下，穿越洞庭湖，达汉口，又西抵宜昌。在宜昌中转换船耽搁时间较长，直到一九三八年三月才把书运到重庆。这批书完好地运达目的地，存放在沙坪坝新盖起的三间大房子里，为全所人员从昆明再迁四川南溪李庄开展科研工作，提前做好了准备。这是我到史语所后完成的最重要一件工作，当然是一大快事。[②]

① （台湾）“中研院”历史语言研究所编：《中央研究院历史语言研究所七十年大事记》（1928—1998），“中研院”历史语言研究所，1998 年，第 14 页。

② 张政烺：《我在史语所的十年》，王汎森、杜正胜主编：《新学术之路》，“中研院”历史语言研究所，1998 年，第 535—536 页。

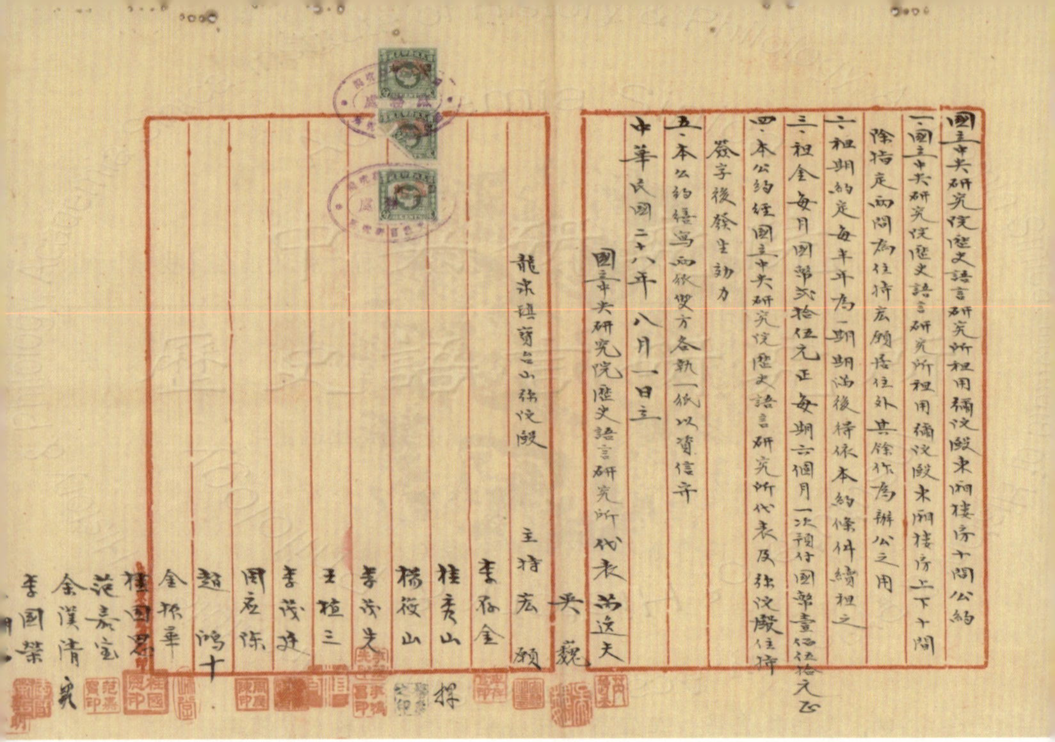
國立中央研究院歷史語言研究所租用彌陀殿東兩樓房十間公約
一、國立中央研究院歷史語言研究所租用彌陀殿東兩樓房上下十間除指定兩間為住持宏願居住外其餘作為辦公之用
二、租期約定每半年為一期期滿後得依本約條件續租之
三、租金每月國幣貳拾伍元正每期六個月一次預付國幣壹佰伍拾元正
四、本公約經國立中央研究院歷史語言研究所代表及彌陀殿住持簽字後發生効力
五、本公約繕寫兩份雙方各執一紙以資信守
中華民國二十八年八月一日立
國立中央研究院歷史語言研究所代表 芮逸夫
龍泉鎮寶台山彌陀殿 主持宏願

图 2–11
龙泉镇租约。采自台湾“中研院”历史语言研究所官网

1938 年 7 月，历史语言研究所西迁昆明，驻进昆明靛花巷三号。9 月，迁昆明北乡龙泉镇（图 2–11、图 2–12）。1940 年 4 月，历史语言研究所“派李光宇疏运存在长沙之图书往重庆，并顺道把存桂林之文物运回昆明”[①]。

1940 年冬，历史语言研究所再次搬迁，由

① （台湾）“中研院”历史语言研究所编：《中央研究院历史语言研究所七十年大事记》（1928—1998），“中研院”历史语言研究所，1998 年，第 14 页。

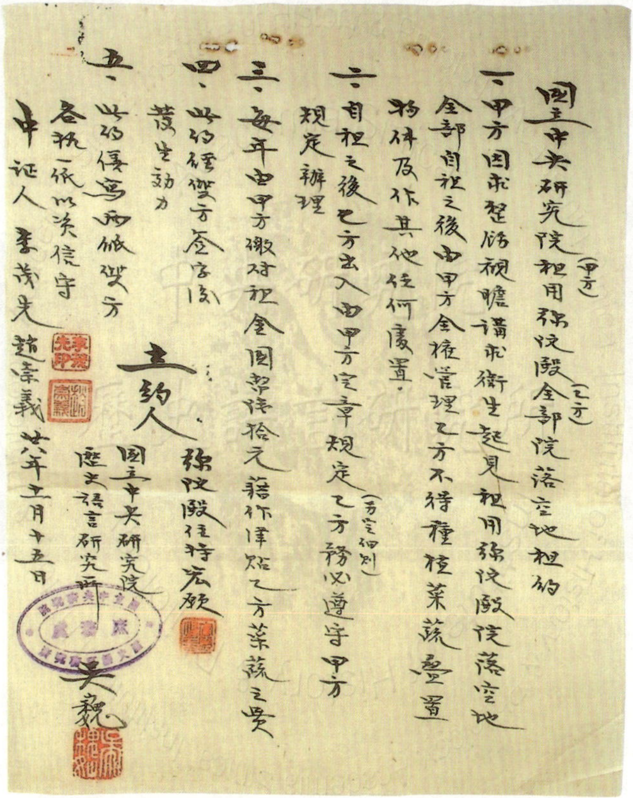
國立中央研究院(甲方)租用彌陀殿(乙方)全部院落空地租約

一、甲方因整飭觀瞻講求衛生起見租用彌陀殿院落空地全部自租之後由甲方全權管理乙方不得種植菜蔬堆置物件及作其他任何處置。

二、自租之後乙方出入由甲方定章規定(另定細則)乙方務必遵守甲方規定辦理

三、每年由甲方繳付租金國幣伍拾元藉作津貼乙方菜蔬之費

四、此約經雙方簽字後發生効力

五、此約繕寫兩紙雙方各執一紙以資信守

中證人 李茂先 趙崇義

立約人 彌陀殿住持宏[illegible]

國立中央研究院歷史語言研究所 吳魏

廿八年五月十五日

图 2-12
龙泉镇租约。采自台湾“中研院”历史语言研究所官网

昆明迁往四川省南溪县李庄镇。由昆明到李庄的搬迁事宜，具体由李方桂主持，石璋如作为总提调予以协助。由于物资较多，李方桂从利国公司租用了二十多辆汽车，每三辆为一组，分批行动。第一批车队于 1940 年 10 月 2 日出发，须经滇黔

图 2-13
历史语言研究所历史组所在地——李庄板栗坳新房子。采自“中研院”历史语言研究所编：《传承与求新——中央研究院历史语言研究所简介》，“中研院”历史语言研究所，1998 年，第 24 页

公路入川，到达泸州后改陆路为水路，沿长江水道运往宜宾，最后从宜宾再运到李庄码头上岸。经过一番艰苦跋涉，至 1941 年 1 月 13 日，历史语言研究所的大队人马和携带物资终于安全到达李庄（图 2-13）[1]。

在搬迁李庄的过程中，虽“派员分别

① 彭华：《民国巴蜀学术研究》，四川大学出版社，2021 年，第 192—193 页。

照料搬迁事宜”，但“舟车皆出意外”[①]。据《抗战时期的中国文化教育与博物馆事业损失窥略》记载：

> 1940 年 11 月，历史语言所在由昆明迁往四川南溪李庄途中，部分古书、古物于泸县落水，虽经连日打捞，但书籍损失仍达 10%—20%，部分珍贵拓本打捞后，虽可揭开，但已成“落水本”；全部仪器均成废物。据军事委员会政治部二厅厅长康泽电称，落水物“包括历代帝王头骨，唐、元、明、清有系统之碑帖等百余箱”。该所古物、古籍、仪器损失，总计达 10 万元以上。[②]

除了迁运过程中遭遇意外致使部分文物、图书损坏外，抗战期间，历史语言研究所的文物、图书还惨遭日军劫掠。1941 年 12 月，香港沦陷，滇越铁路也中断，历史语言研究所“存放香港九龙的文物，其中有语音仪器和书籍、古物标本、骨骼标本全遭损失”；1942 年 3 月，日军侵长沙，历史语言研究所“留存长沙圣经学校

---

① （台湾）“中研院”历史语言研究所编：《中央研究院历史语言研究所七十年大事记》（1928—1998），“中研院”历史语言研究所，1998 年，第 16 页。

② 孟国祥编著：《抗战时期的中国文化教育与博物馆事业损失窥略》，中共党史出版社，2017 年，第 33 页。

的部分文物悉告损失”[①]。

苏联艺展

历史语言研究所在播迁期间，利用南迁而来的文物，多次举办或参加展览会。如 1941 年 6 月为“中央研究院成立十三周年纪念会”而举办的展览会（图 2–14），展厅设在李庄牌坊头前院及戏楼院，“虽然展出场地受局限，但展品安排的丰富有序，从古人类与恐龙等动物化石到石斧、石刀等古代工具，从安阳殷墟出土的甲骨文、青铜器、兵器甲胄、陶器陶片等，到明清字画甚至国外的文物模型等等。展览轰动了四面八方，不单单是李庄、南溪一带的人们奔走相告，扶老携幼，从山道水路迢迢而来，甚至重庆、成都、泸州、宜宾、乐山、南充等地的人们也乘舟搭车纷纷而来。……《中央日报》和《新华日报》国共双方的媒体都发了报道，引起了极大的社会反响”[②]。再如 1942 年冬参加在重庆举办的全国第三届美术展览会，历史语言研究所计有 52 件文物参展，“展品中，有断代分明的甲骨五十版，分别陈列在四个大展柜中，均附有通俗易懂的说明。同

① （台湾）“中研院”历史语言研究所编：《中央研究院历史语言研究所七十年大事记》（1928—1998），“中研院”历史语言研究所，1998 年，第 16 页。

② 董作宾著，董敏编：《走进甲骨学大师董作宾》，上海大学出版社，2007 年，第 212 页。

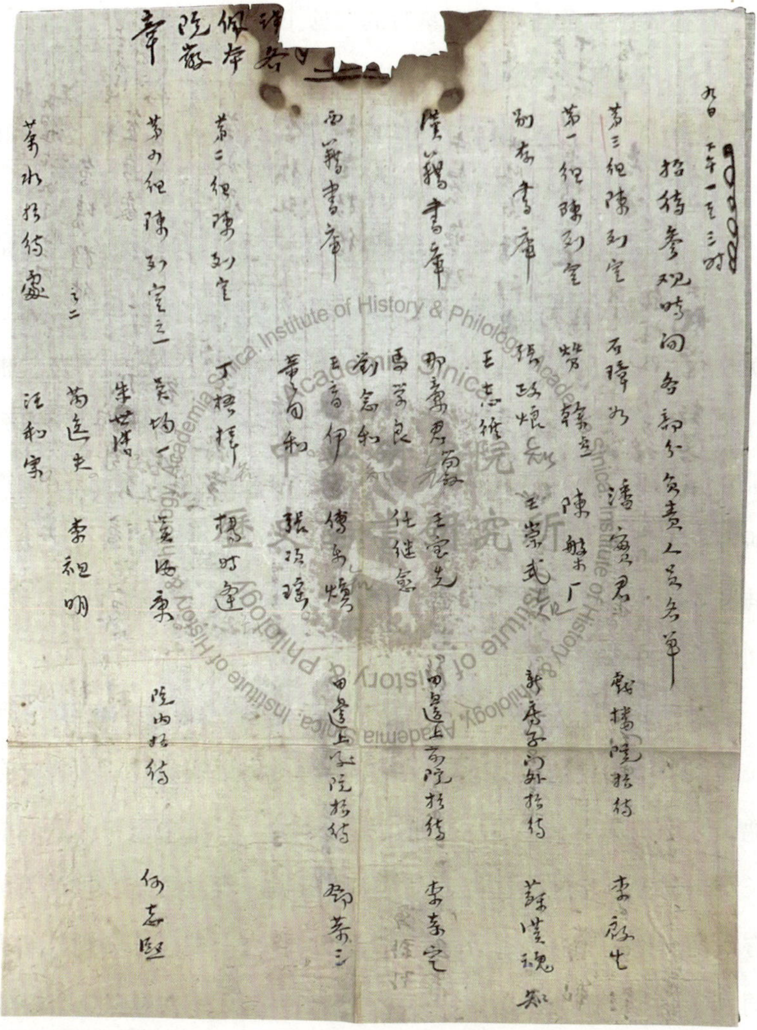

图 2-14

《李庄展览会工作清单》。采自台湾“中研院”历史语言研究所官网

时，悬挂展出了董作宾个人摹写的殷墟书契精华、殷墟文字十五种、图绘‘战绩鉴’纹饰和甲骨文书法集联等”[①]。

当然，历史语言研究所组织参加的最重要的展览是于 1940 年 1 月在苏联开幕的“中国艺术展览会”。

抗日战争时期，苏联对中国抗战给予了积极的帮助。“中国艺术展览会”是中国艺术品首次在苏联境内的大规模展出，有助于苏联政府和人民深入了解中国传统文化和抗战决心。此次展览，根据行政院的要求，古代展品主要由故宫博物院与中央研究院历史语言研究所提供，历史语言研究所挑选了 2 箱文物参加，这 2 箱文物包括考古发掘出土的生产工具、饮食器、陈设品、工艺品、兵器和车马器等，其中文物和遗址照片约 80 幅，殷墟出土器物 20 件（套），如甲骨、戈矛、爵杯、大刀、石刀等。

对于此次在苏联举办“中国艺术展览会”，历史语言研究所所长傅斯年始终持消极的态度，一方面因历史语言研究所文物分存各地，开箱挑选不易；另一方面，傅斯年认为，“中国与苏联固应增长交情，然其术并不在古董，尤不在殷墟一类之古董。且英美国家有所谓舆论，应有人民外交，美术其助长之一端。苏联则一切决于国家，此等物在此展览中，不过凑热闹，毫无重要意义”[②]。

① 董作宾著，董敏编：《走进甲骨学大师董作宾》，上海大学出版社，2007 年，第 212 页。

② 《傅斯年致任鸿隽》（1939 年 6 月 17 日），王汎森、潘光哲、吴政上主编：《傅斯年遗札》第二卷，“中研院”历史语言研究所，2011 年，第 998 页。

图 2–15
任鸿隽像。采自宋兆霖：《历史的能见度——再探抗战时期中国文物赴苏联展览之千回百折》，《紫禁城》，2013 年第 1 期

傅斯年的态度决定了展品协调工作必定周折。1939 年 5 月 28 日，傅斯年回函负责协调展览会工作的中央研究院总干事任鸿隽（图 2–15），对展品挑选、运输时间、押运人员等问题提出了五点疑问：

一、拣选之时间。查本院及故宫博物院所保管之古物均分存各地，在山洞中或乡村中，堆积如山，为检选有代表性之一套，势须开箱在一半或三分之一以上。因交通之不便，及避免敌机轰炸，因而不能迁入城市整理，有此事实上之困难，故检出此一套古董，势须有两个月左右之时间。

二、运输之道路。该院长来电“海运来俄”，查所谓海运来俄，当有三路。

甲、海防至海参崴，查此路直达航线，须转上海，势必为敌人扣留，故不能行。

乙、由昆明运至海防转香港，（或星埠）然后西运，或由昆明经陆路运至仰光，然后西运。以上两路，无论走何一路，由昆明至星埠或仰光，皆须计算需时一个月，因各路拥挤，货运之方便，甚不讲求也。

丙、至波塞（PorSaïd）后，经达鞑海峡至里海北岸，入苏境，此须至少二十日至一个月。或经地中海、大西洋、北海至列宁格勒，此须至少一个月。

故无论走何一路，自昆明启程至莫斯科，至少须三个月。

合计上列两项所需之时间，至少须五个月。故最早亦不能于十月底以前运至莫斯科。其属于本院者，当能于奉令办理后六个星期中拣选完毕，故宫博物院以分散之故，更为不易，此须预行声明者。总之“七月前”之说乃绝不可能。

三、范围。查属于本院者，仅有原电第一项“在安阳出土之殷商时代青铜器、骨甲刻片，及玉石雕刻等”。查此类大件，运输极不易，如必运，即更需延长其时间以便装箱。小件多残者，甲骨以在路上必碎［每次迁运至一地，即须由主管者重新砧（粘）成。此次展览，本院势不能派人随往］。故其大部分应以照片代替，至莫斯科加以放大，以便展览。

四、押运人选。本院因经费照六三折发，裁员甚多，目下无干员可派，故如决定举行时，应请他处人员代为料理。

五、赠送。本院发掘安阳古物，与河南省政府及地方人士原有约定，不得赠送国内外任何机关或个人，故此事出于本院权能之外。

总之，本院历史语言研究所深感此事时间之过迫，办理之不易，不便有所主张。然若政府决定办理，请示其办法，当将事实上许可之事勉为办理。[①]

---

① 《傅斯年致任鸿隽》（1939年5月），王汎森、潘光哲、吴政上主编：《傅斯年遗札》第二卷，“中研院”历史语言研究所，2011年，第967—969页。

负责展览会组织筹备的国民政府行政院，为谨慎行事，于1939年6月1日召开了“搜集艺术品运俄展览案审查会”，参加会议的人员有教育部代表陈礼汉、内政部张继周、故宫博物院院长马衡、中央研究院朱希亮、行政院陈克文。会议对傅斯年顾虑的问题、提出的建议进行了详细讨论。主要内容为：

一、提选及运送之时间

甲、提选 查中央研究院及故宫博物院所保管之古物，现均分存各地山洞或乡村中，如须开箱提选，中央研究院约须六星期，故宫博物院约须一个月，始能毕事。

乙、运送 查原电所称海运来俄，可分三路：（一）由昆明至海防转海参崴，经西比利亚铁路以达莫斯科，须时将及两月；（二）由昆明至海防转香港至星埠，或由昆明经陆路至仰光，然后西运以达莫斯科，均须三个月，合计上列甲、乙两项所需时间至少三个月或四个月，故最早亦不能于九月前运抵莫斯科。

二、海运安全问题

查由海防至海参崴，中间必须经过上海，此路极不安全，如由海防转香港至星埠，亦有相当危险。为慎重起见，如能援照参加伦敦艺术展前例，来回由苏联派舰接运，则可无虞。

三、提选范围

照原电第一项所列安阳出土之殷商时代青铜器、骨甲刻片及玉石雕刻等件，系属中央研究院所保存，此类古物大件运输不易，装箱更费时间，小件多残缺，骨甲易碎，每运一次必须重粘一次，大部分应以照片代替。原电第二项周秦汉铜器、陶器、玉器及第三项汉魏唐宋雕刻及唐宋明清绘画，故宫博物院仅有铜器、玉器及绘画等，其他悉付缺如。

四、押运人选

至少须派主持者一人、助手二人，且须对于古物具有经验及通晓俄文或其他外国语文者，以资办理保管、陈列、宣传等事宜。

五、赠送

中央研究院所发掘之安阳古物，前与河南省政府及地方人士原有约定，不得赠送国内外任何机关或个人。故宫博物院所存古物，亦无可赠送之件。

六、经费

运费虽可由俄国负担，但押运人员之来往旅费、古物装箱费、由贵阳运往昆明、昆明运往海防或仰光之运费等，似不能不由政府筹拨。应俟决定参加后再行编列概算呈核。

依照上述各点，七月前将古代艺术品由海道运抵俄京事实上决不可能，即于九月会期前运到亦极困难，至海运之安全问题、押送人选暨经费等项似亦须事先决定。此项展览其意义自极重大，究竟应否提选古物参加，抑如何办理之处，拟请院会决定。[①]

1939年6月9日，行政院召开第四一七次会议，会议决议“古物由各机关酌选运俄，但不得赠送，运输宜循陆路。”[②]

行政院会议后第二天，即6月10日，任鸿隽分别致函傅斯年、李济[③]，通报展品运输方式并要求“送展物品于一星期内选定，先示重容大概，俾便筹划输运，一月内箱装完竣，在昆明交运”[④]。接到任鸿隽的函电后，傅斯年表示“一周检定说绝办不到，检齐至少必须六周至两月。此项发掘与豫省府原有约，今经陆运极易颠破，安全亦非伦展之比，故非经其同意未便擅动”。因而傅斯年建议“一律以放大照相代替”[⑤]。

① 《行政院致中央研究院函》（1939年6月9日），刘鼎铭等选辑：《中央研究院拣选文物运苏参展相关函电》，《民国档案》，2007年第4期。

② 《行政院致中央研究院函》（1939年6月9日），刘鼎铭等选辑：《中央研究院拣选文物运苏参展相关函电》，《民国档案》，2007年第4期。

③ 李济，字济之，时任中央研究院历史语言研究所专任研究员兼考古学组主任。

④ 《任鸿隽致傅斯年、李济电》（1939年6月10日），刘鼎铭等选辑：《中央研究院拣选文物运苏参展相关函电》，《民国档案》，2007年第4期。

⑤ 《傅斯年、李济致任鸿隽电》（1939年6月12日），刘鼎铭等选辑：《中央研究院拣选文物运苏参展相关函电》，《民国档案》，2007年第4期。

6月13日，傅斯年再次致电任鸿隽，对展品提选的难度、所需时间、运输注意事项、文物的保护等相关问题进行了强调。

一、此项物品，装箱多以地方，或研究之方便为序，故不能但开少数之箱，一开即必须开至一百以上（至少）。此项箱子，堆积如山，并无次序。且此事人多亦无济于事，盖有关美术各物，皆思永兄经手，大家动手，更乱，更不省时间，故必须由思永一人负责检理。且此项长途陆路运输，虽箱子亦须自作，而云南工人之不习此事，及其无时间意识，使人绝不能定以短期。然则检、装二事，所谓六星期者，实估计已低。事实上六星期恐办不到，绝无法提前也……

二、陆运，自昆明至塔城之外，三分之二为山路，三分之一为沙漠。此项箱子，普通者，决不能用，非用精良木板（干者），用机器扎以铁片不可。此事在昆明能否办到，大是问题，故路上之不散板，大是问题也。

三、殷墟出品，性质甚脆，progile因地下埋藏二千年，出土易碎也。其所以有目下状态，乃发掘诸人之功，否则无不缺唇落齿矣。铜器一部分本可不至破裂，但其花纹极易有损，小件为尤甚。即不刻亦易振动落皮。在此情形下，本所古董，尚远不如故宫，彼为“熟古董”、“旧坑”，即出土数百年，其表面已有固定性者，（亦多修理过）殷墟则全是新坑也。

海运颠波尚少，陆运真不得了，以沿途公路皆不高明耳，（且极坏）故不怕颠顿者，只有兵器及玉器。玉器太可宝，实有舍不得其冒险之处。

四、又有一困难，即目下第三组正在编此项报告，期于迅速成功，如有一批出洋，实严重障碍。①

6月15日，任鸿隽回电傅斯年，表示经“送行政院请转电孙院长（孙科）商洽。政院意仍望实物与照像并行”②。接到任鸿隽的函电后，傅斯年于6月15日至6月22日，就展品的挑选、装箱等问题分别多次致电历史语言研究所李济、董作宾、梁思永等人，最终完成了展品的挑选。6月28日，傅斯年致电任鸿隽表示，“照相完后，拟即用航空邮件寄达”；“古物一箱或两箱，系用双层箱子装（大箱套小箱），下月五日后进城装铁条，十日交出”③。

---

① 《傅斯年致任鸿隽》（1939年6月13日），王汎森、潘光哲、吴政上主编：《傅斯年遗札》第二卷，“中研院”历史语言研究所，2011年，第983—985页。原文注“progile”应为“fragile”，“刻”应为“裂”。

② 《任鸿隽致傅斯年电》（1939年6月15日），刘鼎铭等选辑：《中央研究院拣选文物运苏参展相关函电》，《民国档案》，2007年第4期。

③ 《傅斯年致任鸿隽》（1939年6月28日），王汎森、潘光哲、吴政上主编：《傅斯年遗札》第二卷，“中研院”历史语言研究所，2011年，第1009页。

1939年7月9日，2箱殷墟出土文物从昆明青云街靛花巷三号中央研究院历史语言研究所运往贵州，与在安顺华严洞的故宫博物院2箱参展文物会合后一起运往重庆。8月26日，所有展品从重庆出发，经贵州、四川、陕西运抵甘肃兰州，再由兰州经迪化（乌鲁木齐）运往苏联。为保证文物运输安全，行政院责令云南、贵州、四川、陕西、甘肃和新疆等省政府注意保护，并函请军事委员会下令各地军警严密保护。9月20日，展品抵达莫斯科。10月21日至22日，各方代表会同“开箱点验，并无损失，已点交苏东方文化博物馆暂代保管”①。

1940年1月2日，“中国艺术展览会”开幕，数百位中苏政要和文化名人出席了展览开幕式。展览共有17个展厅，第一个展厅是安阳出土的文物和周汉的青铜器、玉器、石像、石棺拓片和铜镜。之后，各展厅按照时代顺序陈列古代绘画，绘画展厅中间穿插摆放古代雕刻、刺绣、缂丝、瓷器、漆器等文物。现代绘画则有6个展厅，有徐悲鸿、张大千等画家的作品。“这次展览会是我国对该邦民众宣传的一个绝好机会。也是最有效的国际宣传的手段，它的观众，在任何国度里不能像此地这样踊跃，这样热情。”②（图2-16）

---

① 《故宫博物院致中央研究院笺函》（1939年10月27日），刘鼎铭等选辑：《中央研究院拣选文物运苏参展相关函电》，《民国档案》，2007年第4期。

② 胡济邦译：《备受苏联人民热烈欢迎之“中国艺展”》，《中苏文化》，第6卷第4期，1940年。

图 2–16
莫斯科“中国艺术展览会”展厅。采自傅振伦：《傅振伦文录类选》插图，学苑出版社，1994 年

1940 年 3 月，“中国艺术展览会”在列宁格勒开始巡展。1941 年 6 月，苏德战争爆发。苏联将在列宁格勒巡展的中国文物转移到安全的地方保存。后经两国政府协商，决定通过空运的方式将文物送回中国。1942 年 9 月 5 日，所有赴苏展览的文物经空运运抵兰州，并于 8 日运抵重庆。

“此次航运备经阻折，所幸出国展品尚无损伤。”[①]

回迁及迁台

抗战胜利后，历史语言研究所于1946年10月至12月由李庄经重庆迁回南京原址，所有文物、图书随之迁回。1948年冬，随着解放战争的顺利推进，国民政府败退台湾，并计划将存于南京的文物珍品一并迁往台湾。1948年11月10日，国民政府行政院院长兼故宫博物院理事会理事长翁文灏，召集故宫博物院理事会在南京的理事和部分官员在其官邸开了一次谈话会，行政院政务委员兼教育部长朱家骅、行政院政务委员兼外交部长王世杰、中央研究院历史语言研究所所长傅斯年、故宫博物院副院长徐森玉、中央博物院筹备处主任李济及教育部政务次长杭立武等人参加。会议形成三条意见：（一）故宫文物迅速迁台；（二）中央图书馆的藏书和文物一并迁台；（三）中央研究院历史语言研究所的图书和文物也一起迁台。[②]

历史语言研究所文物迁运事宜具体由李济负责。1948年12月

① 李宁：《有关北平故宫博物院参加苏联艺术展览会经过情形史料一组》，《民国档案》，2007年第4期。

② 杭立武编著：《中华文物播迁记》，台湾商务印书馆，1980年，第28页。

22日，由海军部派出的登陆舰中鼎号由南京下关码头出发，该舰载有首批文物772箱，其中历史语言研究所120箱，12月26日，“中鼎号”抵达台湾；1949年1月6日，载有历史语言研究所856箱文物的“海沪”轮在南京下关起运，1月9日，迁运的“图书、仪器、文物标本安抵台湾”。两批文物均“暂存于杨梅镇火车站旧仓库”[①]。迁台的文物中，除了历史语言研究所在河南安阳殷墟、山东城子崖、黑龙江昂昂溪等地发掘的文物外，还有100箱内阁大库档案。至于运往台湾100箱档案的准确数量，史语所1951年曾对运台内阁大库档案“全部开箱，逐箱清查件数及重新办理登记。结果，查得全部档案共计三十一万一千九百一十四件”[②]。

① （台湾）“中研院”历史语言研究所编：《中央研究院历史语言研究所七十年大事记》（1928—1998），“中研院”历史语言研究所，1998年，第16页。

② （台湾）“中央研究院”：《计算中心通讯》，第13卷24期，1977年11月24日。

『沪上寓公』

故宫博物院
文物的万里征程

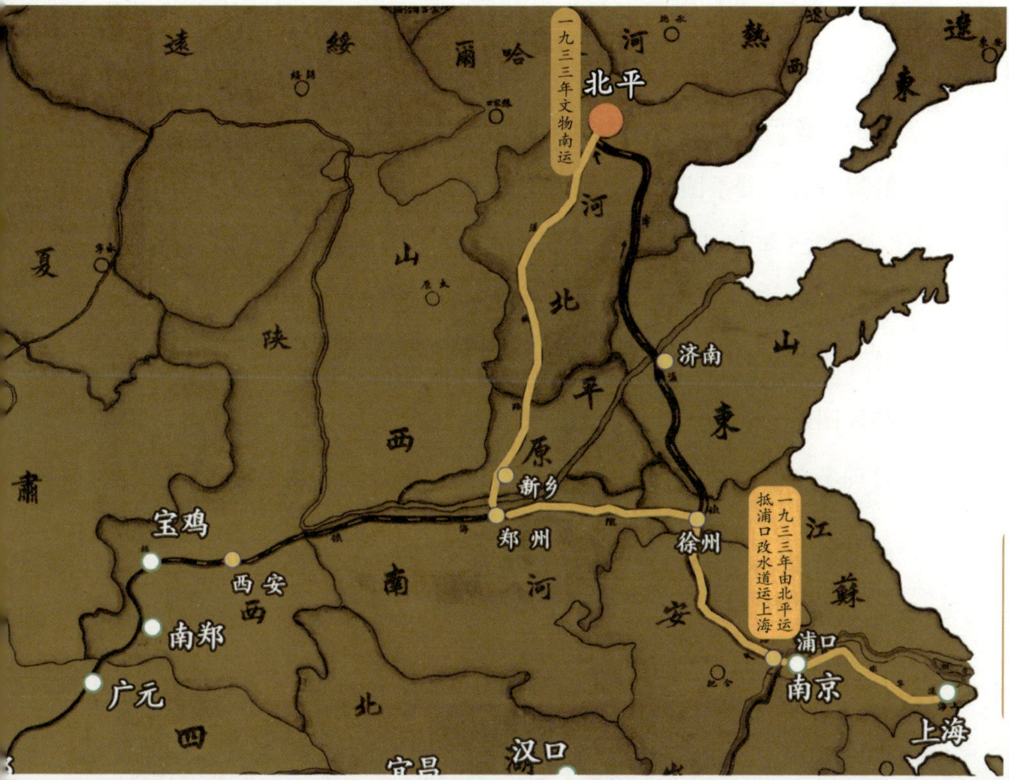

故宫博物院成立于1925年，成立之初，文物近120万件，这些文物主要来源于清代宫中旧藏。

1924年9月16日，第二次直奉战争爆发，直系军阀首领曹锟控制的北京政府下令讨伐奉系，直系将领冯玉祥奉命率部离京开赴直奉战争前线。10月22日夜，冯玉祥率部突然倒戈，从战争前线秘密班师回北京，发动了震惊中外的"北京政变"。冯玉祥出任国民军总司令，成立了中华民国临时执政府，以黄郛为临时执政府"摄政内阁"总理。"北京政变"后，冯玉祥下令修改清室优待条件，驱逐逊帝溥仪出故宫（图3–1）。

11月5日，摄政内阁召开会议，议决成立清室善后委员会，"会同清室近支人员协同清理公产私产"[①]。11月20日，清室善后委员会宣告成立，李煜瀛（图3–2）就任委员长职。12月22日，根据清室善后委员会组织条例第四条之规定，成立了以易培基为主任的筹备会，着手图书馆、博物馆建立的准备工作。

1925年9月29日，李煜瀛召集清室善后委员会会议，讨论并通过了《故宫博物院临时组织大纲》《故宫博物院临时董事会章程》及《故宫博物院临时理事会章程》。《故宫博物院临时组织大纲》共计四条，明确了"组织故宫博物院"，成立"临时董事会""临时理事会"，故宫博物院组织下设"古物馆""图书馆"[②]；《故

① 《命令》，《国际公报》，1924年第2卷第51期，第18页。
② 《故宫博物院临时组织大纲》，《京报》，1925年10月4日。

图 3-1
清室移出宫禁。采自故宫博物院编：《故宫博物院早期院史（1925—1949）》，故宫出版社，2016 年，第 22 页

图 3–2
李煜瀛像。采自故宫博物院编:《故宫博物院早期院史(1925—1949)》,故宫出版社,2016年,第26页

宫博物院临时董事会章程》共计八条,明确董事会的职能为“协议全院重要事务”[①];《故宫博物院临时理事会章程》计九条,明确“理事会执行全院事务”,“事务分馆务、总务两种。(一)关于馆务者,由古物馆、图书馆处理之,(二)关于总务者,设立总务处处理之”[②]。

① 《故宫博物院临时董事会章程》,《京报》,1925年10月4日。
② 《故宫博物院临时理事会章程》,《京报》,1925年10月4日。

图 3-3
在故宫博物院成立大会上，李煜瀛演说。采自故宫博物院编：《故宫博物院早期院史（1925—1949）》，故宫出版社，2016 年，第 39 页

相关机构职能明确之后，1925 年 10 月 10 日下午 2 时，故宫博物院开院典礼在乾清宫前隆重举行（图 3–3）。报载，北京城“万人空巷”，“人们无不向此同一目的涌进故宫，一窥此数千年神秘的蕴藏”。“惟因宫殿穿门别户，曲折重重，人多道窄，汹涌而来，拥挤至不能转侧，殿上几无隙地，万头攒动，游客不由自主矣”[①]。开幕典礼后，清室善后

① 《故宫博物院中东两路参观记》，转引自吴十洲著：《紫禁城的黎明》，文物出版社，1998 年，第 139 页。

委员会向国务院及各部院发出通电，宣告故宫博物院的成立（图 3–4）。

成立之初，因时局动荡，故宫博物院先后由“故宫博物院维持会”[1]、

① 1926 年 3 月，故宫博物院临时理事会理事长李煜瀛、理事易培基被段祺瑞执政府通缉，逃出北京。为了保卫新生的故宫博物院，1926 年 12 月 9 日，“故宫博物院维持会”在欧美同学会召开成立会议，通过《故宫博物院维持会暂行简章》，推举江瀚为会长，王宠惠、庄蕴宽为副会长，主持院务工作。

图 3–4
故宫博物院建院北门情形（1925 年 10 月 10 日）。采自故宫博物院编：《故宫博物院早期院史（1925—1949）》，故宫出版社，2016 年，第 40 页

图 3–5
易培基像。采自故宫博物院编：《故宫博物院早期院史（1925—1949）》，故宫出版社，2016年，第53页

“故宫博物院管理委员会”[①]管理。北伐战争胜利后，1928年6月14日，国民党第144次中央政治会议宣布故宫博物院直隶于行政院，“派易培基前往北京，接收故宫博物院”[②]。1929年2月，国民政府正式任命李

① 1927年6月18日，张作霖就任中华民国军政府海陆军大元帅，代表中华民国行使统治权，组织了军政府内阁。9月20日，国务会议决定成立“故宫博物院管理委员会”，以取代维持会，聘任王士珍为委员长。10月21日，管理委员会完成了对故宫博物院的接收。

② 《中央政治会议：易培基接收故宫博物院》，《新闻报》，1928年6月14日。

煜瀛为故宫博物院理事长，易培基（图 3–5）任院长。易培基到任后，通过改组博物院机构，理顺管理关系，故宫博物院迎来了“短暂发展时期”。

九一八事变后，“复有二十一年一二八沪战之役。当时外交日迫，国难日深，华北情势尤为岌岌”。故宫博物院“对于古物保管负有重大职责，处此危急之秋，不得不善筹安全之策”。故这一时期，故宫博物院最重要的工作就是“从事于各种重要陈列室，或各库房以及各宫殿原存要件之集中、装箱、加封标志、编号造册”[①]等事宜。

南迁上海

1933 年 1 月，日本进犯山海关，威胁平津，华北地区告急。1 月 9 日，故宫博物院理事会召开紧急会议，决定文物南迁，并呈奉行政院核准执行（图 3–6）。政府方面对文物南迁持积极的态度，1 月 17 日，国民党中央常务委员会决定将故宫博物院重要文物南运，暂迁上海租界保存。故宫博物院派秘书长李宗侗赴上海筹办相关事宜，选定了法租界天主堂街仁济医院旧址和英租界四川路、广

① 故宫博物院编：《故宫博物院档案汇编·工作报告（一九二八至一九四九年）》（二），故宫出版社，2015 年，第 417 页。

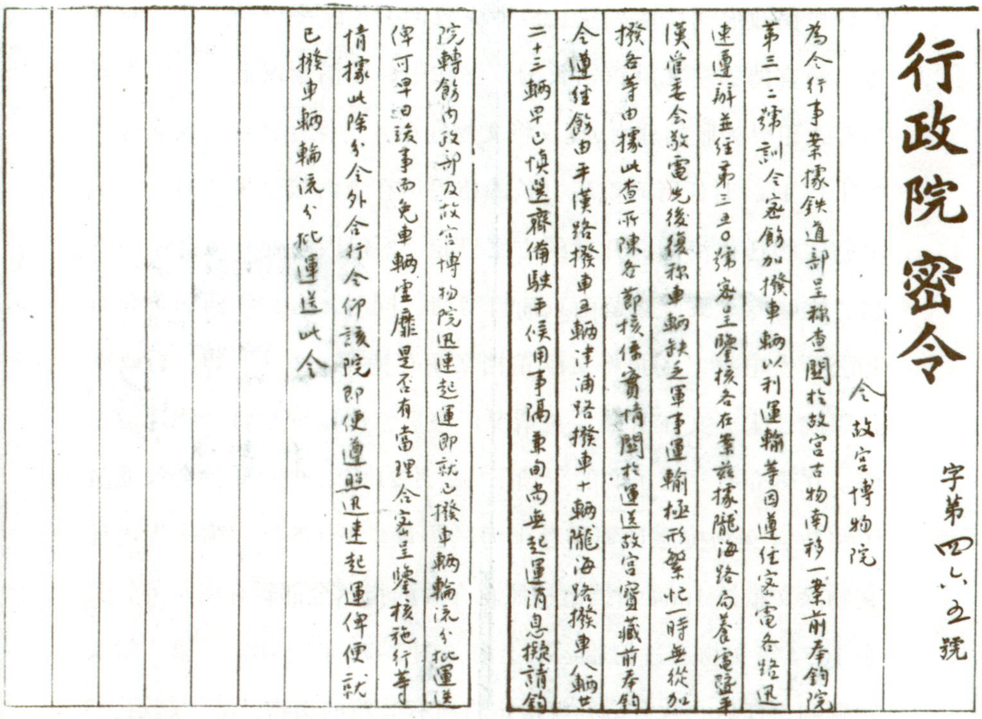
行政院密令

字第四六五號

令故宮博物院

為令行事案據鐵道部呈稱查關於故宮古物南移一案前奉鈞院第三一二號訓令密飭加撥車輛以利運輸等因遵經密電各路迅速運辦並經第三五〇號密呈鑒核各在案茲據隴海路局養電略以平漢管委會敬電先後稱車輛缺乏軍事運輸極形繁忙一時無從加撥各等由據此查所陳各節核係實情關於運送故宮寶藏前奉鈞令遵經飭由平漢路撥車五輛津浦路撥車十輛隴海路撥車八輛共二十三輛早已慎選齋備駛平候用事隔兼旬尚無起運消息擬請鈞院轉飭內政部及故宮博物院迅速起運即就已撥車輛輪流分批運送俾可早日竣事而免車輛虛糜是否有當理合密呈鑒核施行等情據此除分令外合行令仰該院即便遵照迅速起運俾便就已撥車輛輪流分批運送此令

图 3-6
行政院关于文物南迁起运的密令。采自故宫博物院编：《故宫博物院早期院史（1925—1949）》，故宫出版社，2016 年，第 83 页

州路口广业公司二楼两处，作为文物贮存的仓库。

1933 年 2 月 7 日凌晨，第一批文物共计 2118 箱，在吴瀛等押运人员、监视员及 100 名宪兵的护送下，从午门前由军警护送至前门火车西站，秘密南迁。2 月 8 日，时任国民政府司法院副院长、中央政治会议北平分会主席，同时也是故宫博物院文献馆馆长的张继在中央政治会议上，以中华国宝存入租界为耻的理由，提议将文物迁存开封保存并获会议通过。2月11日，时任行政院秘书长的褚民谊在上海接受采访时，表示故宫古物迁往洛阳、开封的方案已定[①]，但因两处并无合适的库房，文物专车只能暂留南京浦口待命。同时，身在江西的蒋介石却公开发电报，主张将文献馆档案留存南京。2月下旬，行政院代理院长宋子文在听取相关情况汇报后，决定继续将文物迁运上海。在蒋介石、宋子文的干预下，2月21日，中央政治会议通过了将故宫文物按原计划迁存上海的提议。3月5日，第一批南迁文物除文献馆1064箱档案按照蒋介石的指示全部暂存南京外，其余1054箱文物通过轮船运抵上海（图3-7、图3-8）。第一批文物顺利南迁后，故宫博物院决定将所有装箱的文物，陆续起运。3月15日，第二批南迁文物在总务处处长俞同奎等人押运下起运，21日到达上海。第二批南迁文物共1290箱，主要为文献、字画、金银器、玉器、铜器、瓷器等，其中秘书处426箱、古物馆384箱、图书馆44箱、文献馆436箱。路过南京时，原存南京行政院大礼堂的文献馆1064箱档案亦随之运往上海。3月28日，第三批南迁文物在故宫博物院秘书程星龄、虞和寅等押送下起运，4月5日到达上海。第三批古物共计共2972箱又62包，其中秘书

① 《褚民谊昨来沪》，《申报》，1933年2月12日。

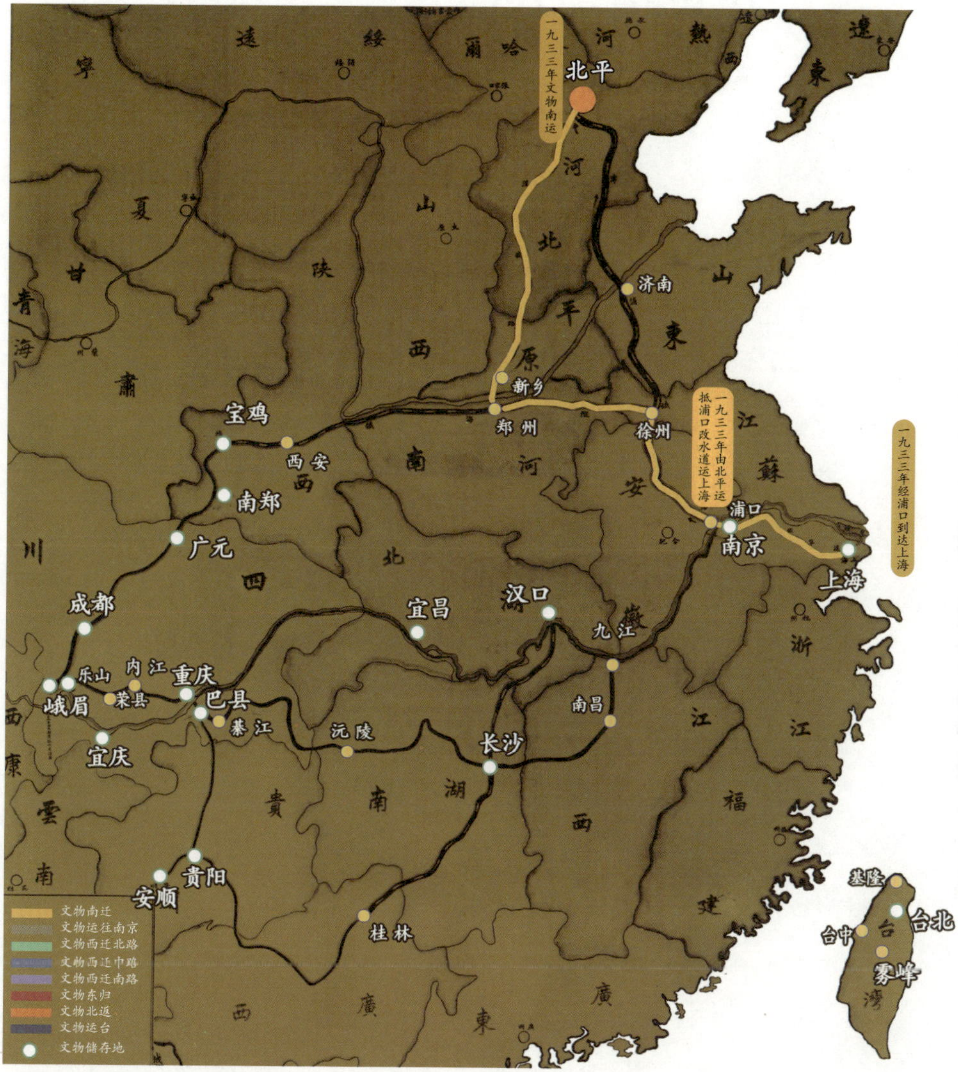

图 3-7

北平文物南迁南京至上海路线图。

采自故宫博物院官网

图 3-8

雍正款斗彩沟莲菊瓣大尊（上），史宜父鼎（下）。采自故宫博物院官网

处 1013 箱又 62 包、古物馆 242 箱、图书馆 477 箱、文献馆 1240 箱（图 3-9）。4 月 19 日，第四批南迁文物在马衡等人押运下起运，27 日到达上海。第四批南迁文物共 4635 箱又 2 包，其中秘书处 2635 箱又 2 包、古物馆 829 箱、图书馆 138 箱、文献馆 1033 箱。5 月 15 日，第五批南迁文物由俞同奎等人押运，23 日到达上海。第五批南迁文物共 2412 箱，其中秘书处 1534 箱、古物馆 724 箱、图

图 3-9
第三批文物南迁搬运木箱情况（1933 年 3 月）。采自故宫博物院编：《故宫博物院早期院史（1925—1949）》，故宫出版社，2016 年，第 88 页

书馆 154 箱。五批文物分存于天主堂街及四川路、广州路等处租定的仓库内。

至此，历时三个多月，共 13427 箱又 64 包文物均安全由北平运抵上海。南迁文物中有书画 9000 余幅，瓷器 7000 余件，铜器、铜镜、铜印 2600 余件，玉器无数，文献 3773 箱，包括皇史宬和内府珍藏的清廷各部档案，明清两朝帝王实录、起居注，以及太平天国的档案史料等。还有《四库全书》及各种善本、刻本。故宫博物院在上海亚尔培路（今陕西南路）亚尔培坊 20 号成立了驻沪办事处，由欧阳道达任主任，职员由“总务处及古物、图书、文献三馆人员调任”[①]。文物入藏上海后，故宫博物院与上海市警察局、租界巡捕房商议制定了周密的安全保卫措施。库房有侦缉队员和巡捕各五名，负责库房日常防护。所有门窗都安了电网，一楼和三楼装上了报警电铃，与巡捕房相通。库房外围设置警岗，由故宫院警、租界巡捕和海关关员日夜轮流值班。库门锁钥由故宫人员和受国民政府行政院委托负责保管工作的中央银行职员各执一把，必须两人同时到场，方能开启。[②]

故宫博物院文物迁存上海，实为权宜之计，库房设施简陋，只供一时之贮藏，并不利于文物的长期保存。时人感慨，故宫博物院

① 故宫博物院编：《故宫博物院档案汇编·工作报告（一九二八至一九四九年）》（二），故宫出版社，2015 年，第 566 页。

② 魏奕雄：《故宫国宝南迁记事》，故宫出版社，2016 年，第 16 页。

所藏之古物图籍，多为珍贵之艺术品或有价值之历史遗存，寄存于黄浦江畔之简陋堆栈，“煤烟四布，书画古物，易受污损，土地卑湿，每值霉天潮湿更重，一时权宜之计，自不能维持长久。”[①]1934年4月，故宫博物院召开理事会，会议决议“在南京先行建筑保存库，为博物院之一部分”[②]。1934年12月，故宫博物院召开第四次常务理事会议，理事王世杰提出议案，将南京朝天宫全部划归故宫博物院，成立故宫南京分院，并作为仓库地点，将存沪的全部南迁文物存放在这里。议案呈送国民政府行政院后，获得批准。1936年1月，故宫博物院建筑南京分院及保存库工程在南京和上海两地公开招标并于2月完成。3月，工程开工建设。9月26日，工程全部完成。落成的保存库，诚如时人所期待，建筑材料“皆用钢骨混凝土造成，一切设备皆采用最新方法，并有调节空气设备，以调和库中空气之冷暖燥湿”（图3-10）。

1936年12月，经故宫博物院报请，国民政府行政院核准，开始转运存放于上海的南迁文物。12月8日至22日，存放于上海天主堂街及四川路两处库房的文物箱件分五批，先由汽车装载运至上海北站，再由火车运输至南京下关火车站，再经汽车转运至朝天宫保存库。文物转迁至南京后不久，故宫博物院南京分院于1937年

① 故宫博物院编：《故宫博物院档案汇编·工作报告（一九二八至一九四九年）》（二），故宫出版社，2015年，第679页。

② 故宫博物院编：《故宫博物院档案汇编·工作报告（一九二八至一九四九年）》（二），故宫出版社，2015年，第679页。

1 月 1 日成立，继续进行文物点收工作，并策划陈列展览事项。

沪上检点

“文物运抵上海，适值霉雨天气”[①]，

① 故宫博物院编：《故宫博物院档案汇编·工作报告（一九二八至一九四九年）》（二），故宫出版社，2015 年，第 411 页。

图 3–10
国立北平故宫博物院南京分院保存库奠基礼摄影（1936 年 4 月 15 日）。采自故宫博物院编：《故宫博物院早期院史（1925—1949）》，故宫出版社，2016 年，第 99 页

图 3-11
马衡像。采自故宫博物院编：《故宫博物院早期院史（1925—1949）》，故宫出版社，2016 年，第 92 页

“因恐沪上潮湿生虫”，故宫博物院组织人员拟对存沪文物进行开箱检视。“遵照理事会决议案”，1933 年 7 月，马衡（图 3-11）来到上海，成立临时监察委员会，“办理南运文物之监察事项”[①]，规定所有“存沪文物之移动及箱件之启闭诸事

① 故宫博物院编：《故宫博物院档案汇编·工作报告（一九二八至一九四九年）》（二），故宫出版社，2015 年，第 410 页。

宜，均须先期商由该会轮派委员莅场监视”[①]。该委员会由行政院、军事委员会、中央研究院、上海市参议会、上海地方法院及故宫博物院等六机关合组，其中仅故宫博物院有二人，其余各机关则各派一人，办公地点设于亚尔路故宫博物院驻沪办事处内。1933 年 7 月 22 日，监察委员会举行成立典礼并召开第一次会议，出席代表有“行政院参事陈锐，军事委员会秘书黄任，中央研究院周仁，上海市参议会刘云舫，上海地方法院欧阳澍，故宫博物院俞同奎、庄尚严（又名庄严）等，代院长马衡亦列席”[②]。会议经讨论，达成如下决定：

（一）定本月二十六日开箱检验上海保存之古物。于是日上午九时，各监察委员到天主堂街二十六号堆栈集合监视；

（二）检验分组办理，每组至少二机关代表，至少三组共同工作；

（三）监委会函请各该机关加派助理员，编定组号；

（三）检验后之各箱，另由监委会加封，以示慎重。[③]

① 故宫博物院编：《故宫博物院档案汇编·工作报告（一九二八至一九四九年）》（二），故宫出版社，2015 年，第 410 页。

② 《曝晒故宫故物》，《申报》，1933 年 7 月 24 日。

③ 《曝晒故宫故物》，《申报》，1933 年 7 月 24 日。

1933年7月26日，第一次开箱检视工作正式展开。到场的有“监察委员会委员周仁、陈锐、黄朋、俞同奎（周寰轩代）、马衡”，以及“庄尚严、李益华、黄鹏宥、宋际隆、汤有恩、朱德明、张铭涛、方星晖、张德泽、那志良、梁庭炜、吴玉璋等”。“负责检验人员，其中不少为故宫博物院职员，因监察员只居监察地位，而点检开箱装箱曝晒等工作，必须由该院职员执行”。工作人员上午共“分五组，每组十一人”，下午“分六组，每组十二人”。当天上午9时至12时，下午1时半至4时，总共工作了5个半小时。经检视，“见箱内一应古物，既未潮湿，又毫无霉蛀情形”，“嗣由各职员照原样弥封，并请各监委签字于其上，以昭郑重”[①]。7月26日，监察委员会召开会议，会议决议：27日、28日“继续检视，倘所有情形与昨日无异，则决不继续检视”，同时建议“扩大临时监察委员会之组织，除原有行政院、军事委员会、中央研究院、市参议会、地方法院、故宫博物院外，拟增加本市党部及其他各有关系之机关及法团”[②]。7月27日，“委员陈锐（行政院）、黄明豪（军委会）、周仁（中研院）、周寰轩、庄尚严（故宫）等五人，自上午九时起至下午五时止，共检视古物馆、图书馆、文献馆、秘书处等，所装箱约百余箱，各箱均干爽，毫无霉烂腐蚀等事，结果异常完好”[③]。

① 《检视故宫古物》，《申报》，1933年7月27日。

② 《检视故宫古物》，《申报》，1933年7月27日。

③ 《故宫古物昨继续检视》，《申报》，1933年7月28日。

7月28日，监察委员会继续分组检视，“上午共查五十余箱，书画、图书、档案等件仍均干爽，并无霉蛀等情”，只有“藏皮衣之箱，内中微有潮湿，恐贵重皮衣，将有损坏之虞，将设法曝晒”。下午，“各组均停止工作，未再继续检查”①。7月29日，临时监察委员会召开会议，“决定检视古物，决告一段落，以后不再举行检视”②。故宫博物院将于近期召开记者招待会，向各界汇报检视情况。

1933年8月9日，故宫博物院驻沪办事处及临时监察委员会召开记者招待会，代理院长马衡向到会记者介绍：“两次检视之后，知在箱中保存甚佳，结果甚为圆满，此外并无霉蛀危险之物品。”③至此，存沪文物的检视告一段落。

与存沪文物检视工作同步进行的是文物的点收工作。对存沪文物的点收主要是受易培基“盗宝案”影响。1929年3月，易培基就任故宫博物院院长。1931年夏，故宫博物院在理事会的支持下处理“所存无关历史文化之皮货、绸缎、食品、药材，及宫门外破屋木料等”④，物品出售方法为“公卖、零售两种”，“绸缎皮货二项”，“每逢星期日，公卖一次”；“普洱茶，及各种茶叶燕窝

① 《故宫古物昨继续检视》，《申报》，1933年7月29日。
② 《故宫古物昨继续检视》，《申报》，1933年7月30日。
③ 《故宫博物院昨招待报界》，《申报》，1933年8月10日。
④ 故宫博物院编：《故宫博物院档案汇编·工作报告（一九二八至一九四九年）》第一册，故宫出版社，2015年，第228页。

等物”[1]，由出版物发行室代售。至1932年8月29日共集中处理了三批，得款388140元。然而，就在第三批物品售卖后不久，北平政务委员会收到匿名控告，指控易培基擅自处理故宫物品，盗卖故宫文物。同年10月，南京国民政府监察院监察委员周利生、高鲁等奉命来平调查此事。1933年1月，周利生、高鲁向南京国民政府政务官惩戒委员会提出弹劾易培基非法处理金器，并指控在处理残破金器时打折扣，从中舞弊。受此案影响，1933年3月，故宫博物院停止每周公卖活动。案发后不久，就有人指出，匿名检举的人是国民政府监察委员崔振华，为故宫博物院理事张继的夫人，张继与崔振华共同指使最高法院检察署署长郑烈、检察官朱树森等，指控易培基“盗宝”。易培基对此表示不服，向国民政府中央监察委员会递呈反诉崔振华诬告的诉文，然而他的反诉呈文并未得到最高行政当局的重视，1933年6月，易培基被迫提请辞去院长职务。

1933年7月，故宫博物院理事会召开会议，同意易培基辞职，并推举马衡暂行代理院长职务。马衡任代理院长之后，主张对北平及上海的文物逐件清点，易培基、马衡分别组织移交委员会和接收委员会，对存平、沪文物、档案文件等分别进行点收、造册，以此明确责任。北平文物的点收顺利完成，但党政机关对存沪文物的点收，因点收人的人选不确定，点收的日期也一改再改。

---

① 故宫博物院编：《故宫博物院档案汇编·工作报告（一九二八至一九四九年）》第一册，故宫出版社，2015年，第228—229页。

1934年1月24日，党政机关准备开始点收存沪文物，“行政院派周传经到场监点”[①]。2月18日，国民党“中央为慎重保管古物起见，特于一零七次常会决议，故宫博物院古物，新任马院长点查接收时”，“在沪部分，由上海市党部派二人监察”[②]。3月初，市党部以“责任重大”为由，请示要求中央党部派员参与，致使原定于3月8日开始点查接收计划“嗣因中央委派专员尚未到沪，故不能如期举行”[③]。之后，约定4月2日开始点收，“由市党部派定之代表四人，及市政府科长李大超，故宫驻沪办事处派定之点验员九人，开始点验”。但当日，“市政府方面，以为古物繁众，而对于古物之真伪，非有专门学识者，实难鉴别，故拟聘请鉴别古物专家，会同各机关派定之点验员，共同点验古物，而资识别古物之真伪”[④]。点收的日期最终定在6月4日。上海市政府方面由“教育局派定职员丁守荣、王学权、沈学新三人”，市党部方面“推定执委蔡洪田，监委吴修，职员杜梦森、林克聪、唐铁、沈默僧”[⑤]等六人，“市政府亦派第一科长李大超及周松鹤办理”。“且市府以博物院办事处为迅速起见，主张同时三组点查，以便早日结

① 《故宫古物开始点验》，《申报》，1934年1月29日。

② 《中央令沪市党部派员监察故宫古物》，《申报》，1934年2月18日。

③ 《点查故宫古物今日不及举行》，《申报》，1934年3月8日。

④ 《存沪古物昨未点收》，《申报》，1934年4月3日。

⑤ 《党政机关定期查点古物 本月四日开始》，《申报》，1934年6月1日。

束”[1]。故宫博物院驻沪办事处遂开始对每件文物进行详细登记造册。然而，工作开始不足半个月即“暂时停点”，其原因为“易培基案，法院方调集各种要册侦查，存沪古物册亦经调去”[2]，及各机关监察委员“以责重事繁，并缺乏专家鉴别”为由，中止点收。当年11月20日，点查工作重启，“点收工作人员，共分四组，每组四人，本星期内，暂以两组工作，下周起，四组同时点收。点收人员，计行政院派专家舒楚石，驻沪办事处主任欧阳道达，及办事员蒋砚春、汪德怀、李镰镗、申耀庭等八人”[3]。“点收时，核对品名，检计件数，概以本院所编南迁清册为根据，以清室善后委员会所编点查报告作参考。文物之实质、形式、色泽、花纹，均分别择要记载；以公尺计其大小，以市秤权其轻重；有款识铭文者照录，有附件嵌件者分计；有须待专门委员会审查者，则附注‘待审查’；有已经专门委员会审定者，则并列所审定名称。至于画幅卷册，更于装裱边缘或背幅加盖‘教育部点验之章’”。“以上手续，随时登记，按日编册”[4]，“监盘委员、驻沪办事处主任各组组长及事务记载人等”，分别在清册上“签名盖章，以昭慎重”。整个点收工作历时两年多，直到南京朝天宫文物库房建成，文物转移到南京

① 《故宫存沪古物昨日开始查点 党政机关派员监察 须一年余始能完毕》，《申报》，1934年6月5日。

② 《故宫存沪古物中止点验之原因》，《申报》，1934年6月20日。

③ 《存沪古物昨日开始点收》，《申报》，1934年11月21日。

④ 故宫博物院编：《故宫博物院档案汇编·工作报告（一九二八至一九四九年）》（二），故宫出版社，2015年，第567页。

时，仍未完成。1936 年 12 月，因文物要迁移南京，点查工作中断，工作人员将已清点的部分，按新编号码编印成《存沪文物点收清册》。马衡用“沪、上、寓、公”四个字作为这些文物的代号：原古物馆的 2631 个箱子编号前都冠以“沪”字，原图书馆的 1415 箱都编为“上”字，原文献馆的 3766 箱都用“寓”，原秘书处的 5608 箱则写“公”。[①] 凡经点收品件，如果遇到有遗失原有号码者，则以“全、材、宏、伟”四字补编号，即原秘书处补编“全”字，原古物馆补编“材”字，原图书馆补编“宏”字，原文献馆补编“伟”字。[②] 古物馆点收完成时间是 1936 年 8 月 29 日；图书馆点收完成时间是 1936 年 6 月 9 日；文献馆点收完成时间是 1936 年 3 月 5 日；秘书处点收完成时间是 1937 年 6 月 14 日。[③]

伦敦艺展

1935 年 11 月 28 日至 1936 年 3 月 7 日在英国伦敦举办的“中国艺术国际展览会”，盛况空前，轰动一时，故宫博物院在南迁存沪文物中选取了 735 件文物精品参加了此次展览。中国艺术国际展

① 魏奕雄：《故宫国宝南迁纪事》，故宫出版社，2016 年，第 21 页。
② 欧阳道达：《故宫文物避寇记》，紫禁城出版社，2010 年，第 29 页。
③ 那志良：《典守故宫国宝七十年》，紫禁城出版社，2004 年，第 79 页。

览会“系有伦敦热心中国艺术人士发起以发起人及艺术院为主干，中英两国政府联合监导”[①]。所谓“热心中国艺术人士”，是伦敦本地的中国艺术品大亨，正是在他们的推动下，促成了伦敦“中国艺术国际展览会”的举办。当年参与展览筹备工作的故宫博物院工作人员庄尚严有如下记录：

> 伦敦有一些专以收储中国古物驰名远近的巨室，如同大卫德爵士（Sir Percival David）之于瓷器、猷摩福波爵士（Gorge Eumorfpoulos）之于铜器、拉飞尔（Oscar Raphael）于玉器，以及霍浦森（R.L. Hobson）、叶慈（Prof. W. Perceval Yetts.）诸人，皆属当时烜赫一时的大收藏家与研究家。他们为求进一步对于中国古物之深切认识与欣赏，遂联合了其他同好人士想效法英国以前举行的法兰西、意大利等国美术展之后，再来一次中国古物国际性的展览。他们除向欧美各国征求展品之外，自然非向中国征求不可，因此定下原则，此项展览，定以中国公私收藏精品为主，尤其是闻名世界的故宫博物院藏品。[②]

① 国民政府档案：《伦敦中国艺术国际展览会案》，台湾“国史馆”，典藏号：001000006299A。

② 庄严：《伦敦中国美术国际展》，《山堂清话》，台北故宫博物院，1980年，第145页。

大卫德爵士（Sir Percival David）热爱中国艺术，从20世纪初开始收集中国艺术珍品，与中国政府和文博机构关系密切。1929年8月，故宫博物院曾聘请他参与景阳宫宋元明陶瓷陈列馆展品的遴选。

1934年春，以大卫德爵士为首的英国大学中国委员会通过中国驻英大使郭泰祺联络故宫博物院理事长蔡元培，希望中国政府能将故宫文物选送英国，以便在伦敦举办中国艺术国际展览会。1934年2月，英国政府向中国政府发出说帖，阐述了在伦敦举办该展览会的意义：

不特增加世界人士对于有艺术天才之民族之钦敬，且其结果于国家有重大之物质利益，不仅为政治的，且为商业的及经济的，可以促进关系国政治间之谅解，可以改善现有之商业关系，更可以创立新兴实业。

1934年10月，中国驻英大使郭泰祺向民国政府报告：

前次意大利艺术展览会获益甚大，使英、意过去之误会根本销除，两国由是亲善。意首相慕氏曾准以二万镑为该会经费，惟展览结果该项经费迄未动支，且并获利三万七千镑（合我国币七十余万元）。我国艺术文化之精华在欧洲国际大规模表见此为首次，其于国际观念、中英感情获益必大，比之历次欧洲各国之展览，说者预料此次成功倘非过之，亦当相等。[①]

民国政府认为，该展览“目的在谋中国艺术品之国际欣赏，借以表扬我国文化，增进中英感情”[②]，经行政院第156次会议议决，同意参加展览会，并命教育部会同外交部、内政部负责筹划一切。其后，教育部经与驻英大使郭泰祺详加磋商，并会同外交、内政两部拟具了《伦敦中国艺展组织大纲》，提请行政院第177次会议核准并报中央政治会议备案。明确展会由中、英两国政府正式联合监导，英皇家艺术学院具体负责展览事宜，中、英两国元首为监理，两国行政首长为名誉会长，两国政治、社会领袖及外交、内政、财政、教育等部部长为副监理，并设理事会管理一切。同时，中国方面成立以教育部长王世杰为首的伦敦中国艺术国际展览会筹备委员会，主持筹备事宜，“以行政院秘书长或政务处长、内政、外交、财政、教育各部政务次长及故宫博物院院长为当然委员”[③]。展览时间为1935年冬至次年春，地点为伦敦百灵顿（Burlington House）皇家

① 刘楠楠选辑：《北平故宫博物院参加伦敦中国艺术国际展览会史料选辑》，《民国档案》，2010年第3期。

② 刘楠楠选辑：《北平故宫博物院参加伦敦中国艺术国际展览会史料选辑》，《民国档案》，2010年第3期。

③ 刘楠楠选辑：《北平故宫博物院参加伦敦中国艺术国际展览会史料选辑》，《民国档案》，2010年第3期。

艺术学院。

展览会筹备委员会牵头进行了相关筹备工作，向国内相关收藏机构征求参展文物。故宫博物院制定了选取文物参加伦敦中国艺术国际展览会办法规定：所选文物需足以代表本国艺术文化；选取工作应于行政院指定监视人员暨展览会筹备委员会代表人到达时开始，并尽于1935年1月15日前完毕；选送文物应由院缮具清册报告本理事会备案；提取文物与文物归库均须遵照本院法定手续办理；必要时，故宫博物院派员赴英监护物品之运输展览事宜。[①]1935年初，经筹备委员会初定，选定故宫博物院“铜器六十件，瓷器三百五十二件，书画一百七十件，缂丝二十八件，玉器六十五件，景泰蓝十六件，剔红五件，折扇二十柄，家具文具十九件，共计七百三十五件”[②]。

1934年12月，北平故宫博物院理事会第四次常务会议议决：“选送物品运英展览前，应在上海开一预展会，时间拟定明年三月间，物品回国后，并应在南京展览一次，以昭明信；关于特殊重要物品，本会有保留不予出国展览之权。”[③]

根据理事会的会议决议，1935年4月8日至5月5日，故宫

① 刘楠楠选辑：《北平故宫博物院参加伦敦中国艺术国际展览会史料选辑》，《民国档案》，2010年第3期。

② 刘楠楠选辑：《北平故宫博物院参加伦敦中国艺术国际展览会史料选辑》，《民国档案》，2010年第3期。

③ 刘楠楠选辑：《北平故宫博物院参加伦敦中国艺术国际展览会史料选辑》，《民国档案》，2010年第3期。

博物院在上海外滩中国银行大楼旧址举办伦敦中国艺术展览预展会（图 3–12）。展览会场分上下两层，一楼为书画（二楼亦有一部分），书画如果悬挂的是画轴，则每件均设有木质护栏，以避免有人接近书画造成人为损坏，同时还在画轴上系上丝带加固保护，防止因画轴过重落下而损坏画作。手卷及画册等则放置在玻璃橱

图 3–12
上海预展会布展情形（1935 年）。采自故宫博物院编：《故宫博物院早期院史（1925—1949）》，故宫出版社，2016 年，第 114 页

内。[1]二楼展览的是织绣、铜器、瓷器、玉器、剔红及杂器等，除织绣外都陈列在玻璃橱中。此次预展，引起中外媒体争相报道。《申报》连续进行了一个多月的报道，天津《大公报》还为预展印行了特刊，各画报也向展会方提出申请，接洽摄影事宜。英国《泰晤士报》也对此次预展作了报道，《申报》在4月18日作了节译：

> 沪上各界人士，咸往中国银行旧址参观中国艺术上海预展会。上海虽有收藏古物之收藏家，但其品质与数量决不能与此次预展出品相埒。因此此展品，系经过中国专家会同英方委员所斟酌决定者，故宫古物自北平运沪业已一年，保藏极为妥善，其中选出之玉器尤足使参观者称赏不已，其颜色深绿者尚不足异，最令人惊羡者为黄玉、白玉及墨玉，黄玉之色仿佛美丽之象牙，雕刻至精，诚足赞美云。[1]

上海预展原定于4月30日闭幕，此后即办理装箱及运英事宜。但因“日来各团体函电纷驰”[2]，向展会方提出延长展会时间，以普及和增进市民对于固有文化之认识。展会方经研究，最终决定

① 那志良：《故宫博物院三十年之经过》，中华丛书委员会，1957年，第144—149页。
① 《艺展预展第十日 记西报赞美玉器瓷器价值巨万》，《申报》，1935年4月18日。
② 《艺展预展第廿一日 应各界要求展期五日》，《申报》，1935年4月16日。

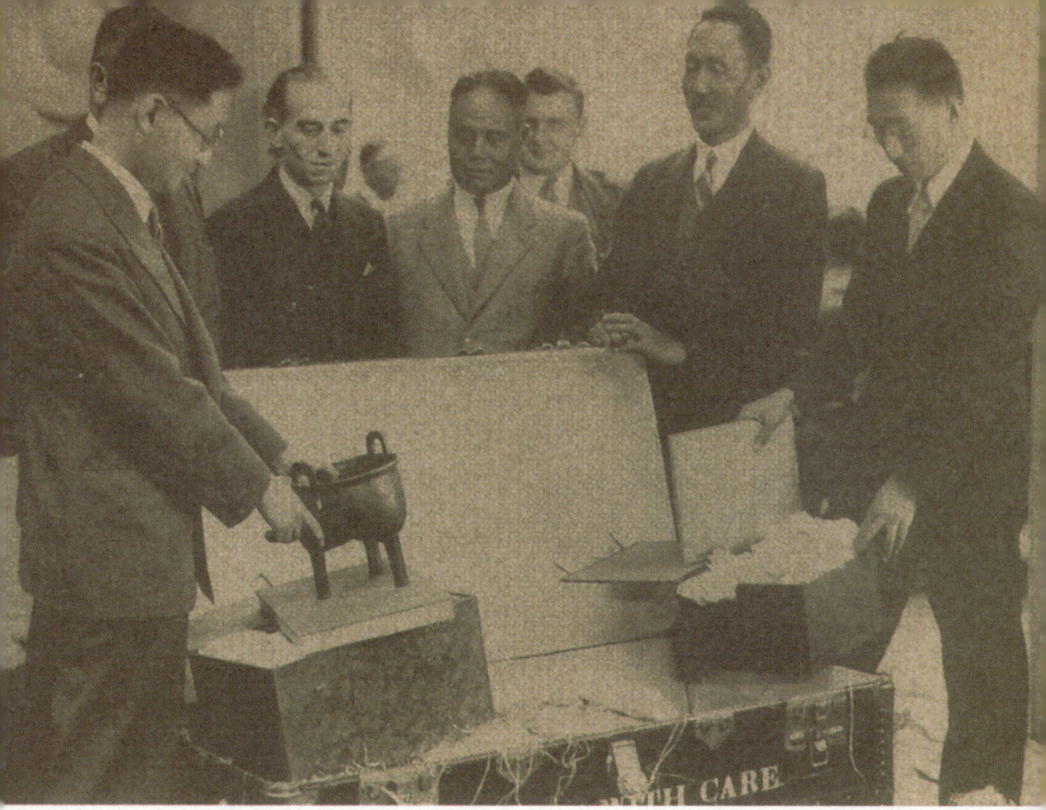

图 3–13
伦敦艺展会文物到达英国皇家艺术学院开箱情形（1935年9月17日）。采自故宫博物院编：《故宫博物院早期院史（1925—1949）》，故宫出版社，2016年，第117页

延长5天。5月5日，“伦敦中国艺术国际展览会上海预展会”落下帷幕。

预展闭幕之后，即开始装箱准备起运。6月6日，故宫博物院、北平图书馆、中央研究院等单位选取的1022件文物在中国银行旧址仓库点验并移运装上英国军舰萨福克号（H.M.S. Suffolk），中国方面的随船押运人员是唐惜芬和庄尚严。7月25日，萨福克号抵达英国朴次茅斯（Portsmouth Dockyard）港口后，所有文物悉数起卸转运伦敦。

9月17日，参加展览会的中国文物在皇家艺术学院举行开箱仪式（图3-13）。中方代表有特派员郑天锡、艺展理事王景春、大使馆参事陈维城、秘书唐惜芬和庄尚严以及故宫博物院随行工作人员傅振伦、牛德明、那志良、宋继隆等。英方代表包括艺展会执行委员会主任大卫德爵士、皇家艺术学院秘书林姆等人到场监督。

11月28日，中国艺术国际展览会在皇家艺术学院百灵顿厅正式开幕（图3-14）。此次展览共计15个国家参加，提选展品总计3000余件。据庄尚严回忆，因“会场面积有限，不能尽陈，由选择委员，重加择抉。物品开箱之后，选择委员就物品审校名称、时代，加以简单说明，汇交编目干事编目”[①]。最终提选中国文物857件。

伦敦“中国艺术国际展览会”为期14周，共吸引了42万余人次参观，成为英国国际艺术展览史上的一大盛事。“如此集中地展示中国艺术品，在世界历史上尚属首次……（中国）作为最具艺术气质的国度之一，孕育出最为精美的作品。英国民众让人无比羡慕，

① 那志良、庄严：《遭国难与展国宝——1935年伦敦艺展亲历》，《紫禁城》，2007年第3期。

图 3–14
伦敦“中国艺术国际展览会”青铜器陈列室。采自陈丽华主编：《故宫日历（2025）》2025年10月26日，故宫出版社，2024年

因为他们拥有这样一次独一无二的机会，直接观赏这些作品”[①]。1936年3月7日，展览会闭幕。文物逐件点交完成之后，英国派蓝浦拉号（Ranpura）邮轮负责将文物运回中国，4月9日自英国起运，5月17日抵达上海。“为昭示公信，及便利南

① 索维白（Arthur Sowerby），“艺术笔记”（“Art Notes”），《中国杂志》（*The China Journa*），1935年，23卷第4期，第208页。

中人士阅览起见”[1]，6月1日至22日，中方筹备委员会在南京考试院明志楼举行了回国展览。

为消除社会上的误解，平息各类谣言，筹备委员会编辑出版了《参加伦敦中国艺术国际展览会出品图说》。图说“依出品种类”，分铜器、瓷器、书画、其他类四册，“铜版纸精印，三开大本，全部出品千余件，每件均经摄制精图一幅至五六幅不等，附加中英文说明，每类之前，各附专家所撰长篇概说，包罗完整，系统分明，可视作中国艺术精品之总集，亦可视作插图本之中国艺术史，富有学术参考价值”[2]。故宫博物院编辑出版了《参加伦敦中国艺术国际展览会出品目录》，“目录载出品类别为铜器、瓷器、书画、玉器、剔红、景泰蓝、织绣、折扇、古书等，中国艺术之发展，自上古以迄近世，略具梗概”[3]。展品回国后，故宫博物院“为唤起国人对于本国文物之研究兴趣计”[4]，在景山举办了摄影展，将各国参展的有关中国文物的照片数百张进行展示。

① 故宫博物院编：《故宫博物院档案汇编·工作报告（一九二八至一九四九年）》（二），故宫出版社，2015年，第694页。

② 《参加伦敦中国艺术国际展览会出品图说》，《申报》，1936年7月10日。

③ 《参加伦敦中国艺术国际展览会出品目录序》，《故宫周刊》，第460期。

④ 故宫博物院编：《故宫博物院档案汇编·工作报告（一九二八至一九四九年）》（三），故宫出版社，2015年，第774页。

烽火西行

七七事变后，日本策划了对上海的进攻，伺机扩大战场。1937年8月13日，日本军舰突然以重炮向上海闸北轰击，海军陆战队也向闸北、江湾方面大举进攻，中国军队奋起抗击，淞沪会战爆发，南京形势日趋紧张。为避战火，确保文物安全，国民政府决定，尽快将迁至南京的故宫博物院文物向西南后方转移，史称“西迁”。

故宫文物的西迁，是分南、中、北三条线路四个批次进行的。

1937年8月14日，第一批西迁南路文物由招商局的建国轮从南京下关出发，16日到达汉口后经驳船将文物送到武昌，18日装上火车运往长沙，21日存岳麓山下的湖南大学图书馆。这批文物共计80箱，多是参加过在英国伦敦举办的“中国艺术国际展览会”的展品，通编为“院”字号，押运人是庄尚严、那志良、曾湛瑶。11月，日军开始空袭长沙。1938年1月，故宫博物院将文物继续向后方转移。1月12日文物起运，2月10日转移至贵阳，暂存贵阳城北行营。4月2日，迁入贵阳六广门内灵光路231号的毛公馆。10月开始，日军飞机屡次侵犯贵阳，马衡建议将文物存放于山洞更为安全。经过勘察，安顺县华严洞是理想存放文物之所，1939年1月23日，文物从贵阳迁移至安顺县，藏于华严洞。故宫博物院在此设立了驻安顺办事处，主任为庄尚严，职员有朱

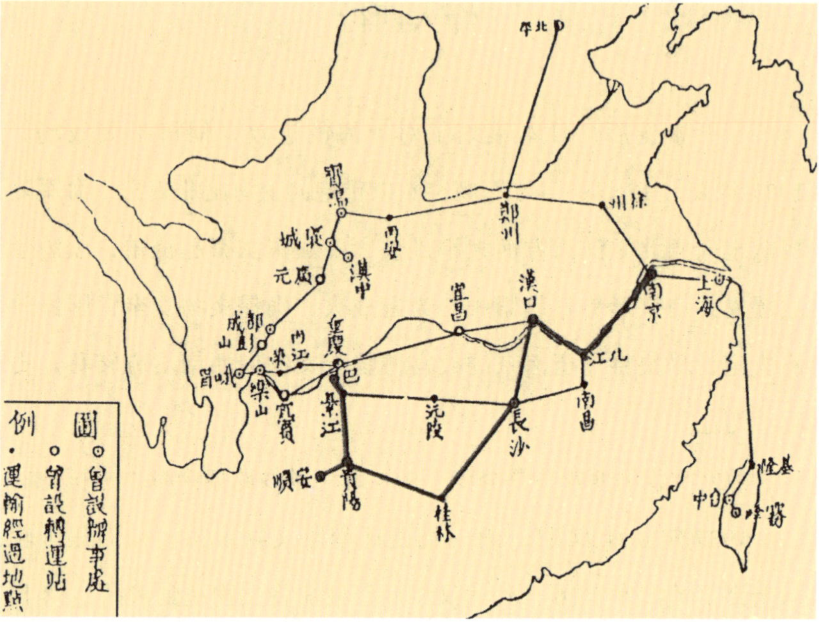

图 3–15
文物西迁南路路线图。采自故宫博物院编：《故宫博物院八十年》，紫禁城出版社，2005 年，第 62 页

家济、李光第、郑世文等。1944 年冬，日军进犯贵州，独山陷落，贵阳危急。12 月 5 日，存安顺文物再次迁移，18 日迁到四川巴县南乡飞仙岩。文物迁移后，安顺办事处取消，巴县办事处成立（图 3–15）。

当西迁南路的文物迁移后不久，淞沪会战不断失利，南京岌岌可危。1937 年 11 月，故宫博物院开始了第二、三批西迁文物的工作。

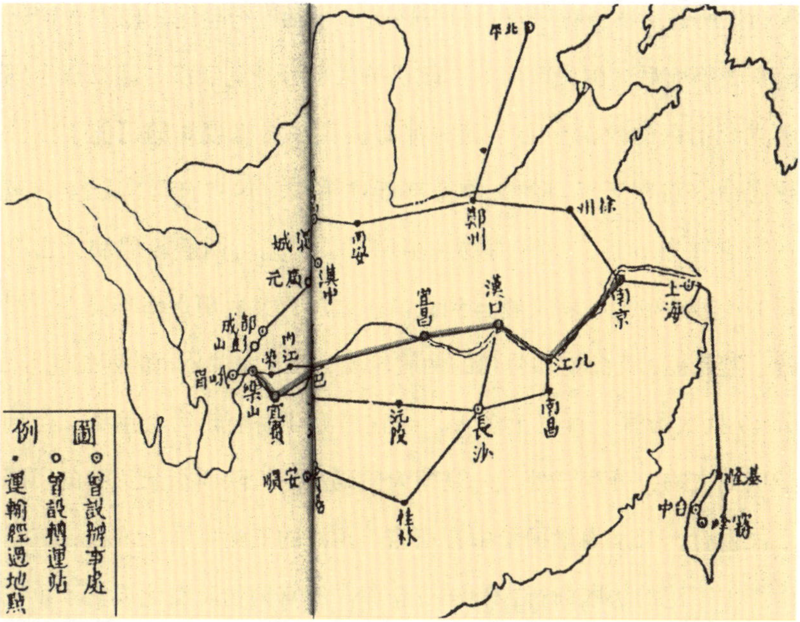

图 3–16
文物西迁中路路线图。采自故宫博物院编：《故宫博物院八十年》，紫禁城出版社，2005 年，第 62—63 页

第二、三两批西迁文物因是沿长江而至重庆的，所以迁移路线又称中路（图 3–16）。文物共计 9331 箱，其中故宫博物院 3997 箱。第二批文物由李光第负责押运，1937 年 11 月 20 日，招商局的江安轮装运 4081 箱文物驶离南京下关码头，22 日抵达汉口；第三批文物由牛德明负责押运，1937 年 12 月 3 日，装运 5250 箱文物的英国商船黄浦轮启航，5 日运至

汉口。所有文物暂存于汉口特三区英商平和洋行仓库。12 月 13 日，南京失陷前后，国民政府的军政机关大部分迁到武汉，武汉成了国民党统治区的政治中心，随时都有被日军飞机轰炸的可能，国民政府命令将存于汉口的文物全部迁往重庆。1937 年 12 月 24 日至 1938 年 1 月 6 日，故宫博物院租用了英国商行两艘轮船和太古公司的一艘铁驳船，将文物运到宜昌。之后，又雇用卢作孚民生公司的三艘轮船，英商怡和公司的两艘轮船，以及太古公司的两艘轮船，分 19 批次历时一百三十多天，经宜昌溯江而上转运至重庆。运到重庆的文物，分存三处。一是朝天门码头附近陕西街余家巷的川康平民银行；二是南岸狮子山玄坛庙羊角滩的安达生洋行堆栈；三是南岸王家沱的法国商行吉利洋行仓库。故宫博物院在此成立了重庆办事处，办事处主任为励乃骥。

1938 年 2 月 18 日至 1938 年底，日本对重庆开始试探性轰炸，出动飞机的架次较少。1938 年 10 月，日军攻陷武汉后，开始对重庆进行轰炸。为了保护文物安全，1939 年 3 月，国民政府要求故宫博物院将存于重庆的文物，限三个星期内运离，如果不能迁完，可暂存重庆 20 里以外处，然后再觅妥善地点存贮。经故宫博物院理事会商议后，决定将文物迁移至重庆以西的乐山县，并选择乐山县安谷乡的大佛寺及六姓（宋、王、赵、易、陈、梁）宗祠为文物贮藏地。1939 年 9 月，文物经宜宾运抵乐山县贮藏。之后在此成立驻乐山办事处，主任为欧阳道达。

1937 年 11 月 19 日，第四批文物起运。这批文物是走陆路，从南京向北经津浦、陇海线转运到陕西，所以又称北路（图 3-17）。此批共计文物 7287 箱，由马衡之子马彦祥协助押运，押运人还有王志鸿、吴玉璋。1937 年 11 月，文物在南京下关分装三列火车开赴陕西宝鸡，到达后存入关帝庙和城隍庙。1938 年 1 月，潼关军事形势紧张，故宫博物

图 3-17
文物西迁北路路线图。采自故宫博物院编：《故宫博物院八十年》，紫禁城出版社，2005 年，第 63 页

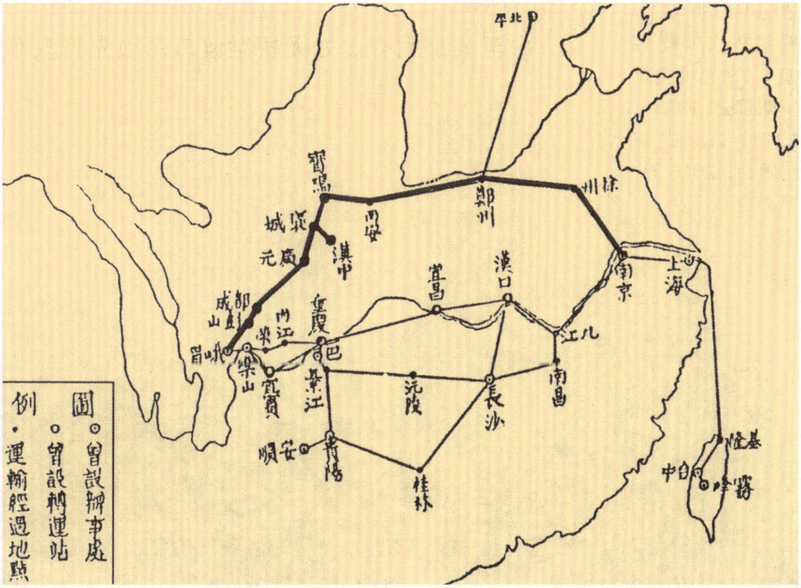

院将所有存于宝鸡的文物迁往汉中。因宝鸡至汉中不通火车，文物的运输只能靠汽车完成。从2月22日至4月10日，历时48天，先后动用卡车307辆次，分28批翻越秦岭，将文物全部安全运到汉中。文物分贮于汉中文庙及附近褒城县宗营镇的马家祠堂、范氏祠堂、张寨大庙等处。汉中为陕西重镇，是日军重要的轰炸目标，1938年3月13日，日军飞机轰炸了汉中西郊机场，汉中不再安全。1938年5月，故宫博物院奉令将汉中文物迁移至成都。由于川陕公路年久失修，汉中至成都间有5处无桥梁渡口，须先将汽车

图 3–18
竹排载文物卡车过河（1938年）。采自故宫博物院编：《故宫博物院早期院史（1925—1949）》，故宫出版社，2016年，第109页

图 3–19
装载文物的军车驶过四川广元城外川陕路旁的千佛崖（1938年）。采自故宫博物院编：《故宫博物院早期院史（1925—1949）》，故宫出版社，2016年，第107页

驶上木船或竹筏方能摆渡顺流而下（图3–18）。迁运共分46批次，第一批文物于1938年5月26日自汉中出发，全部迁运完成已是1939年2月27日（图3–19）。运到成都的文物全部存入东门外的大慈寺。1939年5月17日，故宫博物院又奉令将文物转迁峨眉，分20批次于6月17日运达；暂存褒城之文物箱件于7月11

日运达峨眉，存于县城东门外的大佛寺和西门外的武庙。故宫博物院在此成立了驻峨眉办事处，主任为那志良。

文物西迁后，随同西迁文物到后方的工作人员负责文物的日常保管与维护工作。据那志良回忆，文物的维护工作主要有以下几点：

一、防火

防火列为保管方面最重要的事，库房内外不准吸烟，大家已习惯下来。在运输期间以及现在三处的仓库，都是不与民房相连。还要注意附近有没有危险物的贮存。三处都购有消防设备。

二、防潮

乐山办事处仍采用南京库房办法，用横竖的木条，钉成屉子，上面放箱；峨眉办事处没有采用南京库房的方法，把木墩做成“凹”字形，缺口向上，把它摆成一行，上面架上木杠，优点是：通风的情形好，便于堆箱，而且长短可以配合需要，锯成适用的长度。此外，检查白蚁，也方便得多。

三、防盗

每个办事处，都由军事机关派兵一连守护，防盗不是问题。

四、索引

乐山、峨眉两办事处所保管的箱件，都是几千箱，为了查找方便，索引是必需的。我们把箱件都堆成一列一列的，两列靠拢起来，中间留走路。每一列箱件是由许多“垛”积成功的，我们把“垛”叫做“行”，由外面向里数，分别为第一行、第二行……每行的最下一箱，叫做第一箱，第二个叫第二箱……就根据这“列”“行”“个”，记入索引。如果你想提那一号的箱件，只在索引簿中。查看它是在第几库、第几列、第几行、第几个，到那里立刻可以找到。所以马院长、李理事到西北视察时。曾抽查了几箱，他们把箱件号数说出，不到五分钟，箱件已提到了。

五、编目

文物运到南京时。古物馆同人就主张把书画箱开箱上架，分类忙存，马院长认为时局并不稳定，主张以箱分类，暂不上架。这些人立刻把书画由箱里提出，从事分类，这时，疏散的命令来了，无法照原箱装回去，只好随便分装在各箱之中，就这样运到了后方，箱内文物是与清册不合的。这批箱件，都在乐山办事处，他们只好按箱重行编目，并与原清册作核对工作。①

① 那志良：《故宫五十年》，民主与建设出版社，2020 年，第 154—155 页。

故宫博物院总办事处设立在重庆，由马衡率人驻守，负责统一调度与协调。

苏联艺展

1939 年 4 月，“苏维埃联邦政府为使其民众了解吾国文化及抗战情绪起见，其人民委员会之艺术部发起中国艺术展览会于莫斯科。拨款 50 万卢布，由国立东方文化博物馆从事筹备。嗣征得 8 个联邦的 11 个博物馆所藏中国文物共 1500 余件参加展览”[①]。为使“中国艺术展览会”的展品更具有代表性，主办方提议中国选送具有重要历史价值的文物参展。中国政府接受了苏方的提议，并且希望将中国抗战艺术品也纳入“中国艺术展览会”，使苏联人民了解中国古代文明的同时，也知悉中国当下的处境。这一提议获苏方同意。国民政府议定，参展的古代文物由故宫博物院和中央研究院历史语言研究所提供，当代抗战艺术作品则由国民党中央宣传部部长邵力子牵头负责。5 月 10 日，国民政府行政院发函故宫博物院和中央研究院，要求提供“古代作品：（一）在安阳出土之商殷时代青铜器、骨甲刻片及玉石雕刻；（二）周秦汉铜器、陶器、玉器、

① 《故宫藏品再次国外展览记》，《傅振伦文录类选》，学苑出版社，1994 年，第 858 页。

骨器；（三）汉魏唐宋雕刻及唐宋明清之绘画等”[①]。6月1日，行政院邀集内政部、教育部、故宫博物院等相关各部院召开审查会议，商讨中国古物运苏展览事宜。故宫博物院院长马衡出席会议。6月25日，马衡组织人员“在贵州安顺县华严洞保存文物中选得唐、宋、元、明、清绘画及织绣五十件，古玉器四十件，铜器十件，即用前赴英伦艺展会之箱装置两箱”，并“编制目录以资查考”，“并派科长励乃骥、科员傅振伦押运前往”[②]。

7月17日，故宫博物院励乃骥和傅振伦随车押运古物，从安顺华严洞出发，于19日抵达重庆故宫博物院总办事处。26日，励乃骥和傅振伦押运古物，自重庆启程，途经贵州遵义、四川广元、陕西褒城、甘肃徽县等地，于8月7日抵达兰州。9月16日，文物由兰州机场起运，经迪化（乌鲁木齐），于17日抵达苏联阿拉木图。19日，文物再搭机飞往莫斯科，并于20日抵达。

因“中苏各方送到东方文化博物馆展品甚多，须经各种专家审定真伪评定优劣及鉴定时代，方能陈列”。国立东方文化博物馆特组织成立审查委员会，负责对展品的审查。“10月27日审查书画、织造刺绣；31日审查铜器、陶瓷；11月2日审查铜、玉、陶瓷；

① 《行政院致中央研究院函》（1939年5月10日），刘鼎铭等选辑：《中央研究院拣选文物运苏参展相关函电》，《民国档案》，2007年第4期。

② 《北平故宫博物院致院理事会函》（1939年7月3日），李宁选辑：《有关北平故宫博物院参加苏联艺术展览会经过情形史料一组》，《民国档案》，2007年第4期。

图 3–20
“中国艺术展览会”展厅。采自陈丽华主编：《故宫日历（2025）》2025 年 10 月 28 日，故宫出版社，2024 年

12 月 16 日审查杂项”[1]。

1940 年 1 月 2 日，“中国艺术展览会”在莫斯科国立东方文化博物馆开幕。展览共有“10 余陈列室。展品约分日用、装饰、

① 《故宫藏品再次国外展览记》，《傅振伦文录类选》，学苑出版社，1994 年，第 861 页。

宗教、抗战4项。大厅有铜、玉、陶瓷、书画、织绣、雕漆、牙刻、竹木刻、景泰蓝、玻璃器、服装、首饰、家具、文具、版刻、版本图书，都1400余件，吾国征集品，凡292件（其中古代者140件，现代者152件）”[①]（图3-20）。

《申报》称：“中国艺展内之陈列品，除苏维埃博物馆所搜集者以外，尚有中国政府特别运来之雕刻、陶器、瓷器等作品，莫不为希世之珍。人民委员会代表为此特于艺展开幕时致辞申谢。艺展内有《洛阳故宫》古画一幅，其完成之年代为纪元后七百十六年，当时欧洲各国尚在野蛮时代。中国文化发展之早，水准之高，由此可见。尚有宋代无名氏《孤松残月》古画一幅，亦极珍贵。中国人民目下如何英勇攘外御侮，可在艺展内各种陈列品中窥见一斑。艺展中所有现代作品，表示中国抗战之英勇，两日来苏联人民参观艺展者络绎不绝，莫不称道中国文化之伟大与抗战之坚决。”[②]《中苏文化》刊载：“这次展览会是我国对该邦民众宣传的一个绝好机会。也是最有效的国际宣传的手段，它的观众，在任何国度里不能像此地这样踊跃，这样热情。”参观观众“拥挤得不可形容”[③]。

---

① 《故宫藏品再次国外展览记》，《傅振伦文录类选》，学苑出版社，1994年，第862—863页。

② 《中国艺展在苏开幕》，《申报》，1940年1月6日。

③ 胡济邦译：《备受苏联人民热烈欢迎之“中国艺展”》，《中苏文化》，1940年第6卷第4期。

图 3–21
“中国艺术展览会”展厅。采自陈丽华主编：《故宫日历（2025）》2025 年 10 月 26 日，故宫出版社，2024 年

展览原定展期为 2 个月，因展览引起了苏联民众的热切关注，参观人数众多，经苏联对外文化协会与中国方面商洽，展览继续举行，延期闭幕（图 3–21）。1941 年 3 月，苏方在未征得中方同意的情况下，径自将文物从莫斯科运往列宁格勒展出。造成事实后，国民政府行政院也因此被迫同意。6 月 22 日，因苏德战争爆发，苏联方面为保护文物计划

将展品运出列宁格勒，保存在斯维尔德洛夫斯克（Sverdlovsk）。1942年6月，苏方派飞机将文物运到阿拉木图市，9月5日运到兰州，8日运回重庆。“此次航运备经阻折，所幸出国展品尚无损伤”[1]。接送文物回国的故宫博物院励乃骥称：“此次赴苏联接收展品归国经历长程，幸无陨越，且在苏联时颇得该邦人士热诚赞助、优予招待，故我驻苏邵大使特于点收工作完毕后发起邀同本院设筵宴请苏方在事人员暨彼邦艺术界人士以资答谢，藉敦睦谊，并约驻阿领事馆全体人员作陪。当时宾主备极欢洽，互祝胜利在迩。”[2]

对于此次艺展的意义，苏联《真理报》发表评论认为：“中国艺展，非仅在艺术上具有伟大之价值，抑且足以表示中苏两大民族具有如何之友好关系。苏联各界人士，对于争取国家独立之中国人民，具有如何热烈之同情，对于中国人民之生活如何关切。今兹之艺展，必能引起苏联各界之注意，而尤能有助于中苏两大民族友好联系之日臻于密切。”[3]1940年3月，邵力子在中苏文化协会第三次年会的工作报告中亦指出，艺展在莫斯科开幕以来，引起了苏联人民极大的关注，也引起了苏联人民对中国数千年的文化艺术的极大兴趣，更极大地加强了苏联人民对正为自己祖国

① 《北平故宫博物院致院理事会笺函》（1942年9月11日），李宁：《有关北平故宫博物院参加苏联艺术展览会经过情形史料一组》，《民国档案》，2007年第4期。
② 《北平故宫博物院致院理事会函》（1942年10月24日），李宁：《有关北平故宫博物院参加苏联艺术展览会经过情形史料一组》，《民国档案》，2007年第4期。
③ 陈石孚：《中国艺展在苏联》，《时事月报》，1940年第2期。

独立而斗争的中国大众的同情。

文化播迁

除参加国际上的展览之外，故宫博物院在文物迁移期间，在南京、重庆、成都、贵阳等地参与、举办过多次展览。参与的展览会有：1937 年 4 月在南京举办的第二次全国美术展览会，展品近 400 件；1942 年 12 月参加在重庆举办的第三次全国美术展览会，展品 100 件。举办的展览有：1943 年 12 月在重庆举办的书画展览会，1944 年 4 月在贵阳举办的书画展览会以及在抗战胜利后不久在成都举办的书画展览会。这一系列展览活动所取得的影响，正如马衡所说："结果不独在阐扬学术与国际声誉方面，已有相当收获，即于启发民智、增进一般民族意识，亦已有影响，成效颇彰"[①]。

在渝举办书画展览会

重庆冬季多雾，抗战时期，日军很少来轰炸，环境相对安全。1943 年冬，故宫博物院院长马衡计划"在重庆举办一次故宫书画

① 《马衡先生生平学术》，清华大学国学研究院主编：《马衡文存》，江苏人民出版社，2020 年，第 29 页。

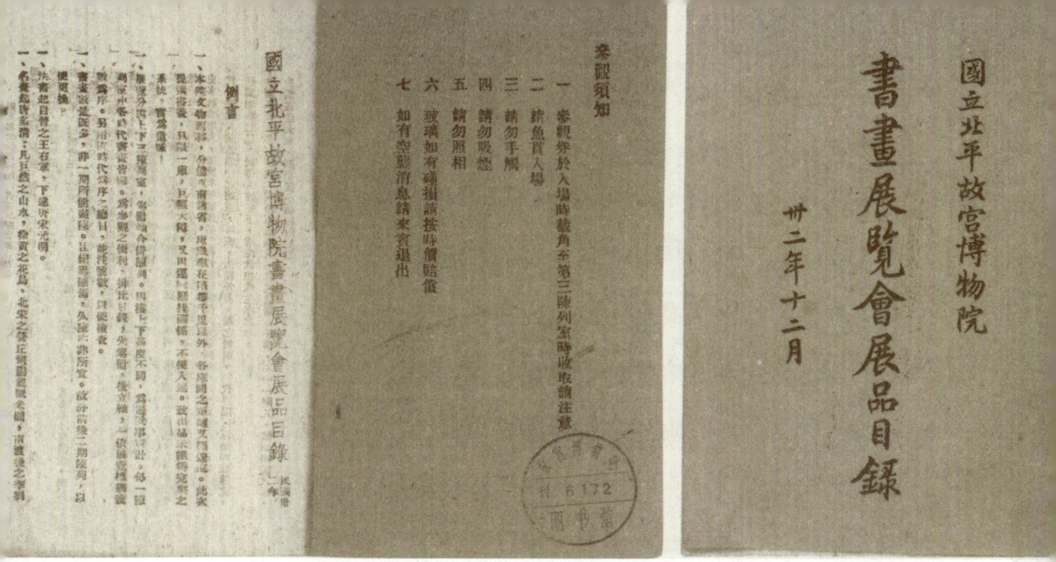

图 3-22
《国立北平故宫博物院书画展览会展品目录》（1943 年 12 月）。采自故宫博物院编：《故宫博物院早期院史（1925—1949）》，故宫出版社，2016 年，第 123 页

展，也算是赴英国展出回国后的一次汇报展览”，此议得到教育部的核准，展览命名为“国立北平故宫博物院书画展览会”。文物由庄尚严负责从贵州安顺押运至重庆，“国宝到达重庆，先存放在南岸故宫院部，后又用车运至江边，装船，运至珊瑚坝江边，再用车运至两路口中央图书馆”[①]。

1943 年 12 月 25 日，“国立北平故宫博物院书画展览会”在重庆中央图书馆开幕，展览书画百余件（图 3-22）。展览分

① 转引自胡昌健：《雾季，故宫国宝在陪都》，重庆市渝中区政协文史资料委员会编：《巴渝文史荟萃》第 1 辑，1999 年，第 232 页。

两期举行，首期为1943年12月25日至1944年1月4日，第二期为1944年1月5日至16日。展品“分楼上下三陈列室，卷册轴合并陈列。因楼上下高度不同，为迁就事实计，每一陈列室中各时代书画皆备。为参观之便利，排比目录，先卷册，后立轴，一依展览标签号数为序。另附依时代为序之总目，并注号数，以便检查”①。展览目录的例言说：“本院文物西移，分储西南诸省，库藏率在陪都千里以外，各库间之距离又极辽远。此次提选书画，只限一库，巨幅大障，又因运输悬挂关系，不便入选。致出品未能得完整之系统，实为遗憾。”②可知，受多种因素影响，当时展品的选择有一定的局限，但也可以说“是故宫历代书画藏品中最精、最珍贵的一部分”。书法有“王羲之的《平安三帖》、唐代孙过庭的《书谱序》”，以及“苏轼、黄庭坚、米芾、蔡襄的墨迹，唐宋八大家之一欧阳修的手书尺牍”等；绘画展品中，“有传为五代花鸟大画家徐熙的《雪竹图》、五代晚期董源的《龙宿郊民图》、巨然的《秋山问道图》、宋初李成的《群峰霁雪图》、宋徽宗赵佶的《溪山深秀图》”等。展览会开幕当天，《中央日报》以“伟大的民族艺术遗产”“活生生的中国艺术史”来赞誉这批从“从帝王的书房里解放出来”“又从日寇的觊觎下抢救出来的伟大民族艺术遗产”。故宫博物院朱家溍先生当年就是这个书画展的经办人之一，

① 故宫博物院编：《国立北平故宫博物院书画展览会展品目录》（1943年），第1页。
② 故宫博物院编：《国立北平故宫博物院书画展览会展品目录》（1943年），第1页。

他回忆展览当时的情况时说："一时盛况空前，观者如堵。"居于重庆的徐悲鸿先生也曾带领学生参观，还专门写了一篇《故宫书画展巡礼》，刊于1944年1月8日的《新民报》。在谈及参观感受时，徐悲鸿先生感叹："此番吾人之眼睛够饱了。"①

在筑举办书画展览会

抗日战争爆发后，故宫博物院分批将南迁文物转移到大后方秘密保存，贵州安顺华严洞便是该院存放文物的地点之一。1944年，贵州省立艺术馆馆长陈恒安向贵州省主席吴鼎昌建议，择选故宫博物院存华严洞文物在贵阳举办一次展览会。经吴鼎昌与马衡商洽，决定在1944年在渝举办的"国立北平故宫博物院书画展览会"结束后，文物运抵贵阳时举办特展。从陈恒安给省主席的请示报告中可以窥见展览的一些基本情况。展览名称为"故宫博物院在筑书画展览会"；"展品包括晋、唐、宋、元、明、清书画精品170余件"（图3-23）；展览日期"因院方核定目录及接洽车运暨编印说明册关系"，于4月上旬开幕；展览形式"仍仿照在渝展览成例分为两次"，每次定为一星期；个人票每张50元；团体票每张200元，限定10人；经费总计需15万元，包含故宫博物院"派来职员4人，

① 转引自胡昌健：《雾季，故宫国宝在陪都》，重庆市渝中区政协文史资料委员会编：《巴渝文史荟萃》，第1辑，1999年，第230—231页。

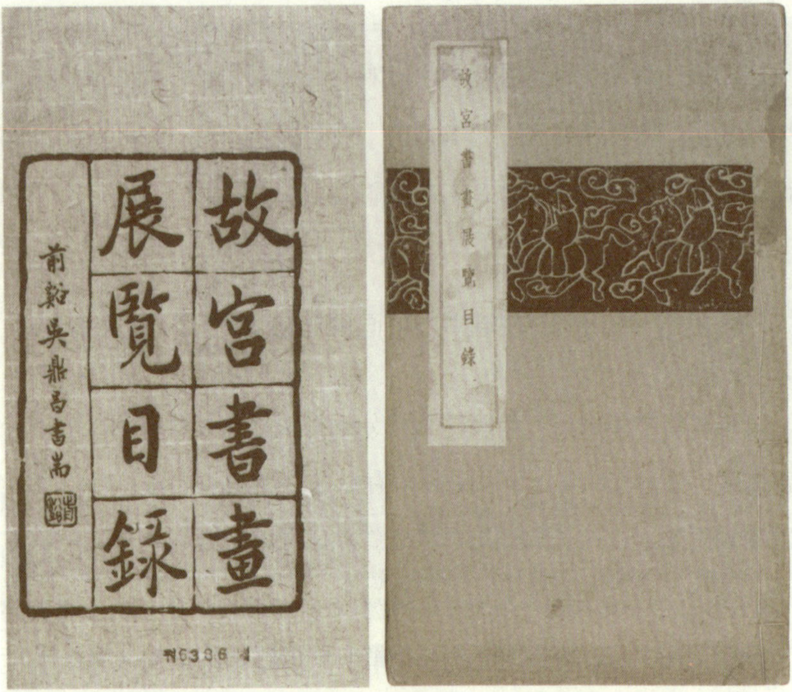

图 3—23
《故宫书画展览目录》（1944 年）。采自故宫博物院编：《故宫博物院早期院史（1925—1949）》，故宫出版社，2016 年，第 124 页

卫兵官长 1 人，卫士 8 人，所需伙食费及警卫费约 3 万元”，购置展框、布标、印刷说明册、门票、标签，加上重庆—贵阳—安顺车运费等。文物展出期间，如遇日寇飞机空袭，选定狮子山及麒麟洞为防空保护地点，并制定了在空袭前迅速拆展、装运、信息传

递、疏散观众和处理门票等应急措施。[1] 展览的具体事务由陈恒安与庄尚严共同办理。1944 年 4 月 12 日，展览在贵阳市科学路贵州省艺术馆展出，展品“分楼上下二陈列室，因卷册与立轴之陈列位置不同，为迁就事实计，每一陈列室中卷册立轴皆备。其时期由近代以至远代；其次序先立轴而后卷册。各展品附有标签，并注号数，便于展品目录查对，以资参考”[2]。展览沿袭渝展惯例分两期举行，每期展出时间为一周，至 4 月 30 日，展览会结束。展览在贵州反响极大，“前往贵州省艺术馆参观者极为踊跃，万人空巷，盛况空前，贵阳各界人士真是大开眼界，尤其对贵阳当时爱好国画和书法的人士来说，更是一次极为难得的观摩、学习机会，它对促进、提高贵阳书画界人士在书画艺术方面的造诣及其以后的成就，奠定了坚实的基础，其影响是非常深远的。”[3]

在蓉举办书画展览会

抗战胜利后，存巴县、峨眉、乐山三处的文物开始集中重庆并准备东归，运回南京。在文物即将东运重庆时，四川省政府提请在

① 贵州省地方志编纂委员会编：《贵州省志·文化志》，贵州人民出版社，1999 年，第 298—299 页。

② 省立贵州艺术馆编：《故宫书画在筑展览目录》（1944 年），第 1 页。

③ 中国人民政治协商会议贵阳市南明区委员会文史资料研究委员会：《南明文史资料选辑》第 5 辑，1987 年，第 142 页。

成都举办一场故宫文物展览会。此提议经国立北平故宫博物院理事会核准。1946年8月初，国立北平故宫博物院驻渝办事处主任励乃骥召集驻乐山办事处主任欧阳道达、驻峨眉办事处主任那志良和驻巴县办事处主任庄尚严开会商议故宫书画赴成都展览事宜，经商议决定，择选100件书画赴成都展览，派那志良勘定展览会场，派庄尚严择选展品并主持展览。

11月12日，“故宫博物院在蓉书画展览会”在成都少城公园民教馆开幕。百件故宫书画展品中有绘画87件、书法13件。为配合展览，故宫博物院编辑出版了《故宫书画在蓉展览目录》，扉页由四川著名书法家谢无量题写“故宫书画展览目录”。从展览目录可知，展品包括了东晋王羲之《七月都下帖》，唐颜真卿《祭侄文稿》、褚遂良《倪宽传赞》，五代佚名《秋林群鹿》，宋苏轼《赤壁赋》，元赵孟頫《窠木竹石》、黄公望《富春山居图》、吴镇《洞庭渔隐》，明仇英《云溪仙馆》，清郎世宁《八骏图》等，可以说，件件都是艺术精品（图3–24）。

展览分两期展出，每期50件。第一期为11月12日至23日；第二期为11月24日至12月5日。展览原定于12月5日闭幕，最后因市民观展热情，延期至12月7日。据统计，观展的各界人士约5.5万人次，各大报纸争相报道，成为当时的文化盛事。

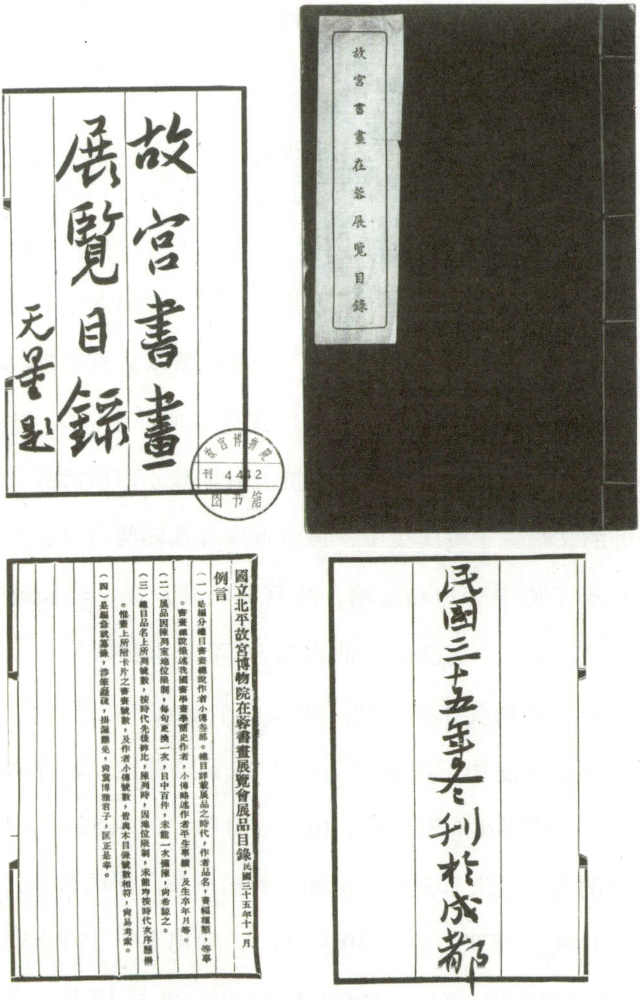

图 3-24

《故宫书画在蓉展览目录》（1946年）。采自故宫博物院编：《故宫博物院早期院史（1925—1949）》，故宫出版社，2016年，第126页

东归与迁台

文物东归

抗战胜利后，在全国教育善后复员会议上，社会教育组就“内迁社会教育机关复员的处理”达成共识，规定“国立社教机关，战前原在各地设立者，应各迁回原址”，明确要求故宫博物院将存于四川各地文物“先集中重庆，复员时仍令迁回北平”[①]。1946年1月至1947年11月，故宫博物院将抗战时期藏于四川巴县、峨眉、乐山三处的文物先于重庆集中，再由重庆经水陆两路分运南京（图3-25）。为了便于管理和运输，故宫博物院设立了驻渝办事处。1946年1月21日，存巴县飞仙岩的80箱文物开始起运，巴县飞仙岩距离故宫博物院在重庆选定的文物库房向家坡只有50公里左右，巴县办事处雇用了两辆卡车，至28日全部运完，存入向家坡山顶仓库，称作甲组仓库；5月16日，存峨眉的7286箱文物起运，参加运输的有新绥汽车公司、川湘公路局以及广州区车和元通公司所转包的中美汽车队，共分30多批次，动用卡车250多辆次，至9月10日到达重庆，存入向家坡丙组仓库；9月10日，存乐山安谷乡的9358箱文物起运，先通过竹筏或木船水运至岷江畔的县城，继之通过陆运经荣县、自贡、内江于1947年3月10日到达重庆，

① 周慧梅：《民国社会教育研究》，湖南教育出版社，2018年，第426—427页。

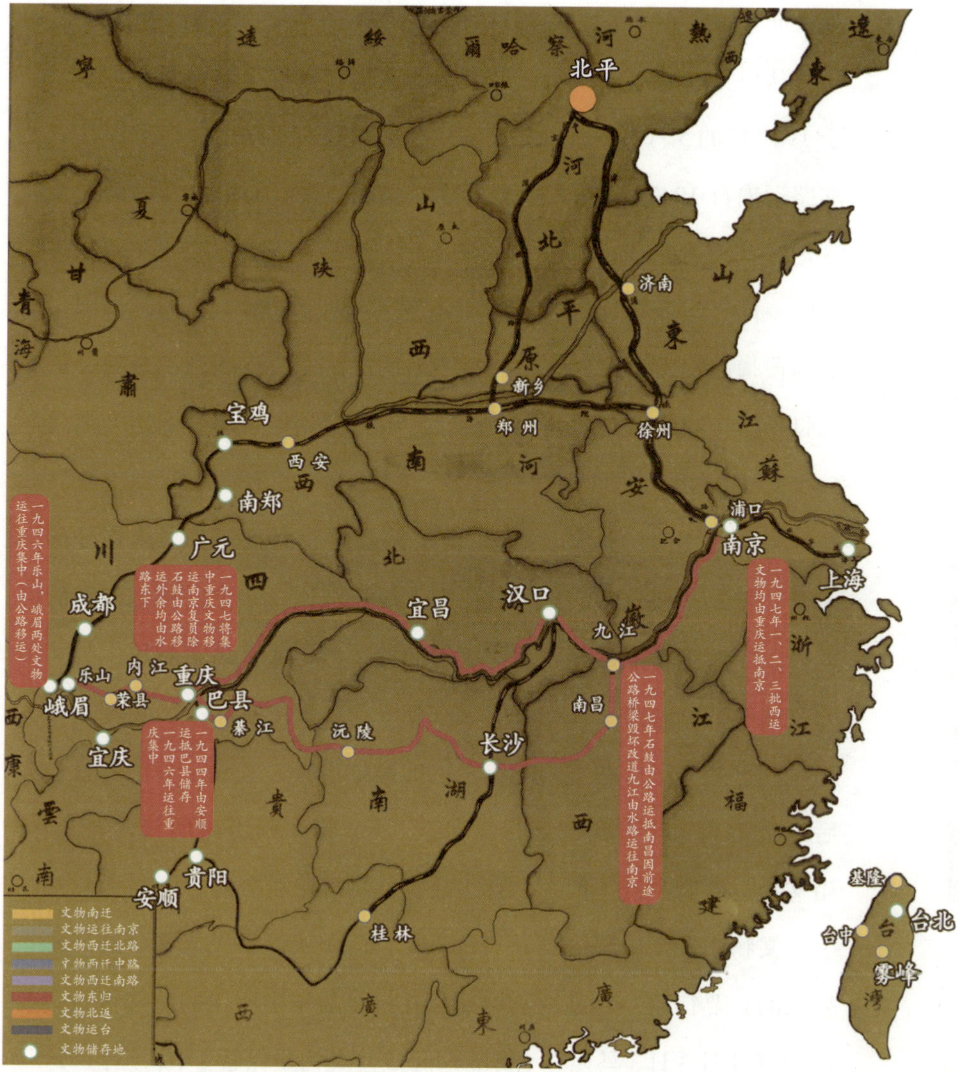

图 3-25

故宫文物东归路线图。采自故宫博物院官网

存入向家坡乙组仓库。

从巴县、峨眉、乐山三处集中的文物，在重庆暂存两个月后，于1947年的5月和6月开始，分别经由陆路和水路运回南京保存。陆路运输自1947年5月31日开始，运送石鼓、石鼓文音训碑以及其他一些特别笨重的大箱件，共62箱。那志良领队，吴玉璋和张德恒一同押运，原计划取道川湘公路往江西、安徽、江苏，但因很多地段道路损毁严重，途中甚至遭遇两次翻车，车队到南昌后，那志良不得不决定改走水路，从南昌转道九江用船装运。到达九江是6月30日，因租船耽搁时日较多，7月26日，文物才运到南京。水运自6月16日开始，“先由交通部公路总局直辖第二运输处的卡车，将向家坡仓库的文物载往海棠溪长江边，装上已候于江畔的大船，小型汽轮拖运到朝天门附近的储奇门码头，再盘到民生公司的登陆艇，直向南京。在海棠溪和朝天门，设立了两个文物转运站临时办事处，来协调车舟轮艇衔接的具体事务，直到11月26日最后一批运离重庆，历时五个多月”[①]。文物东归历时两年，16724箱文物全部安全抵达南京，存于故宫博物院南京分院。

文物南迁是中华民族处于危急存亡的关头保护民族文化遗产所采取的必要行动，这是博物馆前辈在抗日战争中所作的特殊贡献。1947年9月3日，马衡在《抗战期间故宫文物之保管》中谈道：“这抗战八年的中间，文物虽没有受到敌机的轰炸，但是可能性实在太

① 魏奕雄编著：《故宫国宝南迁纪事》，故宫出版社，2016年，第188页。

多了，最感到危险的，是那九千多箱由重庆运出，寄存宜宾，分批往乐山运的时候，其时重庆已经受到‘五三’、‘五四’的惨状，只要天晴，必有空袭。而在沿岷江一带，有三大城市，上游是乐山，下游是泸县，中间就是宜宾。我们因为便于转船的关系，所有的文物都存在沿江的大仓库中。那一年，乐山、泸县皆受到燃烧弹的轰炸，都烧了小半个城，独有这宜宾没有受到轰炸。还有长沙湖南大学的图书馆，在我们搬出以后，不到四个月，被炸毁了。重庆的几个仓库，在搬出不到一个月，那空房也被炸了。南郑的文庙，目标甚大，南郑成都的距离又远，又要翻过剑门关等险道，看来是来不及搬完了。我就在中途的广元，借了一个庙，设一个腰站。将南郑文庙的存物，先抢运出来，运完才十二天，那文庙在一天里就落了七个炸弹，又炸的是空房。像这一类的奇迹，简直没有法子解释，只有归功于国家的福命了。”①

文物运回南京后，1948 年 5 月 30 日至 6 月 8 日，故宫博物院与中央博物院筹备处在南京举办了联合展览，展出“书籍、商周铜器、汉代文物、历代帝后像、边疆民族标本、瓷器”② 等。需要特别说明的是，青铜重器后母戊鼎首次在此次展览中公开露面。故宫博物院精选 183 件展品参展，其中包括唐至清代书画大家的立轴册

① 马衡：《抗战期间故宫文物之保管》，《马衡日记：一九四九年前后的故宫》，紫禁城出版社，2006 年，第 275 页。

② 《国立北平故宫博物院中央博物院筹备处联合展览会》，《申报》，1948 年 5 月 30 日。

页 102 件，宋至清代历朝瓷器名瓷 80 件、铜器散盘 1 件。5 月 29 日举行预展一天，不收门票，招待各机关首长参观。展览原定 6 月 5 日闭幕，后因参观人员踊跃，延长至 6 月 8 日闭幕。展览期间，观者塞途，盛况空前。6 月 9 日，即展览闭幕后一天，蒋介石、蒋经国、孙科等政界要人在考古专家陪同下，亲临展厅参观展览，并在后母戊鼎前合影留念。

部分文物迁台

1946 年，国共内战爆发。随着解放战争的胜利推进，国民党政权摇摇欲坠，南京国民政府准备退守台湾。1948 年 11 月 10 日，国民政府行政院院长兼故宫博物院理事会理事长翁文灏召集在南京的故宫博物院理事会理事，商讨将文物运往台湾事宜，出席会议的有行政院政务委员兼教育部长朱家骅、行政院政务委员兼外交部长王世杰、中央研究院历史语言研究所所长傅斯年、故宫博物院古物馆馆长徐森玉、中央博物院筹备处主任李济、教育部政务次长杭立武等。“到会各理事一致主张运台”，“朱理事家骅以教育部部长身分（份），提议中央图书馆的文物图书，一同运台。傅理事斯年则以中央研究院历史语言研究所所长身分（份），提议该所文物随同搬运，均经各理事同意”[①]。行政院又函电故宫博物院院长马衡，

① 杭立武编著：《中华文物播迁记》，台湾商务印书馆，1980 年，第 28 页。

嘱其选择北平故宫博物院的文物精华装箱，分批空运南京，与南京分院的文物一同迁往台湾。12 月 4 日，故宫博物院理事会召开常务理事会议，通过“先提选精品二百箱左右运存台湾，其余应尽交通可能陆续移运，其不能运出者仍在原库妥为存放”[①]的决议，并报行政院核准。12 月 5 日，南京分院召开紧急会议，决定等行政院批准后执行理事会决议，并对文物运台工作进行了前期部署。12 月 6 日，行政院院长孙科签发“应准照办”的训令，同意将故宫博物院文物运台。

1948 年 12 月 21 日，第一批文物由海军部派出的登陆舰“中鼎号”从南京下关码头起运，原定载运故宫博物院文物 200 箱，“嗣以船只吨位，尚有余裕，经由杭理事（杭立武）临时酌量变通，改定为三百二十箱”[②]。12 月 26 日，“中鼎号”抵达基隆，文物于次日转运到杨梅镇通运公司仓库，因“杨梅终年多有风雨，天气潮湿，与文物极不相宜”[③]。后经与“台中仓库接洽妥协”，转运存入台中糖厂。1949 年 1 月 6 日，故宫博物院第二批运台文物 1680 箱由招商局“海沪轮”运载，由南京下关出发。1 月 9 日，“海沪轮”抵达基隆，文物仍暂存杨梅镇，后转运存入台中糖厂。1 月 29 日，

① 《国立北平故宫博物院第七届第一次理事会常务会议记录》（1948 年 12 月 4 日），转引自徐婉玲：《故宫文物迁台史料选辑》，《民国档案》，2015 年第 4 期。

② 《抄呈送行政院、本院理事会发文原稿》（1948 年 12 月 27 日），转引自徐婉玲：《故宫文物迁台史料选辑》，《民国档案》，2015 年第 4 期。

③ 《庄尚严致马衡函》（1949 年 1 月 17 日），转引自徐婉玲：《故宫文物迁台史料选辑》，《民国档案》，2015 年第 4 期。

故宫博物院第三批运台文物972箱以海军部所派军舰“昆仑舰”运载，由南京下关出发。2月22日，“昆仑舰”抵达基隆，后转运存入台中糖厂。从南京运到台湾的文物共计2972箱，占南京分院所藏文物的四分之一。

关于文物迁往台湾，马衡持反对意见。南京分院的文物从1948年12月至1949年1月分三批迁往台湾。北平本院的文物迁移工作，马衡则以文物安全为借口，一拖再拖。1948年底，马衡下令将故宫博物院对外出入通道全部关闭，严禁通行。面对南京政府的函电催促，马衡以“机场不安全，暂不能运出”为由拖延。1948年12月16日，国民政府行政院院长孙科签署行政院电令，要求马衡执行故宫理事会将文物运往台湾的决议。12月17日，故宫博物院理事会秘书杭立武发来专电，催促马衡南下。马衡委托即将南下的清华大学校长梅贻琦代转“不能南飞之意”。1949年1月14日，马衡在致杭立武的信中写道：

> 弟于十一月间患心脏动脉紧缩症，卧床两周。得尊电促弟南飞，实难从命。因电复当遵照理事会决议办理，许邀鉴谅。嗣贱恙渐痊而北平战起。承中央派机来接，而医生诫勿乘机。只得谨遵医嘱，暂不离平……运台文物已有三批菁华大致移运，闻第一批书画受雨者已达二十一箱，不急晒晾即将毁灭。现在正由基隆运新竹，

又由新竹运台中。既未获定所，晒晾当然未即举行，时间已逾二星期，几能不有损失。若再有移运箱件则晾晒更将延期。窃恐爱护文物之初心转增损失之程度。前得分院来电谓三批即末批，闻之稍慰。今闻又将有四批不知是否确实。弟所希望者三批即末批，以后不再续运。[①]

至北平和平解放，故宫博物院文物一箱也未运出。

新中国成立后，中国人民解放军南京军事管制委员会文教接管委员会接管故宫博物院南京分院文物 11178 箱。[②] 从 1950 年 1 月至 1958 年 9 月，留存南京的故宫博物院文物分三批合计 6253 箱被陆续运回北京故宫博物院。[③] 其余箱件，仍存南京朝天宫。

---

① 杭立武编著：《中华文物播迁记》，台湾商务印书馆，1980 年，第 77—81 页。

② 南京市档案馆编：《南京解放》，江苏古籍出版社，1990 年，第 307 页。

③ 魏奕雄编著：《故宫国宝南迁纪事》，故宫出版社，2016 年，第 212—213 页。

端门含章

历史博物馆文物的迁移始末

历史博物馆是中国第一个由政府筹设并直接管理的博物馆。筹建工作酝酿于清朝末年维新运动期间，始建于清帝退位、民国初建的年代。民国初年，北京政府“以京师首都，四方是瞻，文物典司，不容阙废”[①]，“而首都尚未有典守文物之专司，乃议先设博物馆于北京”[②]。1912 年 7 月，教育部在北京元明清三代的太学——国子监筹建国立历史博物馆，其宗旨为“搜集历代文物，增进社会教育”[③]。当时的馆址仅有前国子监衙署一座，计 210 间，署东北隅附住房 304 间半。1918 年，“因原有馆址地处偏僻，房舍狭隘”，教育部决定将该馆迁往故宫端门、午门，以午门城楼和东西亭楼为陈列室，东西朝房和端门城楼为文物库房，其中部分西朝房为办公室（图 4–1）。历史博物馆除接收社会捐献和政府移交文物外，还主动派员赴各地收购、采集、发掘文物。至 1925 年，文物收藏达 215100 多件，分金类、石器、刻石、甲骨刻辞、玉类、陶器等共 26 类。[④]

民国时期，虽然历史博物馆草创伊始，因陋就简，主管单位几

---

① 《国立历史博物馆丛刊·发刊辞》，《国立历史博物馆丛刊》，1926 年第 1 年第 1 册。

② 《本馆开馆纪事》，《国立历史博物馆丛刊》，1926 年第 1 年第 2 册。

③ 《教育部历史博物馆规程》（1927 年 10 月 15 日），中国第二历史档案馆编：《中华民国史档案资料汇编》第三辑《文化》，江苏古籍出版社，1991 年，第 283 页。

④ 《中华民国国立历史博物馆概略》（1925 年），中国第二历史档案馆编：《中华民国史档案资料汇编》第三辑《文化》，江苏古籍出版社，1991 年，第 278—281 页。

图 4–1
20 世纪 30 年代的历史博物馆。赫达·莫里逊（Hedda Morrison）拍摄，采自哈佛大学图书馆官网

经变更[①]，博物馆几易其名[②]，屡遭挫折，

① 民国时期历史博物馆隶属关系几经变更，1912 年成立后隶属教育部；1928 年 6 月，历史博物馆由中华民国大学院古物保管委员会接收；1928 年 10 月，大学院裁撤，恢复教育部，古物保管委员会改隶教育部，历史博物馆仍隶古物保管委员会；1929 年 6 月，历史博物馆改由教育部直辖，其间或又一度交国立北平图书馆代管；1929 年 8 月 13 日，历史博物馆划归中央研究院，由该院历史语言研究所接收；1936 年 7 月，历史博物馆划归中央博物院筹备处。

② 民国时期，历史博物馆几易其名。1912 年 7 月 9 日成立时称“国立历史博物馆筹备处”；1920 年 11 月更名为“历史博物馆”；1927 年 8 月更名为“国立历史博物馆”；1929 年 8 月 13 日，国立历史博物馆划归中央研究院，定名“国立中央研究院历史博物馆筹备处”；1936 年 7 月，历史博物馆正式划归中央博物院，定名“中央博物院北平历史博物馆”。本文为行文方便，以下统称历史博物馆。

但经过博物馆人的不懈努力和苦心经营，至抗日战争全面爆发前，馆藏规模仍在不断扩大，藏品总数已达216701件[①]。

1931年九一八事变后，“平市谣诼繁兴，几至一夕数惊”。为确保文物安全，历史博物馆从1931年11月13日起，除在新年期内展览景教石刻四天，及2月的四个星期日开放四天外，其余均暂行闭馆并将重要物品装箱钉锁。为加强警戒，博物馆除在各外门堆积沙袋，在墙垣上加盘带刺铁丝外，还函请北平市公安局发给馆警枪械子弹，日夜巡察。又与故宫博物院、古物陈列所共商联防办法，成立特别警卫处，联络分防，连馆员都要轮值守夜。1932年3月后，局势渐渐安定，闭馆已三个月的博物馆才照常对外开馆。

南迁准备

然而人心浮动之际，文物安全成为重中之重，为防患未然，中央研究院历史博物馆筹备处管理主任裘善元[②]（图4-2）就曾多次致信已将历史语言研究所迁往上海的傅斯年[③]，商议重要文物处置

① 《国立中央研究院历史博物馆筹备处二十三年度工作报告》（1934年），欧阳哲生主编：《傅斯年全集》第六卷，湖南教育出版社，2003年，第472页。另藏品统计数字不包括保存于此的明清档案。

② 1929—1936年，裘善元任国立中央研究院历史博物馆筹备处管理主任。

③ 1929年8月13日，国立历史博物馆划归中央研究院，由该院历史语言研究所接收，傅斯年为所长。

图 4-2
1924 年美公使舒尔曼参观历史博物馆。前排左二裘善元。采自《中国国家博物馆百年简史（1912—1926）》，中华书局，2012 年，第 11 页

方案。1933 年 1 月，傅斯年回信李济[①]、裘善元等人，认为文物迁移需在“此时缓和期中移，否则一急，再思移，必移不出也。”[②]根据当时的局势以及傅斯年的建议，

① 李济时任国立中央研究院历史博物馆筹备处筹备委员会委员。

② 《傅斯年致李济、裘善元等函》（1933 年 1 月左右），“中研院”历史语言研究所傅斯年图书馆藏，档案号：考 2-106。

1933年1月24日，历史博物馆将重要文物装为二十五箱，先将最为重要的十箱，分别编号，秘密保存于北平浙江兴业银行库房，并取有该行第二三三号收据。

2月9日，历史博物馆将“重要物品装箱迁存北平浙江兴业银行经过”报告历史语言研究所并将物品清册函送该所，请其转送中央研究院备案。2月11日，历史语言研究所呈文中央研究院：“顷准本院历史博物馆筹备处函称，该馆物品装妥十箱存入浙江兴业银行库房，并该项物品清册，请转院备案等因。相应核同该项清册，函请贵处准予备案为荷。”[①]收到信函后，中央研究院立即复函要求历史博物馆提取部分重要文物“以备送院保存”。接到指令后的历史博物馆即刻行动，于2月12日从北平浙江兴业银行“提回第一号、第二号、第三号木箱叁只，同时另装第十一号、第十三号、第十六号叁箱（本处重要物品除铜版地图外，先后共装二十五箱）存入该行，以符原存十箱之数”[②]。最终存入北平浙江兴业银行的文物箱只编号分别为：

第肆箱（央）第伍箱（研）第陆箱（究）第柒箱（院）第捌箱（历）

① 《函送历史博物馆筹备处存入银行物品清册由》（1933年2月11日），“中研院”历史语言研究所傅斯年图书馆藏，档案号：元280-10b。

② 《函送移运物品清册希呈院备案由（1933年2月26日）》，“中研院”历史语言研究所傅斯年图书馆藏，档案号：元280-10b。

第玖箱（史）第拾箱（博）第拾壹箱（物）第拾叁箱（筹）第拾陆箱（北）

文物包括瓷器、古兵器、铜镜、明器、内阁档案、印章关防等，计一千四百八十九件。①

历史文物装箱并准备南迁一事得到了媒体的关注，相关报道见诸报端。1933 年 2 月 9 日，《益世报》以《陈列所古物昨开始装箱　历史博物馆亦奉令南迁》为题进行报道：“午门历史博物馆古物亦奉令装箱南迁，所装古物，多关系历史，如铜钱秦砖汉瓦及历代关防等项，亦随二批古物南迁。”② 同日，《大公报》亦报道：“北平历史博物馆在午门上陈列物品，多有关于我国历史文化，昨日亦有装箱随同故宫博物院第二批古物运京消息，但据记者多方调查，该馆因昨日放假，并未开放。该馆某职员谈称，因该馆并无重要物品装箱事，决非事实云。”③

针对媒体的相关报道，为了谨慎起见，避免不必要的事端。2 月 10 日，历史博物馆主动致函《大公报》进行声明：“日前各报纷载本馆物品南迁，日前贵报又载本馆物品有随同故宫第二批古物运京消息。查本馆与故宫博物院并无任何隶属关系，自无随同南下

① 《函送移运物品清册希呈院备案由》（1933 年 2 月 26 日），“中研院”历史语言研究所傅斯年图书馆藏，档案号：元 280-10b。

② 《陈列所古物昨开始装箱　历史博物馆亦奉令南迁》，《益世报》，1933 年 2 月 9 日。

③ 《古物过徐南运　存沪地点业经择定　第二批亦准备续运》，《大公报》，1933 年 2 月 9 日。

之□，如果故宫有第二批古物迁移，届时本馆物品是否随同南下，自有事实可资证明。”①

南迁沪宁

历史博物馆公开声明后一周，**1933年2月17日至1935年7月，历史博物馆在中央研究院的指示下，将馆藏部分重要文物**分六批通过不同的方式**南迁至南京、上海**，由中央研究院或历史语言研究所接收。

第一批文物南迁

第一批南迁文物是根据中央研究院要求，由“本处裘委员②于二十二年二月十七日带沪”③。裘善元将“其预备南移之件，计原第一箱中重要物品叁拾陆件”④带到上海后，由中央研究院驻沪办事处接收。此箱文物即原存入北平浙江兴业银行之第一号箱，包括

① 《来函照登》，《大公报》，1933年2月14日。

② 裘委员为裘善元。

③ 《送南移物品清单，并询总理遗物存放何处，请查照见复》（1934年5月22日），“中研院”历史语言研究所傅斯年图书馆藏，档案号：元280-23b。

④ 《函送移运物品清册希呈院备案由》（1933年2月26日），“中研院”历史语言研究所傅斯年图书馆藏，档案号：元280-10b。

太平天国玉玺、古玉器、宋版图书、唐人写经、利玛窦绘地图等，共计三十六件。

需要说明的是，第一批南迁文物原计划由裘善元直接带到南京并由中央研究院接收，后因其行程调整，这批文物便被直接带到了上海。

这批文物由中央研究院驻沪办事处接收后，存放于上海浙江兴业银行保管库，定期一年。期满后，中央研究院驻沪办事处与“史语所接洽，将该件等交由史语所接管续存”[①]。1934 年 5 月 3 日，中央研究院驻沪办事处致函历史语言研究所：“敝处前代历史博物馆经手存放浙江兴业银行保管库之古物，日前与贵所商妥，改交贵所接管，已于四月廿八日由吴亚农先生接收。计太平天国玉玺贰方、表章经学之宝一方、圭一件、玉笏一件、琀一件、瑁一件、康熙万寿图印本一件、唐人写经肆轴、利玛窦绘地图陆轴、南怀仁绘地图印本捌轴、宋版《唐六典》一册、宋版《六韬》一册、宋版《柳州集》一册、宋版《论衡》一册、宋版《韦苏州集》一册、宋版《孟子》伍册，共叁拾陆件。其银行存据等件亦统交吴先生。相应函达，并希查照见复为荷。”[②]（图 4–3）

为确保迁运至上海的文物安全，5 月 22 日，历史博物馆呈文

① 《送南移物品清单，并询总理遗物存放何处，请查照见复》（1934 年 5 月 22 日），“中研院”历史语言研究所傅斯年图书馆藏，档案号：元 280–23b。

② 《中央研究院上海办事处移交存放浙江兴业银行古物》（1934 年 5 月 3 日），“中研院”历史语言研究所傅斯年图书馆藏，档案号：元 280–22b。

图 4–3

第一批南迁文物中的太平天国玉玺。采自李守义、辛迪：《抗战时期历史博物馆文物南迁始末》，《中国国家博物馆馆刊》，2021 年第 3 期

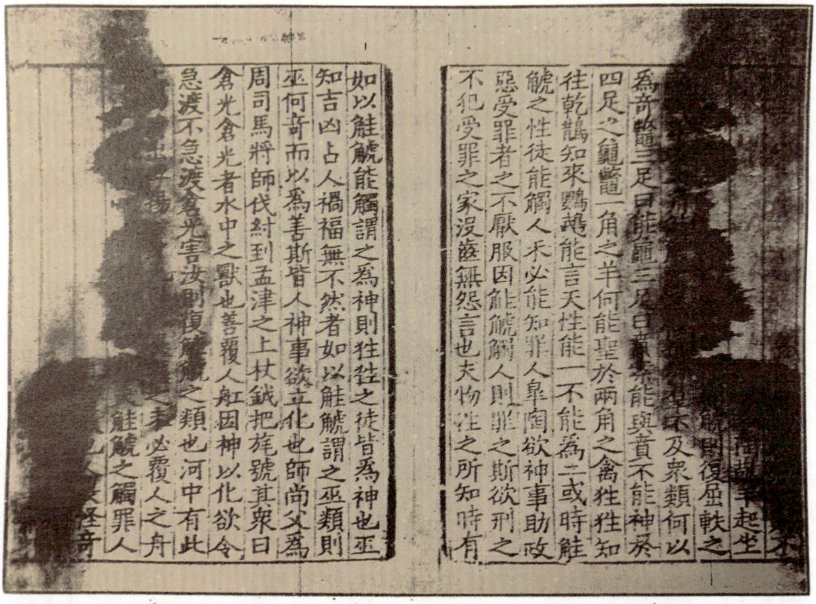

宋本論衡殘卷

图 4-4

第一批南迁文物中的《论衡》残卷。采自李守义、辛迪：《抗战时期历史博物馆文物南迁始末》，《中国国家博物馆馆刊》，2021 年第 3 期

中央研究院驻沪办事处，嘱托其对善本、书画等文物加以保护："上项物品既由所接续保管，自属妥当。惟南方气候潮湿，宋本书及图画等件甚易霉蛀，务请加置樟脑，以防损坏。"[①]（图 4-4）

① 《送南移物品清单，并询总理遗物存放何处，请查照见复》（1934 年 5 月 22 日），"中研院"历史语言研究所傅斯年图书馆藏，档案号：元 280-23b。

第二批文物南迁

历史博物馆第二批南迁文物委托古物陈列所，随附运输故宫博物院第二批文物专车，南移运送南京，交由中央研究院保存。为了将其余重要文物委托古物陈列所随附运输故宫博物院第二批古物专车进行南迁，历史博物馆派员向“监运古物专员李君书华，内政部司长卢君锡永，故宫博物院院长易培基，古物陈列所委员钱桐、股长傅伯平等分别接洽”[①]。确定古物陈列所可以代运后，1933年2月22日，历史博物馆正式致函古物陈列所，请其代运32箱文物至南京：“本馆有一小部份器物，现因中央研究院需要研究，特装大木箱五只。其中二箱系储铜器，一箱为宋内府罂，余二箱为本馆在信阳、巨鹿等处发掘所得陶瓷、杂器。此外，尚有湖北舆地学会所制铜版地图二十七小箱。均经固封包钉妥当，拟乘贵所运送器物赴京沪之便，随车南移。兹将大小木箱叁拾贰支送至贵所，在启运以前敬恳暂予存置宝蕴楼库房，启运时并希随时予以关拂，上下火车均有院馆同人在站送接，上车脚力费用若干，尚祈事后开示，以便奉缴。”[②]（图4–5）

为保证文物交接无误，历史博物馆“取有该所收字第二二三号

① 《函送移运物品清册希呈院备案由》（1933年2月26日），“中研院”历史语言研究所傅斯年图书馆藏，档案号：元280–10b。

② 《本馆有小部份器物拟随车南运，并恳暂予存置宝蕴楼库房由》（1933年2月22日）。故宫博物院藏。

收据一纸，并与该所言定，凭此收据提取箱只。该项收据交由本馆裘委员（裘善元）带院面奉。运物专车到京之时，请由本院派员携带公函并原收据，赴车站向古物陈列所傅股长伯平接收各箱，以重手续”①。

1933 年 3 月 12 日，历史博物馆再次致函古物陈列所，请其代运五箱文物至南京。“本馆前有物品大小三十二箱，送交贵所，请附第二批运输故宫古物专车，代为南运。兹尚有大木箱一只（内装铜人一具，弓二张，箭囊两个），小木箱四只（分装小铜狮及铜座），均经封

图 4-5
第二批南迁文物中的内言卣及铭文。采自台北故宫博物院官网

① 《函送移运物品清册希呈院备案由》（1933 年 2 月 26 日），“中研院”历史语言研究所傅斯年图书馆藏，档案号：元 280-10b。

固，特为奉上，请即代收赐据，敬烦一并运至南京，候中央研究院派员至站领取，至为公感。”①

1933年3月15日，第二批南迁文物起运。运送文物专列到达南京浦口后，中央研究院院长蔡元培致函古物陈列所：“本院北平历史博物馆筹备处近附贵所运输故宫第二批古物专车之便，先后送交大小木箱叁拾柒只，第一批计共叁拾贰只，第二批计共伍只，统请贵所附运南移，蒙照办并先后发给收字第二二三号及第二三三号收据两纸，俾便凭据提取。兹闻该项木箱叁拾柒只，已随第二批古物专车运抵浦口，相应派本院职员杨隆祜携带贵所发给之收据两纸，前往领取，即希予以接洽，检齐交付，至纫公谊。”②（图4-6）

文物交接完成后，3月26日，历史博物馆致函古物陈列所：“前荷代运本馆大小木箱三十七只，昨得南京本院复函，均经照收无误，深为公感。”③

① 《本馆前有物品大小三十二箱送交贵所请附第二批运输故宫古物专车代为南运由》（1933年3月12日），故宫博物院藏。

② 《为本院北平历史博物馆筹备处因贵所输运故宫第二批古物之便请附运大小木箱叁拾柒只已抵浦口，特派本院职员杨隆祜前往领取，函请查照检付由》（1933年3月23日），故宫博物院藏。

③ 《函送木箱四只，附二件，暂予存置，仍请代为运京师，脚力费事后奉缴由》（1933年3月26日），故宫博物院藏。

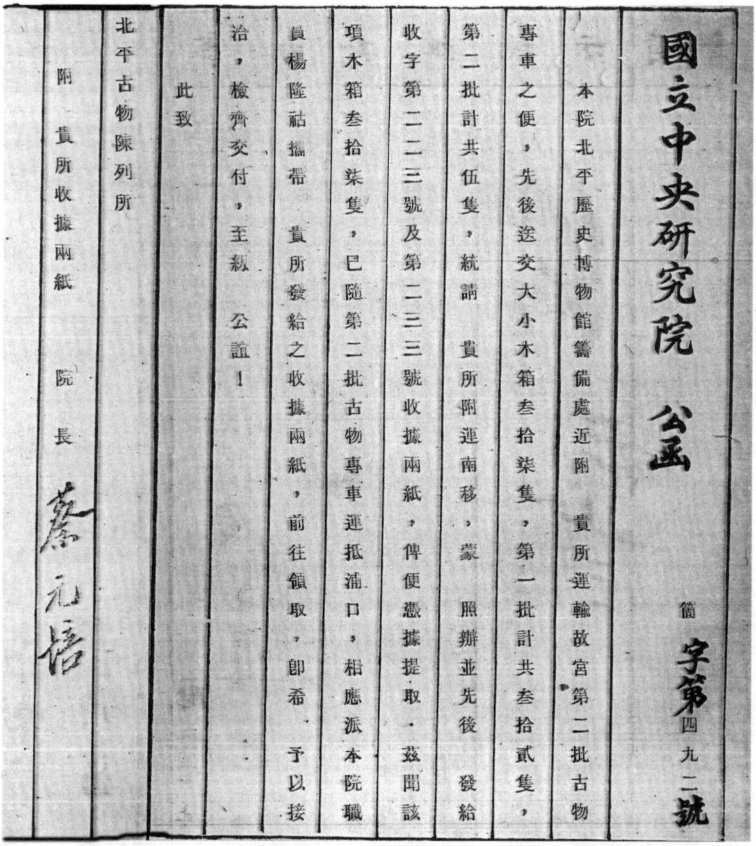

國立中央研究院 公函

籌 字第四九二號

本院北平歷史博物館籌備處近附 貴所運輸故宮第二批古物專車之便，先後送交大小木箱叁拾柒隻，第一批計共叁拾貳隻，第二批計共伍隻，統請 貴所附運南移，蒙 照辦並先後發給收字第二二三號及第二三三號收據兩紙，俾便憑據提取。茲聞該項木箱叁拾柒隻，已隨第二批古物專車運抵滬口，相應派本院職員楊隆祜攜帶 貴所發給之收據兩紙，前往領取，即希 予以接洽，檢齊交付，至紉 公誼！

此致

北平古物陳列所

附 貴所收據兩紙

院長 蔡元培

图 4-6
中央研究院致古物陈列所公函。作者供图

此次南迁文物共计 37 箱，433 件。其中编号第一箱（国）、第二箱（立）为清颁铜器，包括召仲簠、康侯鼎、内言卣、素洗、雷纹觚、牺首、子爵、盟簠、牺尊、雷纹壶，共 10 件；第十二箱（馆）、第十七箱（平）、第二十四箱（城）为陶瓷器，共36件；第二十五箱装有针灸铜人、多尔衮残弓柄、箭囊等，共5件；其余为铜刻暗射图版，共382件。

根据之前的约定，1933年3月20日，历史博物馆向古物陈列所付“代运本馆

图4–7（左图）
第二二三号文物收据。
作者供图

图4–8（右图）
第二三三号文物收据。
作者供图

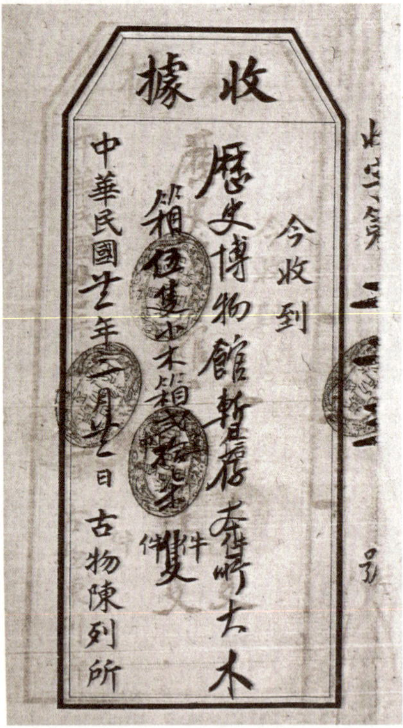

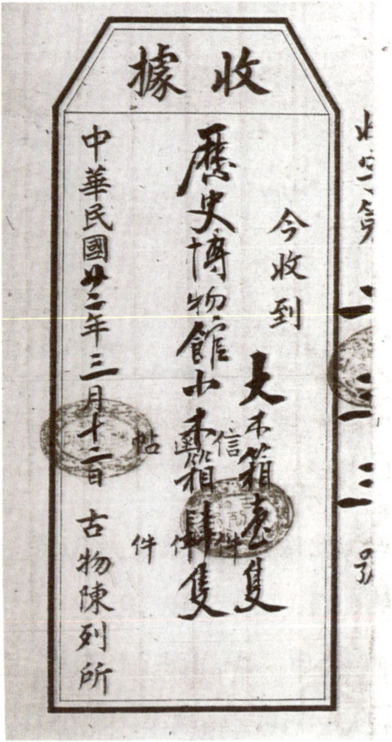

木箱三十七只车脚运费，共计二十一元二角五分”[①]（图4–7、图4–8）。

此批南迁文物中十件清颁铜器，原为清宫旧藏，乾隆三十四年（1769）颁领国子监，陈设于大成殿，1920年移运至历史博物馆，具有重要的历史价值和艺术价值，其迁移情况亦受到内政部的关注。1933年3月，内政部致电“故宫既（暨）市府”，亦提议将“国子监周石鼓并清颁铜器，交由故宫博物院第三批古物南运”[②]。之后不久，内政部致电古物陈列所，要求其查询确认清颁铜器是否随附故宫博物院第三批古物南运，为此古物陈列所致函历史博物馆：“本所现奉内政部密电院令，国子监周石鼓并清颁铜器，交由故宫博物院，同第三批古物南运，仰即移交等因。奉此，查询清颁古铜器向由贵馆保存，兹前因相应函请查照，清颁铜器现时已否装运，即希示复为盼。”[③]

3月24日，历史博物馆回函古物陈列所：“清颁国子监古铜器共计十件，自民国元年以来即归本馆，妥慎保管。现因时局不靖，已于本月十五日分装两木箱，交由运输故宫古物专车南

① 《函奉木箱运费计洋二十一元二角五分祈代发由》（1933年3月20日），故宫博物院藏。
② 《古物陈列所照抄内政部来电》（1933年3月），北京市档案馆藏，档案号：J057–001–01032。
③ 《古物陈列所致函历史博物馆》（1933年3月），北京市档案馆藏，档案号：J057–001–01032。

图 4—9
第二批南迁文物中的召仲簠。采自台北故宫博物院官网

运至京，由中央研究院派员迎提存院，以资维护。”①（图 4-9）

第三批文物南迁

第三批文物仍然委托古物陈列所进行南迁。1933 年 3 月 26 日，历史博物馆致函古物陈列所，

① 《历史博物馆致古物陈列所函》（1933 年 3 月 24 日），北京市档案馆藏，档案号：J057-001-01032。

“兹复有木箱肆只，其中一箱（第十三号）装有甲胄等七件，又一箱（第二十六号）为金山模型一件，外附红木座红木几各一件；又二箱（第二十七、八号）分装宋代木器七件。均经固封包钉妥当，拟乘第三批运输故宫古物专车南行之便，仍请贵所代为运京，以供中央研究院保存研究。业承慨允，曷胜纫感。兹将上项木箱四只，并附件二件一并送至贵所，暂予存置，启运时尚希随时予以照拂。上下火车照前办法，均有院馆同人在站送接上车，脚力费用，事后并祈开示，以便奉缴。至感公谊。”①

1933年3月28日第三批运输故宫博物院文物专车启运，4月1日到达南京后，“此批古物卸京一部”②，由中央研究院派人领取。

此次南迁文物共4箱，共17件。编号第十三箱（筹）装有盔甲7件；编号第二十六箱（陈）装有江苏金山模型、红木座、红木几等3件；编号第二十七箱（陈）、编号第二十八箱（之）装有宋代木器及仿制宋代木椅模型7件（图4-10）。

1933年4月2日，历史博物馆函古物陈列所表示感谢：“此次本馆木箱四只及木器二件，附入第三批专车，荷承贵所代为运京，深用公感。”③

---

① 《函送木箱四只，附二件，暂予存置，仍请代为运京师，脚力费事后奉缴由》（1933年3月26日），故宫博物院藏。

② 《第三批古物今日可运抵京》，《申报》，1933年4月1日。

③ 《此次本馆木箱附车运京装车脚力若干希开示奉缴由》（1933年4月2日），故宫博物院藏。

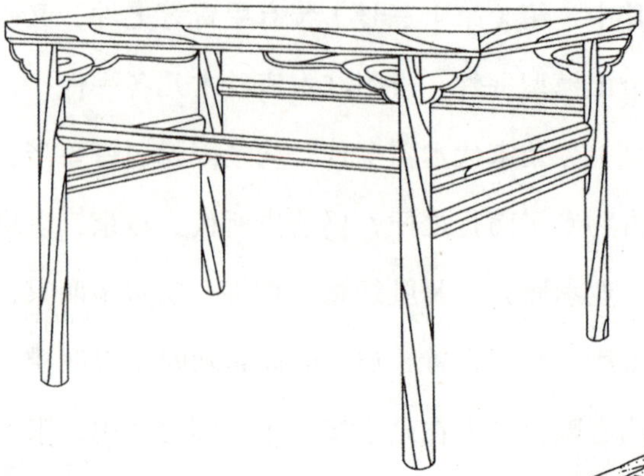

图 4—10
第三批南迁文物中宋代木桌、靠背椅线描图。采自李守义、辛迪：《抗战时期历史博物馆文物南迁始末》，《中国国家博物馆馆刊》，2021 年第 3 期

该批文物运到南京后，曾“启封陈列以供市民参观”。1933 年 4 月 12 日《申报》报道：“中央研究院北平历史博物馆运来之古物内，有明朝李国桢、清朝多尔衮之将军铁甲等，宋代木桌、木椅、木门槅、金山模型，及仿制宋代木椅之模型等件。”[①]

① 《历史博物馆古物在京启封陈列》，《申报》，1933 年 4 月 12 日。

第四批文物南迁

第四批南迁文物是于1933年4月22日随附运输总理纪念品[①]运到南京。这批南迁文物由历史博物馆馆员郭建勋负责押运，运到南京后交由中央研究院保存。其中“景教石刻二方、铜鼎二座、小铁炮四尊、各种官印一箱、清历朝试策三十四箱存入自然历史博物馆，钢铁大炮四尊寄存浦口津浦货栈”[②]。

此次迁移文物数量最多，共35箱，计15241件。其中铜铁炮8尊，国子监旧存铜鼎2件，景教石刻2方，各种官印一箱计114件。另有清代历科殿试策34箱计15115卷，包括顺治年间六科，1205卷；康熙年间二十一科，2291卷；雍正年间5科，1063卷；乾隆年间27科，3383卷；嘉庆年间12科，2046卷；道光年间15科，2139卷；咸丰年间5科，616卷；同治年间6科，765卷；光绪年间13科，1607卷。此项文物由教育部于1919年拨交历史博物馆，共计15237卷，本次除将“在馆陈列十二卷及一百十科各留一卷存馆外”[③]，其余全部南迁至南京。运到南京后，殿试策先存于中央

---

① 遵照中央研究院指示，历史博物馆将孙中山纪念品四十九件移交南京陵园委员会奉安纪念馆保存。

② 《送南移物品清单，并询总理遗物存放何处，请查照见复》（1934年5月22日），“中研院”历史语言研究所傅斯年图书馆藏，档案号：元280-23b。

③ 《国立中央研究院历史博物馆筹备处二十一年度报告（工作概况）》，《傅斯年全集》第六卷，湖南教育出版社，2003年，第404页。

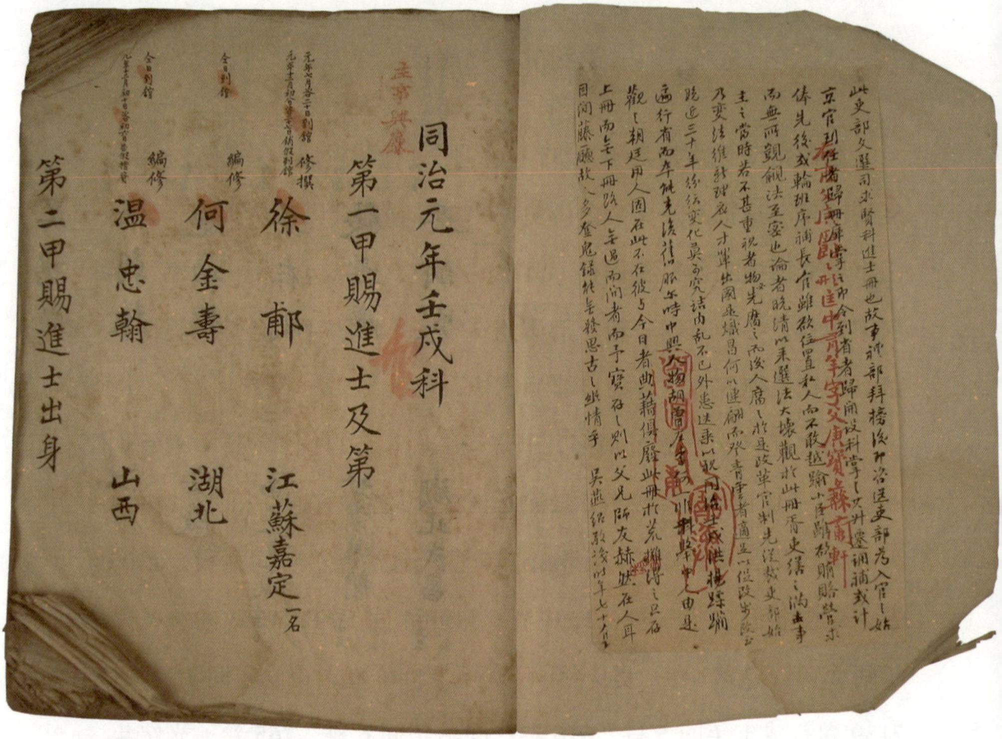
同治元年壬戌科

第一甲賜進士及第

修撰 徐郙 江蘇嘉定 一名

編修 何金壽 湖北

編修 温忠翰 山西

第二甲賜進士出身

图 4–11

同治元年壬戌科第一甲名单。采自李守义、辛迪：《抗战时期历史博物馆文物南迁始末》，《中国国家博物馆馆刊》，2021 年第 3 期

研究院自然历史博物馆，1933 年 8 月迁存中央图书馆（图 4–11）。①

① 《清殿试策由平运到首都中央图书馆》（1933 年 8 月 12 日），《厦门图书馆声》，1933 年第 2 卷第 7 期。

第五批文物南迁

1935年6月3日，历史博物馆第五批南迁文物启运，由历史博物馆委托历史语言研究所移运南京。“历史博物馆托带物品，计北魏比丘僧造像碑、西魏巨始光造像碑各一座，并碑座二件，分作麻袋包四件；甲骨刻辞二十块，装一木匣；宋版《论语》一本、元版《韩诗外传》一本，共一夹板，计一纸包”①。

需要说明的是，此次物品计划南迁26件，实际南移24件。北魏比丘僧造像碑、西魏巨始光造像碑两座石碑因其碑体过重，并没有南迁。《大公报》1948年4月22日报道：“民国二十二年古物南迁时，该馆所陈大同出土之北魏永安三年比丘僧智等造像碑，及西魏天统六年巨始光等造像碑两座，列入南迁古物之内，嗣因石质过重，运抵前门火车站，不能装车，以致未能南行。”②报道中的“民国二十二年”实为民国二十四年。《国立历史博物馆陈列物品目录之一》编制于1928年6月，但在此之后的几年里，展厅展陈文物的名称修订、迁移，博物馆工作人员均在该目录“备考”一栏里记录注明，上述两件文物备考中没有石碑南迁的相关记载，亦是佐证（图4–12）。

---

① 《历史博物馆托历史语言研究所运带物品》（1935年6月3日），“中研院”历史语言研究所傅斯年图书馆藏，档案号：元280–29b。

② 《历史博物馆新添陈列品 所有存品任人研究》，《大公报》，1948年4月22日。

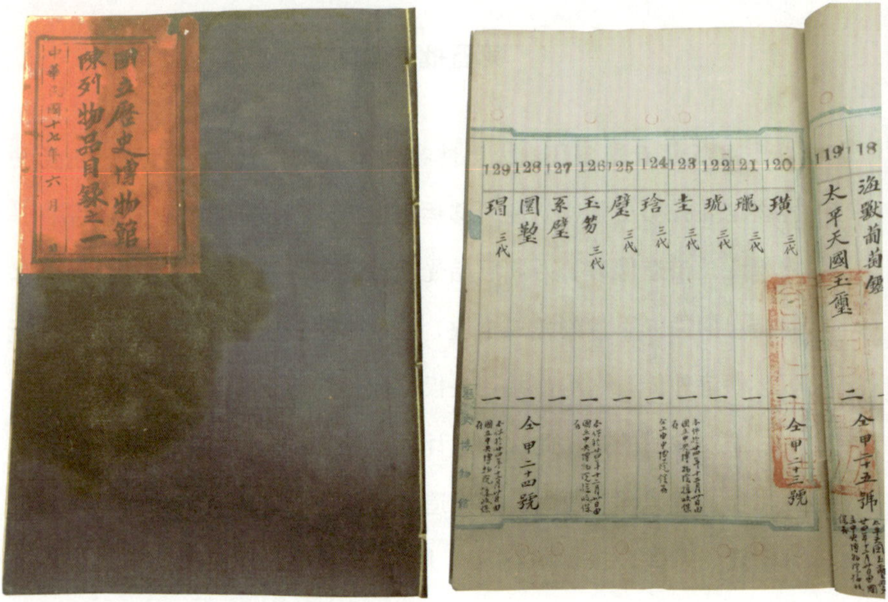

图 4-12
《国立历史博物馆陈列物品目录之一》封面及内文。采自李守义、辛迪：《抗战时期历史博物馆文物南迁始末》，《中国国家博物馆馆刊》，2021 年第 3 期

第六批文物南迁

据 1935 年 7 月 21 日《申报》报道，“平历史博物馆一部份古物十九日抵京，暂存于历史语言所仓库。闻以石器为多，有石狮、石碑诸物及该馆档案一批。”① 这条简短的信息，是目前所能见到的关

① 《平古物一部份运抵京》，《申报》，1935 年 7 月 21 日。

于第六批文物南迁的唯一史料，信息中对文物运送的时间、范围及存放地点作了描述，但文物迁移的过程、具体文物细目、数量信息不多（图 4–13）。

关于此次南迁文物的具体细目，根据目前所掌握的前五批南运文物清单与 1935 年 9 月 11 日傅斯年寄给历史博物馆的《历史博物馆存京物品箱件清单》进行对比，可以发现，傅

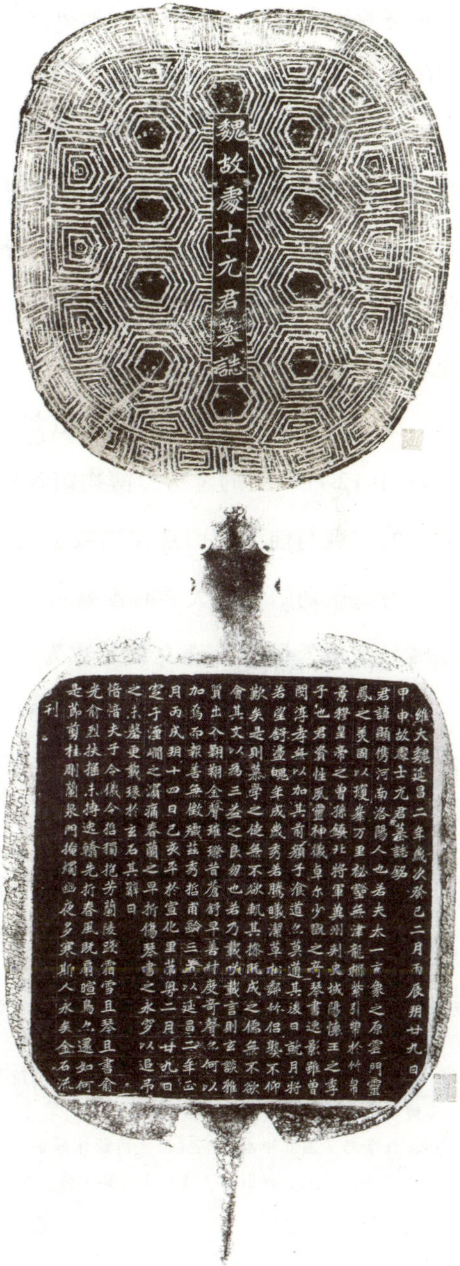

图 4–13
北魏元显儁龟形墓志。采自李守义、辛迪：《抗战时期历史博物馆文物南迁始末》，《中国国家博物馆馆刊》，2021 年第 3 期

斯年寄给历史博物馆的清单中所列文物有前五批南运文物清单中未列的文物，如北魏元显儁墓志、燕下都陶瓦器物等。[①] 笔者猜测，未列的文物应为此次迁往南京的文物，但此猜测尚需相关史料档案的进一步发掘予以佐证。同时，《申报》报道内容中提到“该馆档案一批”指的是该时期历史博物馆档案，现存于台北历史语言研究所傅斯年图书馆有关历史博物馆的档案，应该是此时南迁并辗转播迁后存于傅斯年图书馆的。

至于此次南迁文物的具体数量，我们可以通过历史博物馆1948年12月编制的《历史博物馆各项藏品清单》中有关南迁文物数量的记载与前五次南迁文物数量比较计算得出。1948年12月，历史博物馆划归北京大学时曾编制移交清册，其中《历史博物馆各项藏品清单》记载南迁文物总数为“壹万陆仟玖佰拾伍件”[②]，第一批至第五批南迁文物总数为15751件，二者相减的结果为1164件，应为第六批南迁文物的数量。

这样，国立历史博物馆分六批将16915件重要文物分别南迁到南京、上海。不过，除了上述六批南迁的文物外，历史博物馆仍有200150件藏品在北平端午门展厅展陈及库房内储藏。[③]

① 《历史博物馆存京物品箱件清单》（1935年9月11日），“中研院”历史语言研究所傅斯年图书馆藏，档案号：元280-23b。

② 《国立北京大学接收历史博物馆移交时各项清册》（1948年12月21日），中国国家博物馆藏，档案号：194503508542039。

③ 此数字乃《国立中央研究院历史博物馆筹备处二十一年度报告》数字，统计时间应为1933年6月底。转引自《傅斯年全集》第六卷，湖南教育出版社，2003年。

西迁昆明

1936年7月，历史博物馆正式划归中央博物院筹备处，定名“中央博物院北平历史博物馆”，藏品亦悉数归于中央博物院。李济在1941年10月所作《国立中央博物院筹备处九年来筹备经过简要报告》中即言，“筹备处据函向教育部请示，奉准自二十五年七月实行接受合并，该馆藏品亦为本院基本物品”①，其中也包括历史博物馆的南迁文物。

1937年“七七事变”“八一三事变”相继爆发，首都南京岌岌可危。中央博物院筹备处开始“着手选择藏品，分装多箱，经赣入湘，妥为安置，并以一部分箱件密存故宫仓库，一部分珍品密存兴业银行”②。1937年11月18日，教育部指令中央博物院筹备处西迁，“十八日奉令西迁，乃星夜整理文卷，收拾器物，随同故宫古物离京迁汉，所携箱件，统存汉口平和洋行库房”③。在汉仅月余，复奉命入川，12月24日开始，所有文物从汉口用船运到宜昌，再由宜昌向重庆转移。1938年1月底全部抵达重庆，“设办公处于新市上中二路，向重庆大学借地，与中央研究院合建临时库房于沙坪坝，所有本处由京运湘、运汉各物品均先后分批运到，存庋库

---

① 刘鼎铭选辑：《国立中央博物院筹备处1933年4月—1941年8月筹备经过报告》，《民国档案》，2008年第2期。

② 谭旦冏：《中央博物院廿五年之经过》，中华丛书编审委员会（台湾），1960年，第43页。

③ 谭旦冏：《中央博物院廿五年之经过》，中华丛书编审委员会（台湾），1960年，第44页。

内，派员驻守，以资维护”[1]。因迁移计划筹划较早，中央博物院筹备处“计遗于南京者只少数笨重石器及标本模型，举凡历年搜集之大河南北出土珍品，悉数西移，档案簿册亦一概移运。当时留京物品，大都皆笨重之砖石等类”[2]，其中历史博物馆南迁的部分文物也留存南京，有：“一、汉瓦瓿等十七件；二、多尔衮箭囊二件；三、湖北舆地学会地图铜版三百八十二块；四、盔甲六件；五、金山模型一件（附红木桌、红木座各一件）；六、宋代木门板等五件；七、彝器木座十件；八、清代历朝殿试策一五一一卷；九、各种官印一一四方；十、景教石刻二方；十一、铜鼎二座；十二、铜铁旧炮八尊；十三、北魏比丘僧智等造像二件碑座附；十四、西魏巨始光造像碑二件碑座附（十三、十四四件于二十四年由北平起运时为宋哲元所阻仍存北平历史博物馆）。”[3]

从 1939 年 1 月开始，日机对重庆的轰炸愈来愈猛烈，“各机关奉令疏散，本处亦呈准迁移昆明办公。沙坪坝存物乃有重策安全之必要，因议定择地分存办法，经呈准备案，分途进行。惟以交通工具困难之故，不能遽行起程，迟之又多方交涉，始于六月终获运送首批古物五十三箱于昆明，七月终运送二批古物七十八箱于嘉定（乐山），九月终由成都运送川康标本十二箱于嘉定，均妥为庋藏，

① 刘鼎铭选辑：《国立中央博物院筹备处 1933 年 4 月—1941 年 8 月筹备经过报告》，《民国档案》，2008 年第 2 期。

② 谭旦冏：《中央博物院廿五年之经过》，中华丛书编审委员会（台湾），1960 年，第 44 页。

③ 谭旦冏：《中央博物院廿五年之经过》，中华丛书编审委员会（台湾），1960 年，第 45 页。

派员驻守，并造具清册，先后密呈教育部备案。十月初古物运完，乃依遵前令将处内人员、文物全部迁移昆明”[①]。这样，中央博物院筹备处西迁文物经汉口、重庆，最后运到云南昆明。从“首批运昆明古物五十三箱清册”中，可以看到多件历史博物馆的南迁文物迁到昆明，如“博字第一〇一号针灸铜人”“博字第一一二号巨鹿瓷器”“博字第一一三号巨鹿宋桌椅”“博字第一二一号元显儁墓志”“博字第一二三号国子监祭器”[②]等。1940年6月，因日军频繁对昆明进行轰炸，中央博物院筹备处检装藏品于年终迁至四川南溪李庄。

东归及迁台

1945年8月15日，日本宣布无条件投降。中央博物院筹备处存李庄文物开始准备迁回南京，“先将散置在外之古物标本等一一包裹装箱，次将必需运京公物之件数及其重量体积，作精密之计算，造具清册，每件并各为编号，并加涂徽识。以便识别”[③]。在准备

① 刘鼎铭选辑：《国立中央博物院筹备处1933年4月—1941年8月筹备经过报告》，《民国档案》，2008年第2期。

② 谭旦冏：《中央博物院廿五年之经过》，中华丛书编审委员会（台湾），1960年，第84—85页。

③ 谭旦冏：《中央博物院廿五年之经过》，中华丛书编审委员会（台湾），1960年，第206页。

文物迁移的同时，中央博物院筹备处派“派专门设计委员王振铎至渝，与中央研究院合作，办理迁运各事”。1945年10月13日，中央博物院筹备处“在李庄之全部重要公物及大部分员工，乘中央研究院所包定专轮，自李庄启程，十四日到渝，将全部公物寄存南岸卜内门仓库”[1]。11月3日，寄存重庆的文物由中央博物院筹备处干事邓传瑞押运，“乘民联轮东下”，于11月8日运抵南京。

由李庄迁回南京的文物及办公物件等，共计177箱，82篓。其中多个箱只所装文物为历史博物馆南迁文物，如“博字第二九号箱元显儁墓志刻石”“博字第三〇号箱元显儁墓志石盖”“博字第三一号箱巨鹿木桌椅”“博字第三五号箱国子监铜器、书籍”“博字第三六号箱国子监铜器、书籍”“博字第三七号箱国子监铜器、书籍”“博字第六二号箱巨鹿瓷器”“博字第六三号箱巨鹿瓷器”“博字第六四号箱巨鹿瓷器”“博字第七〇号箱内府针灸铜人”[2]等。中央博物院筹备处存乐山文物，于1945年9月25日由干事尹焕章押运，随同故宫博物院文物自乐山运往重庆，“十月十日抵渝，寄存南岸故宫博物院仓库”。12月5日，“由渝乘民万轮东下，十六日抵南京本处”[3]。

---

① 谭旦冏：《中央博物院廿五年之经过》，中华丛书编审委员会（台湾），1960年，第206页。

② 谭旦冏：《中央博物院廿五年之经过》，中华丛书编审委员会（台湾），1960年，第209—212页。

③ 谭旦冏：《中央博物院廿五年之经过》，中华丛书编审委员会（台湾），1960年，第206页。

1948年底，随着解放战争的快速进展，南京国民政府准备逃往台湾，要求相关部门将故宫博物院、中央博物院等文物保藏单位所藏文物精品运往台湾。1948年12月4日，中央博物院理事会召开第三次会议，会议议决“选择最精品一百二十箱运至台湾，并注明选择标准以铜器为大宗。并决议第一批藏品运出后，其余藏品，应尽交通可能，陆续迁运，其不能运出者，如有必要，可送朝天宫故宫博物院仓库内保存”①。

“理事会决议后，复奉教育部令”②，中央博物院筹备处文物开始分三批迁运台湾。迁运台湾文物共计846箱，11729件，其中历史博物馆文物多件。

1948年12月22日，第一批文物由海军部派出的登陆舰“中鼎号”从南京下关码头起运，随船押运人员为谭旦冏、麦志诚。原定载运118箱，后因“所交涉船只吨位有余，复补加铜器四十五箱，五七一件；瓷器三十八箱，九五四件；字画十箱，五六六件；漆器模型一箱，八件；共九十四箱，二〇九九件”③。总计第一批迁台文物212箱，3405件。这些文物中包含了原藏于历史博物馆的一些珍品，如国子监周范十器康侯鼎、牺尊、内言卣、牺首罍、雷纹

① 谭旦冏：《中央博物院廿五年之经过》，中华丛书编审委员会（台湾），1960年，第255—256页。

② 谭旦冏：《中央博物院廿五年之经过》，中华丛书编审委员会（台湾），1960年，第256页。

③ 谭旦冏：《中央博物院廿五年之经过》，中华丛书编审委员会（台湾），1960年，第264页。

图 4–14
迁台文物中牺尊（上）、中子爵（下）。采自台北故宫博物院官网

壶、召仲簠、师望簋、雷纹觚、子爵、素洗[1]（图 4–14），以及宋版《唐六典》《六韬》《柳州集》《论衡》《韦苏州集》《孟子》等。12 月 26 日，“中鼎号”抵达基隆；27 日，文物箱只由船上卸下后搬上火车，当日运抵杨梅，暂存杨梅仓库。1949 年 1 月 9 日，由杨梅移至台中糖厂仓库，正式存放。

① 参见张临生：《真赝相参的国子监周范十器》，《故宫文物周刊》，1989 年 4 月第 7 卷第 1 期。

宝蕴藏珍

古物陈列所文物的战时迁移与战后分流

图 5-1
朱启钤像。采自宋兆霖著：《中国宫廷博物院之权舆——古物陈列所》，台北故宫博物院，2010 年，第 21 页

古物陈列所成立于 1914 年，所址设在紫禁城外朝部分，治格任所长。古物陈列所是在民初民国政府在面对逊清复辟活动、盗卖文物活动猖獗的背景下成立的。民国临时政府成立之后，因逊清复辟活动频繁发生，“这种活动并不始于尽人皆知的‘丁巳事件’，也并不终于民国十三年被揭发过的‘甲子阴谋’。可以说从颁布退位诏书起到‘满

洲帝国’成立止，没有一天停顿过”[①]。这促使民国政府接受社会各界有识之士的建议，仿效外国先例将已收归民国的紫禁城前朝部分改为博物馆，以绝逊清觊觎。1913年“热河盗宝案”[②]的发生，则推动政府当局与逊清皇室协商，将盛京（沈阳）故宫和热河（承德）行宫的文物运到北京，“由民国政府备价收归国有”[③]。除逊清复辟活动和“热河盗宝案”之外，西方列强对我国文物的盗卖也引起政府的警觉，促使政府为加强文物保护，筹办古物陈列所。1914年2月，在内务部总长朱启钤（图5-1）的主导下，“由美国退还庚款内拨给二十万元为开办费”，以运至北京的盛京（沈阳）故宫、热河（承德）行宫两处所藏文物计二十多万件为基本藏品，古物陈列所正式宣告成立（图5-2）。1915年6月，古物陈列所文物库房——宝蕴楼建成，原来分存各殿的文物陆续移入宝蕴楼（图5-3）。

古物陈列所成立之初，隶属于内务部，管辖区域为武英殿、文华殿，太和殿、中和殿、保和殿不在其管辖范围。1915年12月，袁世凯在中南海居仁堂称帝，改国号为“中华帝国”，准备在1916年元旦举行“登极”大典，改民国纪元为洪宪元年。袁世

① 溥仪：《我的前半生》，群众出版社，1964年，第84—85页。

② 在1913年7月热河都统熊希龄调任国务总理之后的一段时间里，各地的古玩市场纷纷出现来自承德避暑山庄的文物，媒体纷纷报道。在巨大的社会舆论压力下，民国政府特派查办专员前往热河调查。由于整个案情扑朔迷离，在追回被盗文物后，草草结案。

③ （英）庄士敦：《紫禁城的黄昏》，淡泊、思齐译，紫禁城出版社，1991年，第181页。

凯的倒行逆施，激起全国人民的愤怒与反对。1916 年 3 月 22 日，在护国运动的持续逼迫、全国人民的不断抗争下，袁世凯被迫取消帝制。在此之后，三大殿逐步划归古物陈列所，用于存放“书籍及各种古物”[①]。1924 年冯玉祥发动“北京政变”后，溥仪被逐出紫禁城宫禁，紫禁城全部区域

① 《古物陈列所二十年经过纪略》，北平古物陈列所编：《古物陈列所二十周年纪念专刊》(1934 年)，第 11 页。

图 5-2
20 世纪初的古物陈列所。采自故宫博物院编：《故宫博物院早期院史（1925—1949）》，故宫出版社，2016 年，第 11 页

图 5-3
宝蕴楼库房，采自宋兆霖著：《中国宫廷博物院之权舆——古物陈列所》，台北故宫博物院，2010 年，第 37 页

均归民国政府所有。1925 年 8 月，古物陈列所将三大殿正式囊括在内并对外正式开放（图 5–4）。北伐战争胜利后，南京国民政府成立。“北平改市，原有各部院改为档案保管处，其附属机关则由南京主管部院分别派员接收

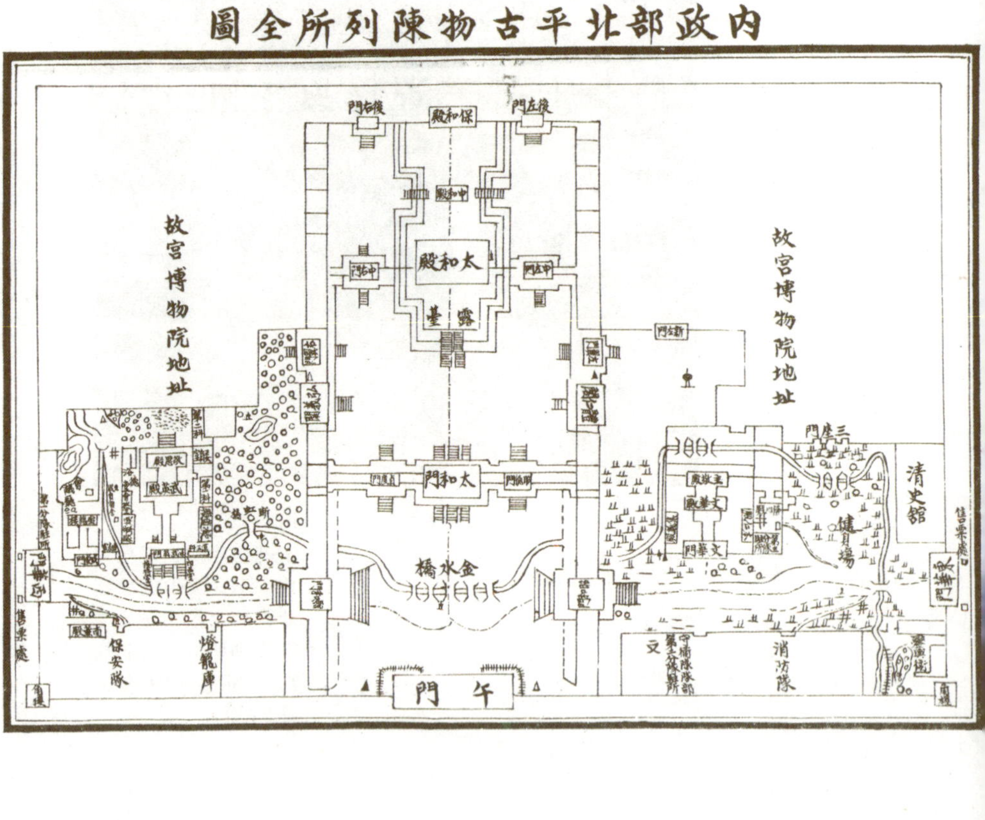

图 5–4
古物陈列所全图。采自故宫博物院编：《故宫博物院早期院史（1925—1949）》，故宫出版社，2016 年，第 11 页

改组”，古物陈列所由内政部派员接收。

九一八事变后，“华北时局忽行严重，平市地面，散兵游勇，日渐增多”，有身着军服却未佩戴符号的军人来到古物陈列所游览，甚至发生了太和门前无故放枪的事件。古物陈列所会同故宫博物院、历史博物馆，“公同筹商妥善防范方法，并经呈部奉令随时谨慎将事，毋稍疏虞”[1]。为确保文物安全，1932 年 8 月，古物陈列所向南京国民政府内政部呈报《国难期内应付非常事变计画》，“该项计划包括‘防内乱’和‘防外寇’两项内容，前者主要针对兵变或盗匪的劫掠，其办法是闭馆和加强警卫。后者注重文物保存地点和保管方式，包括两项计划：一是‘防飞机抛掷炸弹计画’，其主要做法是在故宫院中挖建坚固地窖，将金属陶瓷各类重要物品选择装箱入窖保藏，将金属陶瓷各类次要物品聚藏宝蕴楼地瓮，将名人字画及善本书籍须防潮湿者暂移藏宝蕴楼地瓮。二是‘防外寇入城掠夺物品计画’，其主要应变措施是将珍贵文物精品送往东交民巷各大银行库房保存，并将各种古物清册、文件、档案、印信及铁柜钥匙临时移藏他处妥慎保存。与此同时，古物陈列所派股长谢涛等人到东交民巷使馆区内寻觅合适的保险库。经考察与接洽，各大银行的保险库或因房屋狭小、零散，或因受日本势力控制，无法为大批珍贵文物提供安全寄存空间，仅六国饭店尚有地窖 34 间可租借，

---

① 《古物陈列所二十年经过纪略》，北平古物陈列所编：《古物陈列所二十周年纪念专刊》（1934 年），第 45 页。

月租费大约需 600 元”[1]。1933 年 1 月初，国民政府决定古物陈列所文物随同故宫博物院文物一同南运，租借六国饭店地窖及在所中挖建地窖之计划遂告停止。

南迁沪宁

1933 年 2 月，古物陈列所接到内政部的密令，要求选取文物精品，装箱南运。古物陈列所在接到内政部的密令后，“当即会同行政院所派监运专员，黄秘书濬，柳参议民均，内政部监运专员，卢司长锡荣，罗科长耀枢，曹科长钟麟，画夜督率员警赶办装箱”[2]。当时，古物陈列所决定“择最精华物品先行迁移”，但其最精华物品多数陈列于武英殿中。考虑到游客来所参观有赖于武英殿中之陈列品，古物陈列所决定将武英殿陈列最精品和宝蕴楼库藏最精品搭配提选，装箱南运（图 5–5、图 5–6）。

1933 年 3 月 15 日，古物陈列所第一批南迁文物起运，计 200 箱，3 月 20 日抵达上海；3 月 28 日，第二批南迁文物起运，计 814 箱，4 月 5 日抵达上海；4 月 19 日，第三批南迁文物起运，计 1400 箱，

① 徐婉玲、赵凯飞：《宝蕴楼的前世今生》，《文史知识》，2017 年第 9 期。

② 《古物陈列所二十年经过纪略》，北平古物陈列所编：《古物陈列所二十周年纪念专刊》（1934 年），第 49 页。

图 5-5
古物陈列所文物装箱（1933 年 2 月）。采自故宫博物院编：《故宫博物院早期院史（1929—1945）》，故宫出版社，2016 年，第 85 页

图 5-6
宝蕴楼前待起运文物（1933 年 3 月）。采自故宫博物院编：《故宫博物院早期院史（1929—1945）》，故宫出版社，2016 年，第 85 页

4月27日抵达上海；5月15日，第四批南迁文物起运，计3000箱，5月23日抵达上海。自此，从1933年3月至5月，古物陈列所随附故宫博物院文物南迁专车，分四批共计5414箱[①]，“十一万一千五百四十九件”[②]文物南迁到上海，存入故宫博物院在上海租赁的仓库内。（图5–7、图5–8）

① 关于古物陈列所文物南迁箱只数量，各种出版物记载不一，如故宫博物院编《故宫八十年》、宋兆霖《中国宫廷博物院之权舆——古物陈列所》中记载5414箱，那志良《故宫五十年》、段勇《古物陈列所的兴衰及其历史地位述评》中记载5415箱。本文依据《故宫八十年》，采用5414箱说。

② 《古物陈列所二十年经过纪略》，北平古物陈列所编：《古物陈列所二十周年纪念专刊》（1934年），第49—50页。

图5–7
“亚犬父丁”方鼎（商后期）。采自宋兆霖著：《中国宫廷博物院之权舆——古物陈列所》，台北故宫博物院，2010年，第78页

图 5-8
宋 李唐《炙艾图》。采自宋兆霖著：《中国宫廷博物院之权舆——古物陈列所》，台北故宫博物院，2010 年，第 88 页

运沪古物种类及数量表[①]

品类	数量	备考
瓷器	93707 件	内有柴窑花插、郎窑瓶、古月轩瓶、盌得胜尊及宋元明清各代官窑瓷器
铜器	1729 件	奉天热河全部铜器，内有《西清续鉴乙编》全部原器最精
玉器	786 件	内有旧玉多件
铜珐琅	2817 件	即景泰蓝
字画	493 幅	内有历代帝王像、宋徽宗、李公麟、赵松雪、郎世宁等真迹及唐宋元明清各代名家书画
珍物	94 件	
文玩	1687 件	内有古砚、笔筒笔墨等物
书籍	6415 本	内有宋版、殿版及唐宋元人写经
刺绣	75 件	内有法国壁衣、宋缂丝、清绣画等物
钟表	59 只	内有鸟笼时刻音乐钟、洋人打琴等精巧之件
雕漆	1122 件	
盆景	131 盆	
挂屏	204 件	内有三屏风、缂丝、刺绣、钿翠、嵌玉、嵌牙等物
铜镀金	749 件	
铺垫	661 件	内有缂丝、刺绣、锦缎等件
紫檀小床	1 张	
藏经	1319 部	
戏衣	345 件	
宝座	1 张	红雕漆
弓	128 张	
刀	20 把	
象牙	5 只	内有七尺四寸一支

① 《古物陈列所二十年经过纪略》，北平古物陈列所编：《古物陈列所二十周年纪念专刊》（1934 年），第 49—50 页。

1935年11月28日至1936年3月7日，“中国艺术国际展览会”在英国伦敦举办（图5–9），筹备委员会从故宫博物院、古物陈列所、河南博物馆、安徽图书馆、北平图书馆、中央研究院等6家单位和张乃骥个人的藏品中共同选定参展艺术品1022件，其中古物陈列所送展47件展品，其中铜器36件、书画5件、玉器2件、景泰珐琅1

图5–9
中方工作人员在展品“昭陵六骏”前合影（1936年）。左起：牛德明、那志良、傅振伦、宋际隆。采自故宫博物院编：《故宫博物院早期院史（1929—1949）》，故宫出版社，2016年，第119页

件、杂件 3 件。伦敦"中国艺术国际展览会"为期 14 周，展览出版了英文版展品目录及图录，共吸引了 42 万余人次参观，成为英国国际艺术展览史上的一大盛事。展览会闭幕后，英国派蓝浦拉号（Ranpura）邮轮将文物于 1936 年 5 月 17 日运抵上海。

故宫博物院南京朝天宫文物库房竣工之后，1936 年 12 月 14 日开始，古物陈列所分两批将存于上海的南迁文物运往南京，寄存故宫博物院南京分院文物库房。据那志良回忆，古物陈列所文物由上海迁存南京时，文物箱只总数比南迁时多出了两箱，"是因为他们把运英展览文物的锦囊空盒，装成两箱"①。

西迁川渝

淞沪会战爆发后，存于南京的古物陈列所文物被迫踏上了西迁之路。古物陈列所文物的西迁，依然是随附故宫博物院文物进行，分陆路运输与水路运输。

陆路运输的文物先是通过火车转运至陕西宝鸡，后通过汽车迁运至四川峨眉。因南京形势危急，从 1937 年 11 月 20 日起，故宫博物院开始组织人员对朝天宫文物库房文物抢运，至 12 月 8 日，"抢

① 那志良：《故宫五十年》，民主与建设出版社，2020 年，第 115 页。

运出去的是七千多箱”，其中“古物陈列所文物五七一箱”[①]。这批文物在南京下关装上火车，由津浦路北运至徐州后，转陇海路一路向西开赴陕西宝鸡。12月初，文物存入宝鸡的关帝庙和城隍庙。1938年1月，因潼关军事形势紧张，所有文物由宝鸡迁往汉中。“宝鸡到汉中，没有火车，须用汽车载运，每车只能装二十多箱，需要三百多辆车次”[②]。从2月22日开始起运，到4月10日“第末批车辆，由宝鸡开车，这一段运输才告结束”[③]。文物运抵汉中后，分贮于汉中文庙及附近褒城县临时仓库中。5月，文物被要求运存成都。“汉中到成都，是五百六十五公里，途中有五个渡口，没有桥梁，是用木船载汽车渡河，汽车上船之后，用人力把木船向上流拉一段路程之后，然后放了绳索，使木船顺流而下，借水势拢到对岸，危险费时”[④]（图5–10）。5月26日，第一批文物自汉中出发，全部迁运至成都已是1939年2月27日（图5–11）。文物运到成都后不久，成都也受到了日军轰炸的威胁。1939年6月17日，存于成都的文物转迁至峨眉。存于褒城的文物于7月11日运达峨眉，存于县城东门外的大佛寺和西门外的武庙。

水路运输的文物是沿长江而至重庆的。文物共计9331箱，其中古物陈列所的文物有4732箱，而故宫博物院文物只有3997箱。

---

① 那志良：《故宫五十年》，民主与建设出版社，2020年，第132页。
② 那志良：《故宫五十年》，民主与建设出版社，2020年，第134页。
③ 那志良：《故宫五十年》，民主与建设出版社，2020年，第135页。
④ 那志良：《故宫五十年》，民主与建设出版社，2020年，第136页。

对于此，当时参加文物押运工作的那志良回忆：

故宫博物院存在南京文物，有一万多箱，加上其他机关的寄存，总计是一万九千多箱，想在匆忙之中，扫数抢运出去，事实上是不可能的。那时的打算，是多抢出一箱是一箱，多多益善，而且抢运之时，也没有想到先抢运本院的，然后再搬那些无人来

图 5–10
载运文物汽车在川陕公路艰难行进（1938 年）。采自陈丽华主编：《故宫日历（2025）》2025 年 10 月 21 日，故宫出版社，2024 年

管的寄存文物，反正都是国家的国宝，由着工人去搬吧！于是古物陈列所占了便宜，因为他们的箱子，既小且轻，谁不找轻的搬？像故宫博物院文献馆的箱子，每箱都是满满的档案，既大且重，它们是得不到优先起运的权利。[1]

水路运输文物分两批进行。第一批装

① 那志良：《故宫五十年》，民主与建设出版社，2020 年，第 144 页。

图 5-11
由汉中迁往成都之新绥公司汽车（1938 年）。采自故宫博物院编：《故宫博物院早期院史（1929—1945）》，故宫出版社，2016 年，第 108 页

运 4081 箱文物的招商局“江安轮”于 1937 年 11 月 20 日驶离南京下关码头，两日后到达汉口；第二批文物装运 5250 箱文物的英国商船“黄浦轮”于 1937 年 12 月 3 日启航，两日后到达汉口。所有文物暂存于汉口特三区英商平和洋行仓库。1938 年 1 月 6 日，存于汉口的文物迁运到宜昌。之后，又雇用 7 艘轮船，分 19 批次历时一百三十多天，将文物转运至重庆。因重庆被日军反复轰炸，1939 年 3 月，文物迁移到重庆以西乐山县贮藏。

此外，古物陈列所还有 110 多箱文物在南京沦陷前未能运出。

东归与迁台

抗战胜利后，古物陈列所藏于四川峨眉、乐山的文物先集中重庆后运往南京。1946 年 5 月至 9 月，藏于四川峨眉的古物陈列所文物分多批次，由汽车运达重庆；1946 年 9 月至 1947 年 3 月，存于四川乐山县的文物先通过竹筏或木船水运至岷江畔的县城，继之通过陆路运输运达重庆，存于向家坡仓库。文物在重庆暂存两个月后，于 1947 年 6 月开始，经由水路运回南京保存。“先由交通部公路总局直辖第二运输处的卡车，将向家坡仓库的文物载往海棠溪长江边，装上已候于江畔的大船，小型汽轮拖运到朝天门附近的储奇门码头，再盘到民生公司的登陆艇，直向南京。在海棠溪和朝天

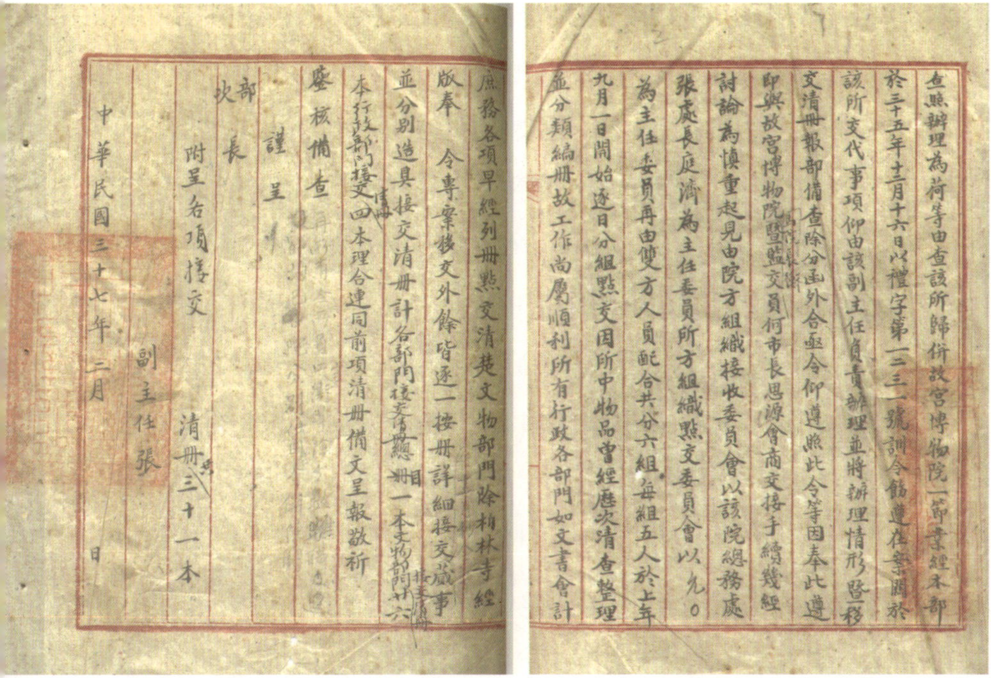
查照辦理為荷等由查該所歸併故宮博物院一節業經本部於三十五年十二月十六日以禮字第一二三一號訓令飭遵在案關於該所交代事項仰由該副主任負責辦理並將辦理情形暨移交清冊報部備查除分函外合亟令仰遵照此令等因奉此遵即與故宮博物院暨監交員何市長思源會商交接手續幾經討論為慎重起見由院方組織接收委員會以該院總務處張處長庭濟為主任委員所方組織點交委員會以允。為主任委員再由雙方人員配合共分六組每組五人於上年九月一日開始逐日分組點交因所中物品曾經歷次清查整理並分類編冊故工作尚屬順利所有行政各部門如文書會計庶務各項早經列冊點交清楚文物部門除柏林寺經版奉 令專案移交外餘皆逐一按冊詳細接交歲事並分別造具接交清冊計各部門接交清冊總冊一本文物部門廿六本行政部門接交清冊四本理合連同前項清冊備文呈報敬祈

鑒核備查

謹呈

部長

附呈各項接交清冊三十一本

副主任張

中華民國三十七年二月　日

图 5-12

《为呈报本所奉令合并故宫博物院接交经过情形并造具各项接交清册》（1948 年）。采自故宫博物院编：《故宫博物院早期院史（1929—1945）》，故宫出版社，2016 年，第 161 页

门，设立了两个文物转运站临时办事处，来协调车舟轮艇衔接的具体事务，直到 11 月 26 日最后一批运离重庆，历时五个多月”[1]。文物东归历时一

① 魏奕雄编著：《故宫国宝南迁纪事》，故宫出版社，2016 年，第 188 页。

年半，全部安全抵达南京，存于故宫博物院南京分院。

在文物东归期间，1946年12月，国民政府行政院会议决议“古物陈列所房屋及其尚留北平之文物，拨交故宫博物院”（图5–12）；“古物陈列所文物之已经移至南京者，拟照中央政治会议成案，拨交中央博物院”①。这样，古物陈列所南迁文物则成为了中央博物院筹备处的藏品。文物交接工作于1948年3月开始，“第一步先进清点箱件号数工作，由故宫博物院移交，教育部监交”，中央博物院筹备处派员接收。至4月中旬，箱只清点工作结束，“共计清点接收箱数为五三〇四件，皆抗战时迁川，胜利后又运京者，尚有陷京一小部分，正由故宫博物院清理中，以后再行办理移交手续”②。

1948年5月30日至6月8日，中央博物院筹备处与故宫博物院联合在南京举办展览，中央博物院筹备处展出原古物陈列所“殷周铜器”“历代帝王像”等（图5–13、图5–14），“故宫博物院展出历代名画，名窑珍瓷”，展品“分陈八室，规模之宏大，观众之踊跃，盛况实属空前”③。展览会会期原定一周，后复延期三日。

1948年底，解放战争的局势有了明显的变化，国民党政权

① 刘楠楠选辑：《北平古物陈列所归并故宫博物院并改隶行政院领导史料一组》，《民国档案》，2015年第2期。

② 谭旦冏：《中央博物院廿五年之经过》，中华丛书编审委员会（台湾），1960年，第222页。

③ 谭旦冏：《中央博物院廿五年之经过》，中华丛书编审委员会（台湾），1960年，第245页。

图 5–13
颂壶，采自宋兆霖著：《中国宫廷博物院之权舆——古物陈列所》，台北故宫博物院，2010年，第 74 页

失败已经成为必然，国民政府准备退守台湾。1948 年 12 月 4 日，中央博物院理事会召开第三次会议，对“本院存京文物应否迁移”进行讨论，会议议决“选择最精品一百二十箱运至台湾，并注明选择标准以铜器为大宗。并决议第一批藏品运出后，

图 5-14
《宋太祖坐像》，采自宋兆霖著：《中国宫廷博物院之权舆——古物陈列所》，台北故宫博物院，2010年，第87页

其余藏品，应尽交通可能，陆续迁运，其不能运出者，如有必要，可送朝天宫故宫博物院仓库内保存”[①]。

“理事会决议后，复奉教育部令”[②]，中央博物院筹备处文物开始分三批迁运台湾（图 5–15）。迁运

① 谭旦冏：《中央博物院廿五年之经过》，中华丛书编审委员会（台湾），1960 年，第 255—256 页。

② 谭旦冏：《中央博物院廿五年之经过》，中华丛书编审委员会（台湾），1960 年，第 256 页。

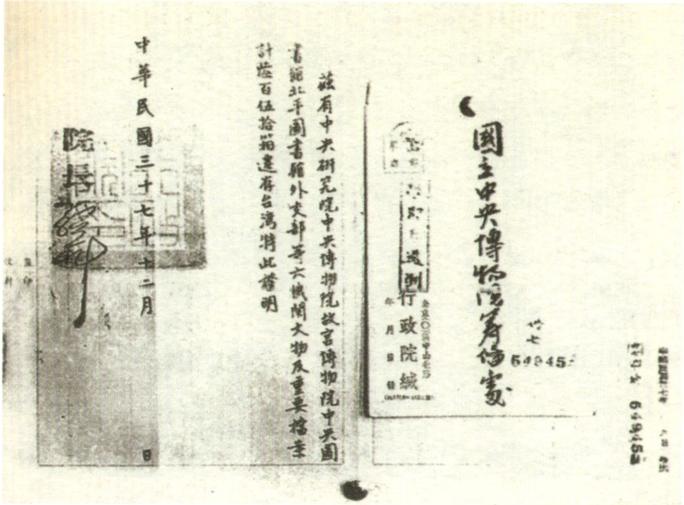
茲有中央研究院中央博物院故宮博物院中央圖書館北平圖書館外交部等六機關文物及重要檔案計叁百伍拾箱遷存台灣特此證明

中華民國三十七年十二月 日

國立中央博物院籌備處

行政院緘

图 5–15
中央博物院筹备处等机构奉准迁移台湾之文书。采自周兵著：《台北故宫》，金城出版社，2009 年，第 20 页

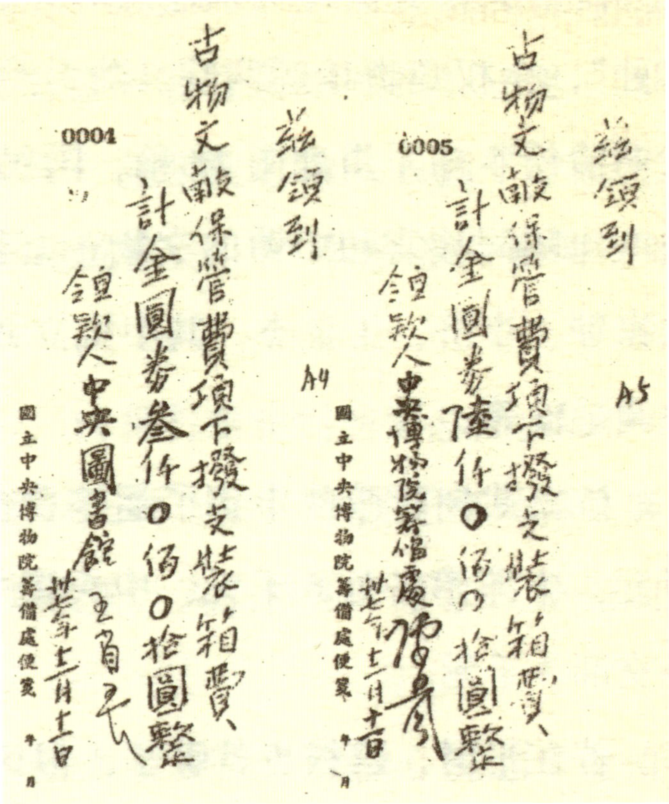

0005

茲領到
古物文献保管費項下撥支裝箱費、
計金圓券陸仟〇佰〇拾圓整
領款人中央博物院籌備處
卅七年十二月十一日

A5

國立中央博物院籌備處便箋　年　月

0001

茲領到
古物文献保管費項下撥支裝箱費、
計金圓券叁仟〇佰〇拾圓整
領款人中央圖書館
卅七年十二月十一日

A4

國立中央博物院籌備處便箋　年　月

图 5–16
中央博物院筹备处文物装箱费收据（1948年）。采自周兵著：《台北故宫》，金城出版社，2009年，第20页

台湾文物共计846箱，11729件，其中原古物陈列所文物825箱，11415件（图5–16）。

1948年12月22日，第一批文物由

海军部派出的登陆舰“中鼎号”从南京下关码头起运，随船押运人员为谭旦冏、麦志诚。原定载运118箱，其中“铜器四十五箱，四七三件；瓷器三十箱，五六六件；珐琅二十八箱，一八二件；字画（帝王像部分）十五箱，八十五件；共一一八箱，一三〇六件”。后因“所交涉船只吨位有余，复补加铜器四十五箱，五七一件；瓷器三十八箱，九五四件；字画十箱，五六六件；漆器模型一箱，八件；共九十四箱，二〇九九件”[①]。总计第一批迁台文物212箱，3405件。其中原古物陈列所铜器68箱，738件；瓷器68箱，1524件；珐琅28箱，182件；帝王画像14箱，80件；卷轴墨琴10箱，566件，特等字画宋版书1箱，5件。共计189箱，3095件。[②]12月26日，“中鼎号”抵达基隆；27日，文物箱只由船上卸下后搬上火车，当日运抵杨梅，暂存杨梅仓库。1949年1月9日，由杨梅移至台中糖厂仓库，正式存放。

第二批迁台文物于1949年1月6日起运，由招商局海沪轮运输，随船押运人员为李霖灿、高仁俊、周凤森等3人。此批迁台文物全部为原古物陈列所藏品，共计486箱，7049件。其中“铜器八十四箱，九七六件；珐琅三十三箱，九二八件；雕漆十九箱，一〇三件；另在朝天宫仓库提出未开箱清点之瓷器二八七箱，三七七二件；文玩

① 谭旦冏：《中央博物院廿五年之经过》，中华丛书编审委员会（台湾），1960年，第264页。
② 谭旦冏：《中央博物院廿五年之经过》，中华丛书编审委员会（台湾），1960年，第257页。

六三箱，一二七〇件（件数系根据原清册所抄录计算）”[①]。1月9日，轮船抵达基隆，“因码头拥挤，火车车箱不敷分配，延至十二日始行启载上车，幸连日基隆天气晴和，文物均未被潮湿，于十四日起陆续迳运台中，与第一批文物同放一处，二十二日已全部存入库中，一切经过颇为良好”[②]。

第三批迁台文物于1949年1月30日起运，由昆仑号运输舰负责运输，随船押运人员为索予明。所运文物在“朝天宫仓库提出未开箱清点之瓷器五二箱，五五四件；镀金铜器九八箱，七一七件；其他四箱，四件”，共计154箱，1275件。[③]此批运台文物相比前两批，运输过程颇为周折，1月31日运输舰抵达上海，“抵沪后，停靠码头三日，转开高昌庙江南造船厂修理，又经七日始竣，九日离沪，十一日抵定海，复停三日，十四日驶马尾，停七日，二十一日离马尾”，至2月22日抵达基隆。到达基隆后，开始卸船装车，分批运抵台中。此批运台文物，原古物陈列所文物150箱，1271件。

除了迁台文物，中央博物院筹备处大量文物留存南京，“计四千六百零六箱，另散未装箱者万余件。其中一千三百九十五箱，及散件万余件，存于本院；三千二百一十一箱，寄存朝天宫故宫博

① 谭旦冏：《中央博物院廿五年之经过》，中华丛书编审委员会（台湾），1960年，第265页。
② 谭旦冏：《中央博物院廿五年之经过》，中华丛书编审委员会（台湾），1960年，第266页。
③ 谭旦冏：《中央博物院廿五年之经过》，中华丛书编审委员会（台湾），1960年，第266页。

物院仓库内”[1]。留存中央博物院筹备处的原古物陈列所的文物有书籍、佛经、钟、武器、八骏图、西洋壁衣、戏装、毯子、木座木架等，共计973箱；寄存故宫博物院朝天宫库房的原古物陈列所文物有瓷器、书籍、佛经、珐琅、挂屏、文玩、镀金铜器、垫褥、戏装、钟、盆景、毡毯等，共计3211箱。[2]

“文物运台时，运输事宜，是由参加五机关——中央博物院筹备处、故宫博物院、中央研究院历史语言研究所、中央图书馆、外交部，组织五机关联合办事处办理一切”[3]。文物运到台湾后，因故宫博物院与中央博物院筹备处“两院在台理事，人数很少，不便行使职权”，遂经政府同意，在台组建“两院共同理事会”[4]，代行两理事会职权。理事会组建后，组织人员对迁台文物进行了开箱清点，其中中央博物院筹备处存原古物陈列所文物类别及数量如下。

> 古物陈列所铜器，共一五二箱，一七一四件。古物陈列所旧藏铜器南运部份共为二八六箱，除三箱在抗战

① 谭旦冏：《中央博物院廿五年之经过》，中华丛书编审委员会（台湾），1960年，第255—256页。

② 谭旦冏：《中央博物院廿五年之经过》，中华丛书编审委员会（台湾），1960年版，第260—261页。

③ 谭旦冏：《中央博物院廿五年之经过》，中华丛书编审委员会（台湾），1960年，第264—267页。

④ 谭旦冏：《中央博物院廿五年之经过》，中华丛书编审委员会（台湾），1960年，第272页。

时陷京，尚未接收外，余均接收清点并编号。第一批运台者，系提选精品及次精品，分为A铜改装为二五箱，B铜四三箱，共七三八件。第二批运台者，系选余伪品及常见品之C铜部份，改装为八四箱，共九七八件（包括铜镜三箱九八件）。两批系古物陈列所南运铜器全部，悉于启运前，仓卒装箱，包装未尽妥善，尤其C铜部份，后因材料缺少，包装更形欠佳。此三铜器，抵台后均经开箱检查登记摄影，并改善包装。

……古物陈列所瓷器，共四〇七箱，五八五四件。古所旧藏瓷器南运箱数，共二八八二箱。第一批运台者，共六八箱，一五二八件，仅系在京曾经开箱清点而重新装箱部份；在京复经专家鉴定，品名亦经改正。……第二批运台瓷器，共二八七箱，三七七二件；第三批，共五二箱，五五四件，此两批瓷器，均系直接从朝天宫仓库提出，在京未经开箱清点手续，抵台后，经点查委员清点后，始办理登记摄影工作。

古物陈列所字画，共二五箱，六五一件。古所南运字画（包括帝后像及壁衣）原箱数为五六箱，第一批运台者，系在京开箱清点而重新装箱者。因系纸质文物，经常开箱检视，防虫防潮，随时注意，一切经过良好，一部份且已登记摄影。

图 5-17

元 赵孟頫《汤王征尹图》，采自宋兆霖著：《中国宫廷博物院之权舆——古物陈列所》，台北故宫博物院，2010年，第83页

图 5-18
宋定窑牙白划花双凫碗，采自宋兆霖著：《中国宫廷博物院之权舆——古物陈列所》，台北故宫博物院，2010年，第75页

古物陈列所珐琅，共六一箱，一一一〇件。古所南运珐琅，原箱数为四二一箱，第一批运台二八箱，一八二件，第二批三三箱，九二八件，均系在京曾经开箱清点而重新装箱者；抵台后仅因箱件损坏，曾开五箱检视，惟发现其中有包装欠佳，塞草不足现象，一部份已整理及登记。

古物陈列所文玩，共八二箱，一三七三件。古所南运文玩，原箱数为九八箱，第二批运台共八二箱，一三七三件，其中雕漆部份一九箱，一〇三件，曾在京开箱清点而重新装箱者，抵台后一部份已检视登记。

镀金铜器，共九八箱，七一七件。古所镀金铜器，原箱数为一〇〇箱，因有二箱于抗战时陷京，故于第三批运台时只九八箱，此类铜器在京均未办理清点手续，抵台后仅小部份登记。①

经过清点后，中央博物院筹备处迁存台湾的原古物陈列所文物共计数 11419 件（图 5–17、图 5–18），比迁台时的统计数 11415 多出 4 件瓷器。多出的 4 件瓷器可能是古物陈列所南迁或中央博物院筹备处迁台时，因文物仓促装箱，数量统计错误导致。

① 谭旦冏：《中央博物院廿五年之经过》，中华丛书编审委员会（台湾），1960 年，第 316—318 页。

颐和御宝

颐和园文物的烽火征程

颐和园，前身为清漪园，始建于1750年。1860年英法联军进犯北京，占领圆明园，大肆劫掠圆明、畅春、清漪、静明、静宜诸园，继而将这些园林全部焚毁。“玉泉悲咽昆明塞，唯有铜犀守荆棘；青芝岫里狐夜啼，绣漪桥下鱼空泣”，这就是一代名园胜苑劫后凄凉景象的写照。1886年，清漪园重建，1888年更名为颐和园。1900年八国联军侵入北京，沙俄军队首先占领颐和园，之后不久，英军和意大利军也相继进驻。在园内盘踞达一年之久，虽然没有烧毁建筑物，但各殿宇的陈设家具都被劫掠一空，内外装修也遭到很大的破坏。1902年，庚子事变时逃亡西安的慈禧返回北京，对劫后残破不堪的颐和园动用巨款进行了修复。

图6-1
20世纪初的颐和园。采自陈宇编：《颐和园旧影》封面，北京燕山出版社，2003年

1912 年，中华民国建立。根据袁世凯与清廷签订的《清室优待条件》，允许溥仪逊位后保持皇帝尊号，居住紫禁城内，颐和园仍由这个小朝廷的内务府管理。直到 1924 年溥仪被逐出宫，颐和园才收归国有，由民国政府内务部管辖（图 6–1、图 6–2、图 6–3）。

1928 年 8 月，国民政府定都南京后，颐和园由北平市政府接管，设立管理颐和园事务所对其进行管理。10 月，北平市政府认为“颐和园旧存物品极关重要，自应详细检查，以昭慎重而便保存”[1]，特制

① 《北平特别市市政府训令：第八〇九号》（1928 年 10 月 22 日），《北平特别市公用局季刊》，1929 年第 1 期，第 111 页。

图 6–2
20 世纪初的十七孔桥与万寿山。采自陈宇编：《颐和园旧影》，北京燕山出版社，2003 年，第 28 页

图 6-3
20 世纪初的佛香阁。采自陈宇编：《颐和园旧影》，北京燕山出版社，2003 年，第 30 页

定《清查颐和园物品办法》十二条，对颐和园文物进行清查，并造具《颐和园古物清册》十三本。经过清查统计，颐和园藏文物多数为清宫旧藏，亦有大臣进献、内务府制作或采办、外国使节进贡等，时代涵盖商、周、宋、元及明清，种类包括瓷器、玉器、青铜器、书画、古籍、钟表、珐琅、家具、丝织品等。

南迁准备

在故宫博物院文物南迁进行的同时，1933 年 3 月 18 日，故宫博物院院长易培基密电行政院，建议行政院“分电北平政府”，将颐和园珍贵文物“交由故宫第三批物品同时运沪，以重国宝，立待示遵”[①]。易培基的建议得到行政院积极支持，3 月 21 日，行政院分别密电北平市政府及故宫博物院，要求将颐和园文物随同故宫博物院文物进行南迁。

> 本日本院第九二次会议议决：北平颐和园内向存有西清古鉴铜器八百余件，宋元名磁、历代字画等物，均系由故宫移出，归市政府管辖，置之郊外，殊有未妥，

① 《易培基为国子监石鼓附运南迁事呈行政院密电》，故宫博物院藏。转引自彭海军：《抗日战争时期石鼓迁藏考略》，《博物院》，2024 年第 3 期。

应一并交由故宫博物院监运南来，妥为存放。①

3月22日，中央古物保管委员会北平分会密电北平市长周大文，询问特殊时期对于颐和园文物保护是否有周全计划。

查本市西郊颐和园内藏有我国古代铜瓷各器及字画等物，前于民国十八年间曾由贵府函约故宫博物院人员，偕同前往鉴定在案。惟此项古物向由管理颐和园事务所保管，而该事务所系属贵府管辖。对于该项古物之安全问题，未知贵府已筹有具体计划否？②

在接到行政院密电的次日，故宫博物院致函北平市政府，希望其催促管理颐和园事务所对所藏文物“从速装箱，尽于二十六日以前竣事，以便随同本院第三批物品装车南下，庶不致误”③。

在接到行政院命令以及中央古物保管委员会北平分会、故宫博物院等方面的函询后，北平市政府于3月22日把颐和园文物南迁

① 《行政院致北平市政府急电》（1933年3月21日），《1933年颐和园文物南迁史料》，《北京档案史料》，1995年第1期。

② 《古物保管委员会北平分会致北平市政府密函》（1933年3月22日），《1933年颐和园文物南迁史料》，《北京档案史料》，1995年第1期。

③ 《故宫博物院致北平市政府公函》（1933年3月22日），《1933年颐和园文物南迁史料》，《北京档案史料》，1995年第1期。

作为临时动议提出讨论，会议决议如下：

查管理颐和园事务所系本府直辖机关，所有该所古物既已奉令南迁，应由本府遵照自行办理。惟办理手续应有数点：（一）事平后仍应将该项古物运回本市保存。（二）装运时应会同故宫博物院及地方各团体、并管理颐和园事务所，当场眼同装箱，以示公开。（三）所装各箱应由本府会同地方各团体，加封市府及故宫封条。（四）所有装运铜磁器等物件数及箱笼总数，应呈报行政院备案，并令管理颐和园事务所先行备箱，照册点明古物数目，以备装运。并通知筹备自治委员会、市商会、市教育会、市党部、地方法院、故宫博物院及古物保管委员会北平分会，于明日（二十三日）上午十时到府会商。[①]

根据市政府的决议，3 月 23 日上午，市政府召集各地方团体谈话会，讨论“关于装运手续，并请各团体推派负责人员，亲赴颐和园监视古物装箱”。出席会议的相关单位及人员有中央古物保管委员会北平分会罗庸、北平市商会高伦堂、地方法院俞杲、

① 《北平市第一百九十次市政会议决议议案通知》（1933 年 3 月 23 日），《1933 年颐和园文物南迁史料》，《北京档案史料》，1995 年第 1 期。

故宫博物院吴瀛、筹备自治委员会龚侠、北平市教育会齐树芸、北平市党部杨冰和郑世芬等。会议讨论认为，陈列于陈列所的铜器、瓷器为“较贵重者”，“在库存者次之”。首先应将陈列所宋、元、明瓷，铜器及铜钟装箱南运，“该项古物运走后，其较次者再作第二步起运”[1]。

迁存沪宁

从1933年3月至5月，管理颐和园事务所在故宫博物院、北平市政府等各方力量的协助下，将2446件（含《图书集成》一部，计528函）文物，计装640箱，另附夹板1件（附木架3件），又油布卷1件，分三批运到上海，寄存于故宫博物院文物库房。

第一批文物南迁

根据市政会决议及与地方各团体谈话会商办法，北平市管理颐和园事务所于3月24日上午9时起，由颐和园“保管股股长吴国卿、前保管股股长齐锡堂、保管股股员宋锡纲、陈列馆经理员张象旭、

① 《关于讨论颐和园古物南迁事宜市政府召集地方各团体谈话会记录》（1933年3月23日），《1933年颐和园文物南迁史料》，《北京档案史料》，1995年第1期。

助理员孟文海等”，在34名“市府代雇古玩铺装箱人”[①]的协助下，“将陈列馆之古铜器及宋元明各代磁器分别妥慎装箱。计经各监视代表等查照决议案公同认定应行装运者，为古铜器二百五十二件，宋元明各代磁器一百零九件。当于本月二十六日装讫，共计铜器五十一箱、磁器二十三箱。并经遵照市政会议决议案第三项，加封钧府及故宫博物院封条，所有监视代表名章均钤用于钧府封条之上”。此次共计装箱74箱，计361件。“惟陈列馆铜钟八十六座，各监视代表佥以装箱困难”，“建议钧府俟第二次装箱，以免延误。”[②]筹备自治委员会龚侠、朱佩实，北平市教育会齐树芸、郁士元，地方法院程光铭，北平市党部原士才，北平市商会高伦堂、白瑞斋，故宫博物院吴瀛以及古物保管委员会北平分会王作宾等人在场“监视装箱”[③]（图6–4）。

3月28日，根据北平市政府的指示，管理颐和园事务所将74箱文物“交由公安局派来保安队队副赵国璋、消防队办事员林绍强按箱验明封条，均完整无误，签具收证，押运出园”，运往正阳门西车站，由故宫博物院科员唐赞襄接收。29日晨，颐和园文物随同故宫博物院第三批南迁文物分装二列车起运南下，由行政院参事

① 《管理颐和园事务所致市政府呈》(1933年4月1日)，《1933年颐和园文物南迁史料》，《北京档案史料》，1995年第1期。

② 《管理颐和园事务所致市政府密函》（1933年3月31日），《1933年颐和园文物南迁史料》，《北京档案史料》，1995年第1期。

③ 《二十四日上午九时前往颐和园监视装箱人员名单》（1933年3月24日），《1933年颐和园文物南迁史料》，《北京档案史料》，1995年第1期。

图 6–4
颂鼎（上），作宝彝簋（中），伯盂（下）。采自故宫博物院官网

陈锐及故宫博物院秘书程星龄率北平宪兵百余护送。30日夜晚，专车“过郑东下”，“车抵站时,当局派队保护，陇海局增派路警护送”[①]。31日晚，专车“由平汉陇海路到徐，停津浦车站”[②]，因津浦路南段“张八岭一带，地颇荒僻，匪患出没无定，古物多系珍贵品，深恐于夜间经过该段发生危险”[③]，为防万一，专车需在徐州过夜，于翌日白天开行。“抵徐站时，军警在站，戒备森严，路员均亲行照料”[④]。4

① 《第三批古物昨晚运抵徐州》,《世界日报》，1933 年 4 月 1 日。

② 《第三批古物昨晚运抵徐州》,《世界日报》，1933 年 4 月 1 日。

③ 《四批古物过徐记》,《西京日报》，1933 年 4 月 26 日。

④ 《第三批古物昨晚运抵徐州》,《世界日报》，1933 年 4 月 1 日。

月 1 日，专车抵达南京。到达南京后，由招商局“派长江班江天轮，由汉开赴浦口，装载是项古物”[1]赴沪。4 月 3 日晚，所有文物在南京浦口装上江天轮，4 日上午起运赴沪。5 日午后，江天轮“到沪，停泊于新开河招商局金利源码头，由茂泰运输公司搬运至天主堂街仁济医院旧址存储”[2]。

第二批文物南迁

第一批 74 箱文物运沪后不久，1933 年 4 月 11 日，行政院院长汪精卫密电北平市长周大文，质问为何颐和园“仅铜瓷器七十余箱”装箱南运，而“其余铜瓷器未运者为数尚伙，玉器字画等则均未在内”，希望北平市政府“据实答复”[3]。并派行政院“参议柳民均，并令故宫博物院及内政部派员会同前赴该市政府调查，以明真象”。在调查的同时，行政院电令北平市政府“将颐和园全部古物，照旧存底账扫数交由故宫博物院，于第四批古物南运时并运南下保存”[4]。

对于行政院的质疑，北平市政府当日迅速回电，解释颐和园文物未能全部随同故宫博物院第三批文物南迁运输专车南迁的原因。

---

① 《三批南下古物 三四日内运沪》，《大美晚报》，1933 年 3 月 31 日。

② 《三批古物抵沪 运储仁济医院旧址》，《申报》，1933 年 4 月 5 日。

③ 《行政院长汪精卫致北平市长周大文密电》（1933 年 4 月 11 日），《1933 年颐和园文物南迁史料》，《北京档案史料》，1995 年第 1 期。

④ 《行政院长汪精卫致北平市长周大文密电》（1933 年 4 月 11 日），《1933 年颐和园文物南迁史料》，《北京档案史料》，1995 年第 1 期。

查前奉马电饬运颐和园古物，即经邀请本市筹备自治委员会、教育会、地方法院、市党部、商会、故宫博物院、古物保管委员会北平分会会同监视办理。当以马电系于次日奉到，距起运日期中间只有五日时间，匆促势难全运。因即会同评定，以陈列馆所陈列之铜瓷器为最贵重，经众议决先行装箱起运，其余各件自当遵照真电谕示各节办理。①

北平市政府在回电行政院的同时，饬令管理颐和园事务所对未运文物全部装箱，准备随附故宫博物院第四批文物南迁运输专车南下。4月18日，文物装箱完毕，“共装陈列馆及库房铜器名磁及古玩字画等贰百贰拾叁箱，又夹板一件（附木架三件），又油布卷一件，计列贰百贰拾伍号（自柒拾伍号起至贰百玖拾玖号止）”，文物计804件。文物装箱时，“行政院柳参议民均、内政部卢司长锡荣及故宫博物院马副馆长衡、吴秘书瀛等来所鉴定，监视装箱”②。4月19日晨，北平市“公安局派来保安队等，验明封条，均完整无误，签具收证，押运出园”③。“由颐和园向城内运输，

① 《北平市政府致行政院密电稿》（1933年4月11日），《1933年颐和园文物南迁史料》，《北京档案史料》，1995年第1期。

② 《管理颐和园事务所致市政府密呈》（1933年4月30日），《1933年颐和园文物南迁史料》，《北京档案史料》，1995年第1期。

③ 《管理颐和园事务所致市政府密呈》（1933年4月30日），《1933年颐和园文物南迁史料》，《北京档案史料》，1995年第1期。

图 6–5
毛叔盘（上），魏公扁壶（下左），士父钟（下右）。采自故宫博物院官网

共装四十余辆大车，每车由武装保安一人护卫，三时许进西直门，经西单司法部街，西交民巷等地，四时许到达西车站”[①]，“交由故宫博物院装车南运”[②]（图 6–5）。

① 《古物继续南运 第四批古物定今晨运沪 颐和园古物亦同车南下》，《大公报（天津）》，1933 年 4 月 20 日。

② 《管理颐和园事务所致市政府密呈》（1933 年 4 月 30 日），《1933 年颐和园文物南迁史料》，《北京档案史料》，1995 年第 1 期。

4月19日晚，故宫博物院第四批南迁文物起运，共装三列车。“故宫博物院副馆长马衡、行政院参议柳民权及中央宪兵及机枪连押运”[①]，专车仍由平汉、陇海两路转津浦路南下。21日，文物专车“过郑东下赴徐，沿途由一零五师兵士百余人及宪兵三十名押运保护”[②]。22日，专车到“过徐州时适在午间”，没有依据惯例在徐州停靠过夜，而是“继续开出，集中蚌埠，停留过夜”。由“蚌埠驻军当局，七师二十一旅长李文斌”，“派队在站保护，免出意外”[③]。23日，三列车运抵南京浦口。到达南京后，“即卸装建国轮，于二十六日午二时起椗使沪”[④]，27日到达上海金利源码头，运存天主堂街二十六号大厦故宫博物院文物库房。

第三批文物南迁

颐和园第二批文物南迁后，北平市政府密令管理颐和园事务管理所，“将未运各件于故宫第五批古物南运时交其并运来京，以便保存”。接到密令后，管理颐和园事务所即密函故宫博物院，请其

① 《第四批古物过徐南下　招商局派轮赴浦口迎接》，《时事新报（上海）》，1933年4月23日。

② 《第四批古物过郑南运》，《盛京时报》，1933年4月26日。

③ 《四批古物过徐记》，《西京日报》，1933年4月26日。

④ 《古物四批抵沪共计六二七三件》，《大美晚报》，1933年4月27日。

“迅予派员来所继续监视装箱”①。截至4月29日，“亦经故宫博物院派员鉴定，并监视装竣叁佰余箱”②，“共计叁百伍拾壹号（自叁百号起至陆百伍拾号止）”。此次文物装箱343箱，计1281件，其中图书一部（《图书集成》，计528函）。5月15日上午，管理颐和园事务所将装箱文物计343箱“交由公安局派来保安队第三队分队长赵钟麒，及西郊分署办事员张震东验明各号封条，均完整无误，签具收证，押运出园，安抵车站”，交由故宫博物院签收（图6–6）。

1933年5月16日，故宫博物院第五批南迁文物“分三列车由平起运”，转道陇海路南下。故宫博物院总务处处长俞同奎、行政院参事柳民均及故宫博物院办事员李光第、张国瑞及“中央宪兵第四团第二营营附谢明稷率宪兵四十五名，第一〇五师连长屠庆武率兵一连押运南下”③。5月19日，文物运抵浦口，招商局派广利轮到达浦口负责将文物转运至上海。5月22日，广利轮启运赴沪，23日抵达上海，停泊于金利源码头，后“运往天主堂街二十六号及四川路三十二号古物储存所栈房储存”④。

---

① 《管理颐和园事务所致市政府密函》（1933年5月7日），《1933年颐和园文物南迁史料》，《北京档案史料》，1995年第1期。

② 《管理颐和园事务所致市政府密函》（1933年4月30日），《1933年颐和园文物南迁史料》，《北京档案史料》，1995年第1期。

③ 《第五批古物昨晨南迁 共五千余箱装车三列》，《世界日报》，1933年5月17日。

④ 《五批古物昨日抵沪》，《民报》，1933年5月24日。

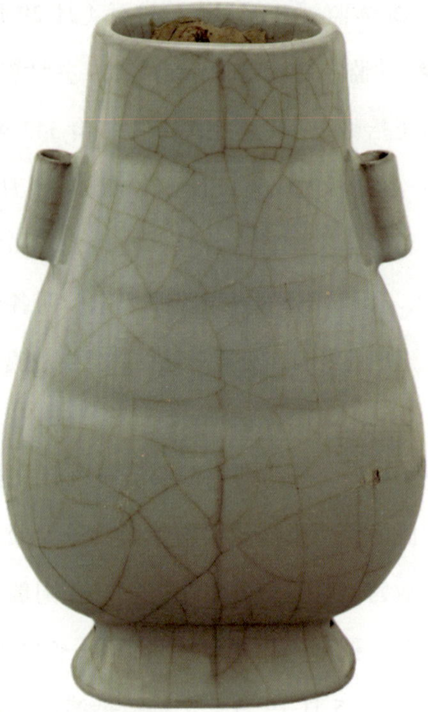

图 6-6
官窑贯耳瓶。采自国家博物馆藏品数据大平台

至此，颐和园文物南迁结束。1936 年 4 月 15 日，故宫博物院南京分院朝天宫保存库竣工，存放在上海的文物于当年 12 月全部运抵南京，颐和园 640 余箱文物也随之迁入故宫博物院南京朝天宫文物库房存藏。

除南迁文物外，颐和园还有部分文物并未装箱南运，这与

1933年4月11日行政院密电北平市政府，要求“颐和园全部古物，照旧存底账扫数交由故宫博物院”[①]，并与故宫博物院文物南迁时随同南下保存的命令不符。为此，1933年5月7日，管理颐和园事务所呈文北平市政府，对相关情况进行说明：“经行政院柳参议民均、内政部卢司长锡荣、故宫博物院吴秘书瀛等会商，佥以本所贵重物品除第一、二批前已南运外，第三批应行南运者亦经鉴定装箱，其余无须再行装运。”同时，向北平市政府请示：“但此项办法与行政院扫数南运之令究有未符，是否仍应转请院令，伏乞钧示办理。”[②]

5月11日，北平市政府密令管理颐和园事务所，“该园余存各物既经柳参议等声明无庸南迁”。同时要求管理颐和园事务所对剩余文物“按照旧存底册依号清点”，并“将清点情形随时具报为要”[③]。

颐和园文物南迁始终由国民政府行政院主导，文物迁移费用亦得到了行政院的支持。1933年4月，北平市政府呈文行政院，“请

① 《北平市政府致行政院密电稿》（1933年4月11日），《1933年颐和园文物南迁史料》，《北京档案史料》，1995年第1期。

② 《管理颐和园事务所致市政府密函》（1933年5月7日），《1933年颐和园文物南迁史料》，《北京档案史料》，1995年第1期。

③ 《北平市政府致管理颐和园事务所密令稿》（1933年5月11日），《1933年颐和园文物南迁史料》，《北京档案史料》，1995年第1期。

饬拨一万元，为装运费用，并经行政院电饬财政部照拨”[①]。经费主要用于文物在南迁期间的包装、运输、装卸所产生的费用。第一批文物南迁花费“共计九百五十四元三角八分”[②]；“第二批南运古物，所有购制木箱、棉花以及工资运费等项，共需洋叁千零肆拾陆元伍角伍分”[③]；第三批文物南迁“所有购制木箱棉花以及工资运费等项，共需洋肆千零陆拾伍元壹角肆分”。三批文物南迁共计花费 8066.07 元。剩余不足 2000 元的经费，后用于“代运坛庙乐器用费”[④]。

所谓“颐和园古物被盗案”

在颐和园文物南迁过程中，发生了所谓“颐和园古物被盗案”。

1933 年 4 月 8 日，上海市长吴铁城及各报馆收到张继（图 6–7）自北平发来的电报，电文内容如下：

① 《令转颐和园古物南迁装运费二十一年度岁出临时概算一案由》，《监察院公报》，第 21 期，第 251 页。

② 《管理颐和园事务所致市政府呈》（1933 年 4 月 1 日），《1933 年颐和园文物南迁史料》，《北京档案史料》，1995 年第 1 期。

③ 《管理颐和园事务所致市政府密呈》（1933 年 5 月 6 日），《1933 年颐和园文物南迁史料》，《北京档案史料》，1995 年第 1 期。

④ 《函故宫博物院，准函嘱拨付坛庙乐器运费等因，应俟颐和园古物清点结束后再行办理函复查照由》，《市政公报》，第二百期，第 13 页。

图 6-7
张继像。采自故宫博物院编：《故宫博物院早期院史（1925—1949）》，故宫出版社，2016 年，第 60 页

上海市政府吴市长鉴，并转各报馆均鉴。阅报张学良将乘船出国，颐和园铜器虽已南运，该园古字画，多在张学良手，宜从速检查扣留，庶国宝不致流亡海外。[1]

① 《颐和园古字画多在张学良手 张继电请吴铁城查扣》，《夜报》，1933 年 4 月 9 日。

图 6-8
张学良像。采自礼广贵主编：《张学良将军》，辽宁人民出版社，1990 年，第 182 页

张继（1882—1947），字溥泉，河北沧县人。国民党元老，1905 年加入同盟会，1928 年 10 月任国民政府司法院副院长、北平政治分会主席，1931 年 12 月任立法院院长，1933 年 2 月任国民党驻华北办事处主任等职，在国民党党内具有很高的地位。如此重量级人物，向上海市市长、媒体发出这样一封控诉张学良私吞国宝的电报，背后究竟是怎么一回事呢？

1933年初，占据了东北三省的日军向华北进犯，3月初，热河沦陷，时任军事委员会北平分会（代理）委员长的张学良（图6-8）引咎辞职并离开北平赴上海，计划4月11日由上海乘船赴欧洲考察。

在张学良准备离开上海赴欧洲前夕，张继突然发难。张继除函电上海市市长外，还邀约了《大公报》《时事新报》等媒体进行采访，介绍了相关情况。

> 张继谈，颐和园所藏字画，多在张学良手中，此系张本人所称，此项国宝当不能有何散失，故电请吴铁城设法扣留，又行政院方面近亦曾接北平故宫博物院来电报告，多数字画被人移去，该院正严密澈查中。[①]

相关信息经各种媒体报道后，引起了国民政府的重视。4月10日，行政院"除分令严行缉查外，并由行政院派参事柳民均、内政部派司长卢锡荣赴平，会同故宫博物院澈查"[②]。

4月12日，行政院参事柳民均"会同市府所派专员，及颐和园事务所陈继青，到颐和园检点"，相关情况很快得以查明。颐和园字画为张学良借阅，"后因仓促离平，未能检还，寄存于天津某

---

① 《颐和园字画 行政院严密澈查》，《大公报（天津）》，1933年4月11日。

② 《颐和园古物被盗案 行政院派员赴平调查》，《申报》，1933年4月11日。

银行”[①]保管箱，但保管箱“钥匙尚在上海，故胡前市长若愚，已衔命南下。似钥匙由胡取回后，即可归还”[②]。

北平市政府为“使外间明了真相”，4月14日向社会公布了管理颐和园事务所向北平市政府呈报张学良借阅颐和园古字画的相关情况。

> 呈为呈报告事，窃上年十一月间，北平绥靖主任张，驻节本所益寿堂，当蒙面谕，提阅本所书画古玩清册四本，陈列馆陈列物品登录簿一本，复于十一月六日，手谕指提钱维城画《西湖胜景》二函，又钱维城画《西湖胜景》二函，《乾隆题永瑢画兰图》一件，又《乾隆题永瑢画兰图》一件，《富贵寿考花卉》一件，李公麟《九歌图》一件，陈延（廷）敬《上言律诗》一件，赵孟頫《松下闻琴图》一件，袁瑛《持樽问字》一件，钱维城《花卉》一册，蒋延（廷）锡《花卉》一册，焦秉贞《耕织图》一册，蒋延（廷）锡《花卉》一册，计十三号，共十五件。各等因遵检齐送呈，旋蒙将簿册五本，先予发还，其字画十五件，暂行留阅，当由继青将指提各件，开单面呈钧座查阅并遵谕迭向绥靖公署副官处，转请发还各在案。

① 《张学良检还颐和园古画 由周大文交回颐和园》，《申报》，1933年5月8日。
② 《行政院派柳民均卢锡荣莅平点查颐和园古物》，《京报》，1933年4月14日。

现在张主任业经辞职离平，所有前项留阅字画，迄今未奉发下，理合开具清单备文呈报，伏乞钧府鉴核备案，谨呈市长。

附呈清单一件。

管理颐和园事务所所长陈继青。[①]

5月3日，北平市市长周大文会同胡若愚，将张学良寄存于天津的颐和园古字画携带回北平。返平后，“当即检交管理颐和园事务所，并经颐和园鉴定委员会委员及故宫博物院会同审核无误，遂由该事务所筹备装箱，并将随同故宫博物院第五批古物一同运京。”[②]

此事遂告一段落。

西迁与东归

1937年8月13日，淞沪会战爆发，南京形势日趋紧张。为避战火，确保文物安全，国民政府决定将南迁至南京的故宫博物院等

---

① 《平颐和园古画》，《大美晚报》，1933年4月15日。

② 《颐和园古物将继续南运 张学良借阅古画已检还》，《大公报（天津）》，1933年5月5日。

机构的文物向西南后方转移，颐和园南迁文物随同迁移。

故宫博物院文物西迁分南、中、北三条线路，颐和园文物随同西迁的中路和北路进行。

西迁中路文物是沿长江而至重庆，共分二批，文物共计9331箱，其中颐和园文物582箱。[①]1937年11月20日，招商局的江安轮装运第一批计4081箱文物驶离南京下关码头，22日达汉口；1937年12月3日，英国商人的黄浦轮装运第二批计5250箱文物起航，5日运至汉口。随着战局的不利发展，武汉这个号称“九省通衢”的华中重镇，随时都有被日军飞机轰炸的可能，国民政府命令将存于汉口的文物全部迁往重庆。1937年12月24日至1938年1月6日，故宫博物院租用多艘轮船，将文物分19批次，历时一百三十多天，经宜昌溯江而上转运至重庆，颐和园文物随之迁移。1938年10月，日军攻陷武汉后，开始对重庆进行战略轰炸。1939年3月至9月，故宫博物院将包括颐和园文物在内的所有文物迁至重庆以西乐山县贮藏。

西迁北路文物是走陆路，从南京向北经津浦、陇海线转运到陕西，文物共计7287箱，其中颐和园文物40箱。[②]1937年11月，文物在南京下关分装三列火车，由津浦路转陇海路，经徐州、郑州，开赴陕西宝鸡。三列火车分别于12月3日、4日、8日到达宝鸡，

① 那志良：《故宫五十年》，民主与建设出版社，2020年，第146页。

② 那志良：《故宫五十年》，民主与建设出版社，2020年，第132页。

存入宝鸡的关帝庙和城隍庙。1938 年 1 月，因潼关军事形势紧张，国民政府命令故宫博物院将所有存于宝鸡的文物迁往汉中。因宝鸡至汉中不通火车，文物的运输只能靠汽车来完成。从 2 月 22 日至 4 月 10 日，历时 48 天，将文物全部安全运到汉中。3 月 13 日，日军飞机轰炸了汉中西郊机场，汉中不再安全。5 月，故宫博物院奉令将汉中文物迁移至成都。文物共分 46 批次迁运，第一批文物于 1938 年 5 月 26 日自汉中出发，全部迁运至成都已是 1939 年 2 月 27 日。1939 年 5 月 17 日，故宫博物院又奉令将存于成都的文物转迁峨眉，6 月 17 日文物全部运达峨眉。

此外，颐和园还有 18 箱文物未能及时转运，留存南京。

抗战胜利后，南京国民政府教育部召开了全国教育善后复员会议，就“内迁社会教育机关复员的处理”达成共识，规定“国立社教机关，战前原在各地设立者，应各迁回原址”[①]，明确要求包括颐和园在内各个文化机构将存于四川各地文物先集中重庆，复员时仍令迁回北平。1946 年 1 月至 1947 年 11 月，故宫博物院将抗战时期藏于四川各地的文物先于重庆集中，再由重庆经水陆两路分运南京，颐和园文物随之迁移。1946 年 5 月 16 日，存峨眉文物起运，共计 7286 箱，其中颐和园文物 40 箱，至 9 月 10 日到达重庆；9 月 10 日，存乐山文物起运，共计 9358 箱，其中颐和园文物 582 箱，文物先通过竹筏或木船水运至岷江畔的县城，继之通过陆运经荣县、

① 周慧梅著：《民国社会教育研究》，湖南教育出版社，2018 年，第 426—427 页。

自贡、内江于1947年3月10日到达重庆。

集中重庆的文物于1947年的五六月开始，分别经由水陆两线运回南京，存于故宫博物院南京分院。陆运自1947年5月31日开始，7月26日到达南京；水运自6月16日开始，至11月27日结束。文物东归历时两年，共计16724箱文物，其中颐和园文物622箱。

北返与再分配

新中国成立后，1949年12月，政务院指导接收工作委员会华东工作团在南京设立办事处，负责处理国民党政府中央机关的接收工作。新生的中央政府文化部文物局局长郑振铎作为华东工作团文教组组长奔赴南京，参加博物馆、图书馆的接收工作。对于故宫博物院暂存于南京的万余箱文物，文教组决议将其全部运回北京本院。故宫博物院的部分文物分别于1950年、1953年、1958年分三批运返故宫，其中颐和园的南迁部分文物于1950年随同故宫博物院北返文物运回北京。

1950年1月23日，第一批北返文物在南京装车启运，26日到达北京。运回1500箱，计有颐和园南迁文物颐字267箱、京字4箱，共计271箱。

1950年1月24日，得知南迁文物已北返的信息后，颐和园管

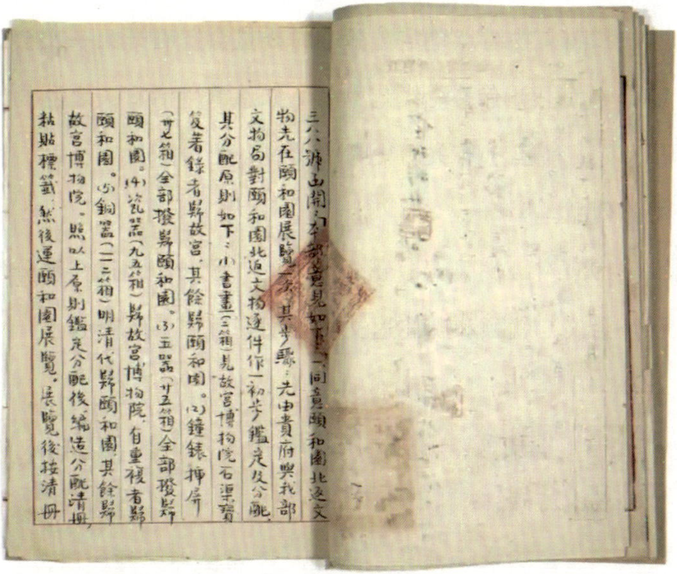

三八八號函開：「本部意見如下：(一)同意頤和園北返文物先在頤和園展覽一次，其步驟：先由貴府與我部文物局對頤和園北返文物逐件作一初步鑑定及分配，其分配原則如下：(1)書畫(三箱)凡故宮博物院石渠寶笈著錄者歸故宮，其餘歸頤和園。(2)鐘錶、擺屏(廿七箱)全部撥歸頤和園。(3)玉器(廿五箱)全部撥歸頤和園。(4)瓷器(九五箱)歸故宮博物院，自重複者歸頤和園。(5)銅器(一二三箱)明清代歸頤和園，其餘歸故宮博物院。照以上原則鑑定分配後，編造分配清冊，粘貼標籤，然後運頤和園展覽。展覽後按清冊

图 6-9
颐和园北返文物分配原则。采自颐和园官方微博文章：《从皇家禁苑到人民公园——颐和园》

理处[①]分别呈文政务院及北京市人民政府，请求将北返颐和园文物归还颐和园。2月16日，文化部复函说明北返文物由中央统一安排。4月，文化部文物局组织北京市人民政府、颐和园、故宫博物院相关人员组成“北返颐和园文物清点鉴定分配临时委员会”。5月16日，“北

① 北平和平解放后，1949年4月，管理颐和园事务所正式改称颐和园管理处，由北平市政府管理。新中国成立后，颐和园管理处隶属于北京市政府。

返颐和园文物清点鉴定分配临时委员会”召开第一次会议，会议决定：“（甲）有关清代艺术品，如慈禧生活有关之器物，尽量分配颐和园；（乙）有关历史考古器物，可分配故宫方面，补充有系统的陈列品。”①

1951 年 1 月 4 日，正式成立的“颐和园北返文物分配委员会”召开会议，就颐和园北返文物分配安排如下（图 6–9）：

1. 书画，原则凡见《石渠宝笈》著录者，由故宫博物院存藏；

2. 钟表、插屏、陈设，37 箱全部归颐和园；

3. 玉器，25 箱全部归颐和园；

4. 瓷器，95 箱归故宫博物院，有重复者归颐和园，但成对者不得谓为重复；

5. 铜器，112 箱明清时期的归颐和园，其余归故宫。②

具体工作由故宫博物院罗福颐、唐兰及颐和园金恒贵三人逐箱根据会议所定原则进行分配。271 箱文物共计 983 件。其中铜器

① 《北返颐和园文物清点鉴定分配临时委员会第一次会议记录》（1950 年 5 月 16 日），故宫博物院档案。转引自郑欣淼：《天府永藏：两岸故宫博物院文物藏品概述》，紫禁城出版社，2008 年，第 55—56 页。

② 《颐和园北返文物分配委员会第一次会议记录》（1951 年 1 月 4 日），故宫博物院档案。转引自郑欣淼：《天府永藏：两岸故宫博物院文物藏品概述》，紫禁城出版社，2008 年，第 56 页。

112箱内装462件(其中1件系西洋钟表),分配给故宫博物院394件，归还颐和园68件（其中1件系西洋钟表）；瓷器95箱内装390件，分配给故宫博物院254件，归还颐和园136件；玉器25箱内装58件，均归还颐和园；字画2箱内装29件，分配给故宫9件，归还颐和园20件；钟表20箱内装24件，竹雕等5箱内装13件，另有12个草包麻袋捆内装慈禧太后油画像、油画立镜、缂丝佛像及硬木家具共7件，均归还颐和园。1951年1月17日，经过分配后的文物共计326件，运回颐和园。[①] 此外，1953年，颐和园管理处对园内殿堂改陈时，经与故宫博物院协商，故宫博物院拨交颐和园南迁文物瓷器40件、书画2件。

① 秦雷、周尚云、卢侃等：《国宝大迁移中的颐和园文物调查》，中国建筑工业出版社，2016年，第200页。

陈仓石鼓

国子监石鼓的守护之路

国子监始建于元至元二十四年（1287），是元、明、清三代国家设立的最高学府。民国政府成立初期，曾在国子监设立历史博物馆筹备处，由教育部进行管理。1928 年国民政府迁都南京后，内政部设北平坛庙管理处（后改为北平坛庙管理所），负责国子监、天坛、地坛等处庙坛的管理。

石鼓系国子监最为重要的文物，唐贞观年间（627—649）出土于陕西陈仓，又名陈仓石鼓。石鼓是先秦文字石刻遗物，花岗岩石，共十枚，高约 90 厘米，直径约 60 厘米，大小不一，上狭下宽，因形似鼓故名。石鼓上刻的文字，后世称为石鼓文，是我国最早的石刻文字，状若“仓颉之嗣，小篆之祖”。文字为四言游猎古诗，记述先秦君王游猎之事，其意在刻石表功，托物传远。唐代韩愈曾专门为其上书请求妥善保存，康有为在《广艺舟双楫》中称其为“中华第一古物”（图 7-1、图 7-2、图 7-3）。

唐宪宗时，国子监祭酒郑余庆改任凤翔县县令，始将石鼓移置凤翔文庙内；五代战乱，十枚石鼓全部散失；北宋初，凤翔知府司马池搜寻到十枚石鼓中的九鼓，置于凤翔府学大殿下；宋仁宗时，向传师在一农户家找回已被凿成“臼”的第十枚石鼓；宋徽宗酷好古物，令将石鼓迁入开封，以金粉涂饰鼓文，先存于开封辟雍，后存于保和殿旁稽古阁；金人南下攻破开封，将石鼓掳至燕京，刮去金粉，置之荒野；元大德十一年（1307），大学士虞集发现石鼓；元皇庆元年（1312），十枚石鼓移至国子监文庙大成门内保存；清

图 7–1
“田车”石鼓，
采自故宫博物
院石鼓馆

乾隆五十五年（1790），对石鼓立重栏进行保护，并集当时石鼓所存文字仿刻石鼓两套，称之为“乾隆石鼓”，一套存于北京孔庙（图 7–4），

图 7–2
“乍原”石鼓及拓片，采自丁孟：《刀刻斧凿尽显风流 千年大篆跃然石鼓——镇国之宝石鼓探秘》，《紫禁城》，2018 年第 3 期

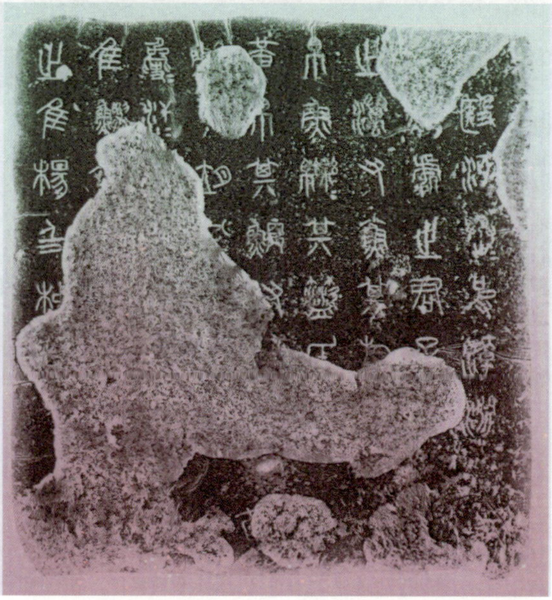

图 7-3
“汧殹”石鼓及拓片，采自丁孟：《刀刻斧凿尽显风流 千年大篆跃然石鼓——镇国之宝石鼓探秘》，《紫禁城》，2018 年第 3 期

图 7–4
北京孔庙中收贮的乾隆时期复刻的石鼓。采自丁孟：《刀刻斧凿尽显风流 千年大篆跃然石鼓——镇国之宝石鼓探秘》，《紫禁城》，2018 年第 3 期

一套藏于承德避暑山庄。民国五年（1916），民国政府内务部对石鼓“幕以玻璃，以资保存”[1]。

① 《孔庙国子监记略》（1933 年 10 月），内政部北平坛庙管理所编印，第 15 页。

南迁存宁

在故宫博物院文物进行南迁的同时，1933 年 3 月 18 日，故宫博物院院长易培基密电国民政府行政院，请其电函北平坛庙管理处，将国子监所存十枚石鼓“交由故宫第三批物品同时运沪，以重国宝”[①]。易培基的呈文得到了行政院的积极支持，3 月 21 日，行政院致电北平市市长周大文、故宫博物院院长易培基，要求将国子监所存石鼓进行南迁。

> 急。北平。市政府周市长、故宫博物院易院长鉴：行密。……国子监周代石鼓并清颁铜器，尤于文献有关，均应同时南运保存，以重国宝。除令（内）政部饬知北平坛庙管理处遵办外，仰即遵照密为办理。[②]

在得到行政院的支持后，易培基派故宫博物院古物馆马衡、庄尚严（图 7–5）等负责石鼓的装箱工作。由于文物迁移路途艰险，石鼓这种既大又重的文物包装是个大问题，而且石鼓上的文字在石皮上，部分石皮已与石鼓本身分离，如果石皮脱落，石鼓就毫无价

① 《易培基为国子监石鼓附运南迁事呈行政院密电》，故宫博物院藏。转引自彭海军：《抗日战争时期石鼓迁藏考略》，《博物院》，2024 年第 3 期。

② 《行政院致北平市政府急电》（1933 年 3 月 21 日），《1933 年颐和园文物南迁史料》，《北京档案史料》，1995 年第 1 期。

图 7–5
庄尚严像。采自彭海军：《抗日战争时期石鼓迁藏考略》，《博物院》，2024 年第 3 期

值了。为了解决石鼓包装难题，确保运输途中的安全，庄尚严就石鼓的包装向北平古玩商人、达古斋的霍保禄求教。庄尚严在《再谈我与石鼓》的回忆文章中，对此进行了详细说明：

我就认为当年为石鼓装箱，是生平得意大事之一。第一批箱件运走后，当我们正忙着准备第二批箱件时，有一天，我忽然奉到院长的密令，要我去安定门内国子监将两庑石鼓装箱，以便也与本院第三批文物一同南下。我们认为，装箱最困难的事不外三种：一是大；二是重；三是薄。宫中古物，重在千斤以上，高到一丈以外的物品，不是没有（如“大禹治水”玉石山子之类），但都不在装箱之列，曾装箱的物品，重的如大件青铜器，大件瓷瓶，最重不过百斤上下，三四尺高而已。但是石鼓兼有了此三大困难，每鼓重逾一吨，鼓的本身虽不甚高，可是包裹以后，木箱高过人身。关于薄的问题，不要以为既称石鼓，决不至于薄，岂知鼓上有文字地方。石鼓自唐代出土以后，经过若干次的搬迁，再加上风吹雨打和人为的破坏，许多石面渐现裂缝，有的甚至于有与整个石体分离的趋势。所谓“人为的破坏”，就是石鼓上的文字本来十分完好，而许多历代的书家和名人，都想要些拓片据为已有。于是在迭经人手的状态之下，许多鼓面的文字硬逐渐磨蚀，甚至被打损坏而变为模糊、残缺甚或发生裂隙，这时候的石鼓，便再也经不住用力压了。可是为了搬运，石鼓势必要包装，而包装又必须用力，如果一个不小心，一定会把快要坏的文字弄损或脱落；这样问题岂不太大了？基于此三项困难，石鼓如果包扎装置，稍不得法，长途移运，便有变成没字碑的可能，负责的人岂不成了文教罪人？而师命（按：

庄尚严是马衡在北大任教时的学生）与院令两不敢违，确把我这由“老庄”换为“老装”给难住了。愁闷数天之后，终于想出办法来。

先去请教一位好朋友，北平当年最大古物收藏家之一，达古斋主人霍保禄。根据霍先生告诉我的秘方，在石鼓包装之前，先要用极薄极软的棉纸蘸水浸湿，然后用镊子把湿软的棉纸塞进石鼓的裂缝里。这样裂缝由于有纸衬托，一旦受到压力，就不容易损坏。这项填缝的工作做来非常困难，而且进度也十分缓慢，这样一字字一鼓鼓地逐件工作，花了将近一个月的时间才全部完成。在这一步工作之后，还要把经过初步处理过的石鼓，再用薄棉花层层覆裹，一直包上四五层之多；先用浆糊黏好，再用细麻绳捆扎停当；而后外面再用厚棉纸裱糊妥帖，用粗麻绳捆牢，最后再在外面包上三四层之多的棉被，并且用粗麻绳扎紧。这时候，每一个石鼓已经变成了比原来体积大上一倍有余的庞然大物。完成了这一步工作之后，再把每一大石鼓装进定做的木箱，塞紧钉牢之后，外面再用稻草覆盖，然后用钢条绑扎封死，这样才算完成了石鼓的包装工作。[①]

① 庄严：《再谈我与石鼓》，转引自刘佳：《话说石鼓文》，山东友谊出版社，2010 年，第 82 页。

马衡在《明安国藏拓猎石碣跋》中，对南迁前石鼓的现状及包装情况亦进行了记述：

> 二十二年春，榆关告警，北平古物，多数南迁，此石亦在议迁之列。余适董其役，得以摩挲而审辨之。石质坚顽，审为花冈岩。其剥泐之状，异于常石。乃石皮受风雨寒暑之侵蚀，渐次与石骨分离，日久则脱落一层，石骨暴露，十石如出一辙。存字之处，石皮完好。亦有已分离而犹未脱落者，扣之，则其声虚廓而不实。倘遭外力压抑，可即时脱落。当靖康之际，剥泐程度虽不若今日之甚，当已入于此种状态，填金势有所不能。窃疑填金以绝摹拓之说，盖谓以泥金涂入其字，如新出《唐仵钦墓志》（北平大木仓胡同中国大学出土）。然王祎所谓剔取其金者，当是传闻之误。前此之疑，殆非事实。其损字原因，必系北徙之时，修絙大索，长途挽致，遂使石皮脱落，可断言也。自虞集、潘迪以后，至于今日，皆在孔庙大成门左右，有大厦盖覆之，有疏棂扃鐍之，保护不可谓不周，然五百年来，又损五十余字，皆分离之石皮，经椎拓而脱落者也。余鉴于此种情状及既往之事实，知保护石皮，为先务之急，乃就存字之处，糊之以纸，纵使石皮脱落，犹可黏合。次乃裹以絮被，缠以

枲緶，其外复以木箱函之。今日之南迁，或较胜于当日之北徙也。①

当时亦有媒体记者目睹了石鼓的装箱过程。据《益世报》报道：

> 当记者到达时，适此项石鼓正在大成门前照相装箱，装时非常慎密，每一石鼓，皆为之拍一照片，然后用尺度四周丈量，以为装箱时衬托之准备。工作人员，小心将事，惟恐有所损坏，鼓凡十具，外有石鼓音训一具，故宫博物院印有专册，影像诠释俱全，实稀有之物也。②

根据易培基的计划，石鼓本应随同故宫博物院第三批南迁文物迁运上海，但由于石鼓包装程序复杂，费时较多，石鼓推延至随同第四批文物南迁专车南下。除了石鼓之外，随同南迁的国子监文物还有《石鼓文音训碑》。

《石鼓文音训碑》刻于元至元五年（1339），由潘迪整理并书丹。碑额为古文篆书“石鼓文音训”五字，音训为楷书，后记为隶书。碑石两面刻字。音训的内容为《石鼓文》的释文、音义及宋时

① 马衡：《明安国藏拓猎石碣跋》，清华大学国学研究院编：《马衡文存》，江苏人民出版社，2020 年，第 356—357 页。

② 《国子监二千七百年之石鼓将别故都》，《益世报》，1933 年 4 月 15 日。

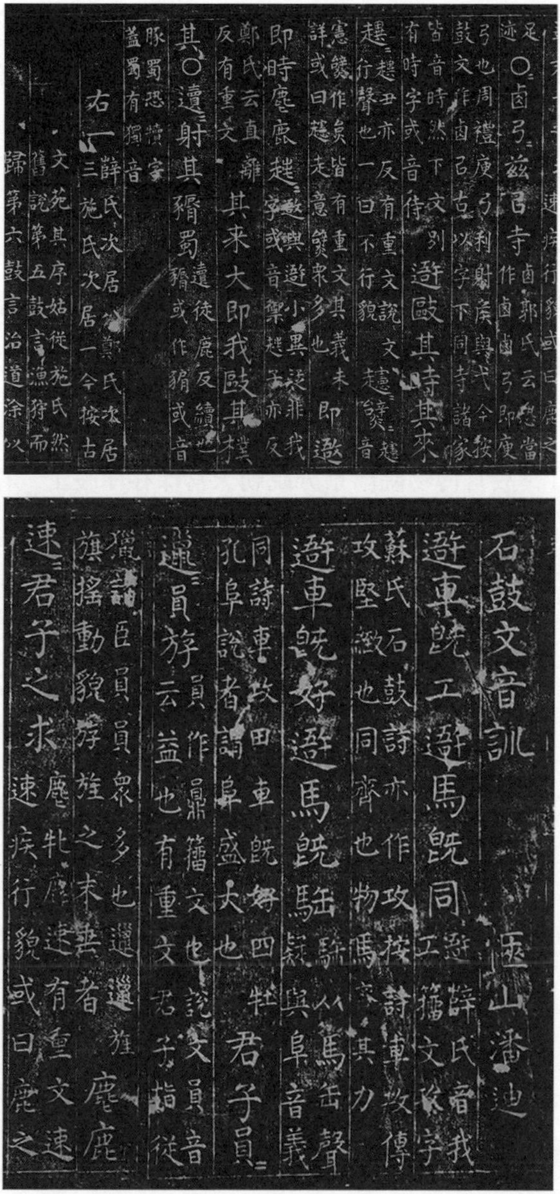

图 7-6
《石鼓文音训碑》拓片。采自《中国书法》封底，2019 年第 1 期

郑樵、施宿、薛尚功、王厚之数家对石鼓的排序。潘迪据旧拓本考订石鼓文字，所缺之字，均以○标识。并在跋尾简述了石鼓的流传经过（图 7-6）。

1933 年 4 月 19 日晚，故宫博物院第四批南迁文物起运，石鼓及《石鼓文音训碑》计 11 箱随同南下。文物专车“由故宫博物院副馆长（按：古物馆副馆长）马衡、行政院参议柳民权（均）及中央宪兵及机枪连押运”[①]，专车仍由平汉、陇海两路转津浦路南下。27 日文物专车到达上海金利源码头，存于天主堂街二十六号大厦。1936 年 4 月 15 日，故宫博物院南京分院朝天宫保存库竣工，存于上海的文物全部于当年 12 月运抵南京，石鼓及《石鼓文音训碑》十一箱文物也随之迁入南京朝天宫库房。

西迁入蜀

1937 年 8 月 13 日，淞沪会战爆发。为避战火，国民政府决定将南迁至南京的故宫博物院等机构的文物向西南后方转移，石鼓及《石鼓文音训碑》随同迁移。

① 《第四批古物过徐南下　招商局派轮赴浦口迎接》，《时事新报（上海）》，1933 年 4 月 23 日，第 9 版。

在对存于南京的文物进行抢救时，故宫博物院院长马衡[①]指示工作人员，“无论困难如何，石鼓必须运出”[②]。抢运出的石鼓及《石鼓文音训碑》随同故宫博物院西迁文物中的北路进行迁移。

北路文物为陆路运输。文物从南京向北经津浦、陇海线转运到陕西宝鸡。1937年11月，文物在南京下关分装三列火车，由津浦路转陇海路，经徐州、郑州，开赴陕西宝鸡。三列火车分别于12月3日、4日、8日到达宝鸡，文物存入宝鸡的关帝庙和城隍庙。1938年1月，因潼关军事形势紧张，所有文物被迫开始由宝鸡迁往汉中。至4月10日，文物全部安全运到汉中，分贮于汉中文庙及附近褒城县宗营镇的马家祠堂、范氏祠堂、张寨大庙等四处仓库中，石鼓存于文庙。3月13日，日军飞机轰炸了汉中西郊机场，汉中不再安全。5月，故宫博物院奉令将汉中文物迁移至成都。迁运文物共分46批次，第一批文物于1938年5月26日自汉中出发，全部迁运至成都已是1939年2月27日。文物运到成都后不久，成都也受到了日军轰炸的威胁，行政院命令故宫博物院，将文物全部迁离成都40里外，以免被日军轰炸，1939年5月17日开始，存于成都的文物转迁峨眉，于6月17日运达峨眉，择定峨眉县东门外大佛寺和西门外武庙作为文物库房，石鼓存于

① 1933年7月，易培基因莫须有的“故宫盗宝案”辞职，马衡接任院长。

② 那志良：《故宫五十年》，民主与建设出版社，2020年，第130页。

图 7–7
民国时期存放石鼓的峨眉大佛寺。采自彭海军：《抗日战争时期石鼓迁藏考略》，《博物院》，2024 年第 3 期

峨眉大佛寺（图 7–7）。负责北路文物押运的那志良，在其《典守故宫国宝七十年》中述及文物途经川陕时，借用元代曹伯启《南乡子 · 四川道中作》词来描述在大雪封山的恶劣环境中，文物运输车辆翻越秦岭进入四川的艰险："蜀道古来难，数日驱驰兴已阑，石栈天梯三百尺，危栏，应

被旁人画里看。两握不曾干，俯瞰分流过石滩，到晚才知身是我，平安孤馆青灯也更寒。”[①]

1941年9月，行政院秘书兼机要组长汪日章受国民政府行政院委派，对峨眉文物的存藏情况进行视察。视察结束后，汪日章向行政院提交的报告中指出：“峨眉之两库，与县城殊嫌太近，大佛寺南首二十步外，即为乐西公路。该路由东沿城墙至南门折而南，峨眉县增此通衢既利，国防于此亦有裨益，然于库存文物之安全，则不无可虑。”[②] 鉴于此，汪日章建议将包括石鼓在内的文物另觅安全处所。经过多处勘选，选定距离峨眉县城南五里许的土主祠、许氏宗祠作为文物库房。1942年，石鼓搬离大佛寺存入武庙西配殿存置，其余文物先后迁入土主祠和许氏宗祠。

抗战胜利后不久，1946年11月12日至12月5日，故宫博物院从乐山文物库房中择选自晋至清代表性珍品书画100件，其中绘画87件、书法13件，在成都举办“在蓉书画展览会”。在展览开幕之前，川康行政公署主任、四川省主席邓锡侯致电马衡，提出增选10件石鼓作为展品的请求：

故宫博物院马院长：贵院留川书画运蓉展览，原议

---

① 那志良：《典守故宫国宝七十年》，紫禁城出版社，2004年，第100页。

② 《视察故宫博物院乐山峨眉库存文物报告》，中国第二历史档案馆，全宗号：二，卷宗号：6846：26–27。

书画百件，十一月二日开展。惟省参议会美术协会及各界人士以故宫博物运蓉展览乃千载难逢，咸请转商增展书画五十件、石鼓十个，并改于十二月一日起在省参会大会期中开展。可否？特电奉商，至祈惠允，电复为荷。代理主席邓锡侯。酉真。教四。[1]

马衡出于对石鼓的保护，回电婉拒了邓锡侯的请求。“成都四川省府邓主席：真电奉悉。石鼓极易剥落，前经专家包装，非至固定地点，会同专家，不敢轻启。……会期自戌月文日起至亥月微日止，已函渝照办。马衡。酉元。”[2]

东归与北返

抗战胜利后，南京国民政府教育部召开了全国教育善后复员会议，规定“国立社教机关，战前原在各地设立者，应各迁回原址”[3]，明确要求故宫博物院等机构将存于四川各地的文物先集

① 《邓锡侯致马衡电报》（1946 年 10 月 11 日），故宫博物院藏。转引自徐婉玲：《故宫书画在蓉展览始末》，《四川档案》，2014 年第 2 期。

② 《马衡致邓锡侯电报手稿》（1946 年 10 月 13 日），故宫博物院藏。转引自徐婉玲：《故宫书画在蓉展览始末》，《四川档案》，2014 年第 2 期。

③ 周慧梅：《民国社会教育研究》，湖南教育出版社，2018 年，第 426—427 页。

中重庆，复员时仍令迁回北平。1946 年 5 月 16 日，存峨眉文物起运，共计 7286 箱，其中国子监石鼓及《石鼓文音训碑》11 箱。至 9 月 10 日，所有文物到达重庆，存入隶属国民政府经济部的向家坡仓库旧址。

集中重庆的文物于 1947 年的五六月开始，分别经由水陆两线运回南京，存于故宫博物院南京分院。“国子监石鼓，箱大体重，装船不便，由川湘公路局载运，直接运到南京”[①]。陆运自 1947 年 5 月 31 日开始，由那志良、吴玉璋、张德恒随车押运。石鼓运输途中惊险万分，前后经历两次翻车。第一次是出发的第一天，由重庆至綦江途中，吴玉璋乘坐的尾车因汽车方向盘拉杆断裂，无法控制方向，导致汽车翻到路旁稻田里，车上装载的石鼓箱滚落出来，所幸稻田无水且泥质松软，石鼓箱并未受到损伤，等“救济车来到，把车装好，与其他各车会合后，又继续前进”[②]；第二次是 6 月 6 日黔江到龙潭一段，在距酉阳 20 余公里的高坎子处，在长下坡路段，在转弯时突遇对向来车，因司机操作失误，车辆径直冲下山坡，相关人员及时跳车，没有受伤，“石鼓非常笨重，也未受损，只是车辆摔坏了，附运的家具摔碎了”[③]，后由龙潭调来一辆救援车，装好石鼓后赶到龙潭集中。

① 那志良：《故宫五十年》，民主与建设出版社，2020 年，第 167 页。
② 那志良：《故宫五十年》，民主与建设出版社，2020 年，第 167 页。
③ 那志良：《故宫五十年》，民主与建设出版社，2020 年，第 167 页。

车队行至九江，改由招商局执信轮运输，到达南京时已是7月26日，历时近两个月。石鼓到达南京后，存入故宫博物院朝天宫文物保存库。

1946年，国共内战爆发。随着解放战争的胜利推进，国民党政权摇摇欲坠，国民政府准备退守台湾。1948年11月10日，国民政府行政院院长兼故宫博物院理事会理事长翁文灏召集在南京的故宫博物院理事会理事，商讨将文物运往台湾事宜，“到会各理事一致主张运台”。从1948年12月至1949年2月，故宫博物院留存南京的文物分三批运往台湾，石鼓原计划在第三批运台文物中，但因沉重体大，临时决定将其留在下关码头。

新中国成立后，1949年12月，政务院指导接收工作委员会华东工作团在南京设立办事处，负责处理国民党政府中央机关的接收工作。中央政府文化部文物局局长郑振铎作为华东工作团文教组组长参加博物馆、图书馆的接收工作。对于故宫博物院暂存于南京的万余箱文物，文教组决议将其全部运回北京本院。故宫博物院的部分文物分别于1950年、1953年、1958年分三批运返故宫，其中石鼓于1950年随同故宫博物院北返文物运回北京，存放于中和殿。

石鼓运回北京后，关于石鼓回归国子监还是保存于故宫博物院，经中央政府文化部与北京市政府多次商讨，北京市政府同意石鼓归属故宫博物院。1950年8月8日，文化部文物局通知故宫博物院：

图 7-8
故宫博物院宁寿宫石鼓馆。采自故宫博物院石鼓馆

“石鼓极有必要在故宫博物院永久陈列，故宫博物院即可布置陈列”[①]，《石鼓文音训碑》亦留存于故宫博物院。

根据叶恭绰在《遐庵谈艺录》中记载，石鼓“回京后即原箱存放于故宫。1956 年，

① 《文物局关于石鼓可永久在故宫博物院陈列的通知》，故宫博物院藏。

故宫设置铭刻馆之议，因约同人于英华殿开箱检视有无损坏，余与焉。箱启，则毡棉包裹多重，原石丝毫无损”[1]。在战火纷飞的年代，石鼓辗转运输数千里而毫发无损，不能不说是一个奇迹。1958年，石鼓正式开箱展出，陈列于故宫博物院箭亭。2004年，故宫博物院在皇极殿东庑房专设石鼓馆展出石鼓，2017年，将展陈条件较好的宁寿宫作为新的石鼓馆，重新改陈开放（图7–8）。

① 叶恭绰：《遐庵谈艺录》，转引自刘佳：《话说石鼓文》，山东友谊出版社，2010年，第108页。

文津元典

北平图书馆
古籍善本的迁移之旅

北平图书馆的前身是筹建于1909年9月9日的京师图书馆。1912年8月，京师图书馆在北京广化寺正式开馆（图8–1）。1915年6月，馆址搬迁至方家胡同的国子监南学旧址（图8–2）。1928年国民政府迁都南京后，京师图书馆更名为北平图书馆，并迁址至中海居仁堂（图8–3），隶属于大学院。后大学院改为教育部，北平图书馆也随之隶属教育部。1929年8月，国立北平图书馆与中华教育文化基金董事会（简称“中基会”）签订《合组国立北平图书馆办法》，北平图书馆与中基会下设的北海图书馆实行合组。合组后的图书馆藏书达36.7万余册，其中北平图书馆编目入藏的图书总数为22.7万册件，北海图书馆藏书为14万余册。

北平图书馆藏书主要分为四类。第一类为普通图书，总量为156800余册。其中中文新旧书籍143900余册，内有康乾两朝赋役全书及各省府厅州县志书；满文、蒙古文书籍3713册；西文书籍672册，东文书籍178册；杂志480种，6442册；报纸66种，1980册。第二类为善本书籍，共计22510册。其中宋刊本、宋写本、翻宋本、仿宋本、影宋本、校宋本等共2710册；金刊本、翻金本、影金本等30册；元刊本、元写本、翻元本、仿元本、影元本等4247册；明刊本、旧写本、稿本等15315册；清精刊本103册；日本刊本、写本及朝鲜刊本等105册。第三类为文津阁《四库全书》一部，共36300册。外有分架图4册，殿本《四库全书提要》124册。第四类为唐人写经、地图及金石拓本11439册件。包括唐人写经8651

图 8-1
广化寺京师图书馆旧址。采自李致忠主编：《中国国家图书馆馆史》插图，国家图书馆出版社，2009 年

图 8-2
国子监南学京师图书馆旧址。采自李致忠主编：《中国国家图书馆馆史》插图，国家图书馆出版社，2009 年

卷；地图 420 册件；图画 105 册件；金石拓本 2263 册件。[1]

北海图书馆藏书包括中文书籍 74500 册，西文书籍 27000 册，西文小册子 33082 册，日文书籍 1000 余册，杂志 991 种 3200 册，地图 71 册又 756 幅，金石拓片 1700 余种又 16 包。[2] 重要藏品包括各种方志、

① 李致忠：《中国国家图书馆馆史》，国家图书馆出版社，2009 年，第 37 页。

② 国立北平图书馆：《国立北平图书馆概况》，1929 年，第 15—16 页。转引自李致忠主编：《中国国家图书馆馆史》，国家图书馆出版社，2009 年，第 37 页。

图 8–3
居仁堂国立北平图书馆旧址。采自李致忠主编：《中国国家图书馆馆史》插图，国家图书馆出版社，2009 年

谱牒、丛书、书目、稿本、批校本、李慈铭藏书、中国政府出版品、少数民族文字图书、金石文献等。

合组后的图书馆馆名仍为国立北平图书馆，受国民政府教育部和中基会合组的国立北平图书馆委员会领导。委员会由蔡元培、袁同礼、马叙伦、陈垣、傅斯年、刘复、任鸿隽、周诒春、孙洪芬等9人组成，陈垣为委员长，任鸿隽为副委员长。该委员会是北平图书馆的最高决策机构，其职权范围包括制定馆务方针、人事管理、财务管理等所有重要方面。直到抗日战争期间，该委员会组成人员及其职务虽有所

图 8–4
国立北平图书馆在文津街举行新馆落成典礼（1931 年 6 月 25 日）。采自李致忠主编：《中国国家图书馆馆史》插图，国家图书馆出版社，2009 年

变动，但仍对北平图书馆重大事务起着决定作用。

1931 年 5 月，北平图书馆搬入文津街新馆（图 8–4），各项工作迅速发展。然而，九一八事变之后，华北局势日趋危急，给蓬勃发展的图书馆事业蒙上了阴影。为避免国家珍贵典籍遭损，北平图书馆先是甄选馆藏珍贵古籍善本寄存北平、天津安全地点。但随着华北局势的日益恶化，北平图书馆将寄存平津两地的古籍善本和仍存馆内的珍贵图书陆续装箱南运南京、上海，以确保其安全。

寄存平津

1933 年 1 月 12 日，北平图书馆委员会第八次会议议定（图 8–5），馆藏“善本中之罕传本”“唐人写经”“方志稀见本”“四库罕传之本”“内阁大库舆图”等五类古籍善本应迅速装箱并“暂寄存于安全地点”。对于装箱手续，委员会会议明确要求：“各箱一律贴本馆专条，并由装箱人负责签名，开列装箱清单，以备存查；存放时应将存放人（公推胡适、任鸿隽、袁同礼为存放人）签名印鉴送交保管之银行，凭签名信件提取书籍。”①

委员会会议之后，北平图书馆的古籍善本装箱寄存工作便陆续

① 《委员会会议记录：第八次》（1933 年 1 月 12 日），北京图书馆业务研究委员会编：《北京图书馆馆史资料汇编（1909—1949）》，书目文献出版社，1992 年，第 339 页。

开始。至1933年3月13日前，第一批古籍善本装箱完成，其中善本甲库①所藏“宋本书与海源阁书、及地志之类”装32箱，唐人写经装46箱②，共计78箱，运存位于东交民巷的德华银行。

4月19日，教育部密电北平图书馆等单位，指示其将“重

① 北平图书馆将清代以前的善本书集中储藏一处，称为善本甲库；而清初以来的精刊、精印、孤本、稿本、批校及罕传书籍则另外汇集一处，称善本乙库。

② 《教育部冬电善本图书南运及装箱寄存概况》（1933年5月3日），北京图书馆业务研究委员会编：《北京图书馆馆史资料汇编（1909—1949）》，书目文献出版社，1992年，第373-375页。

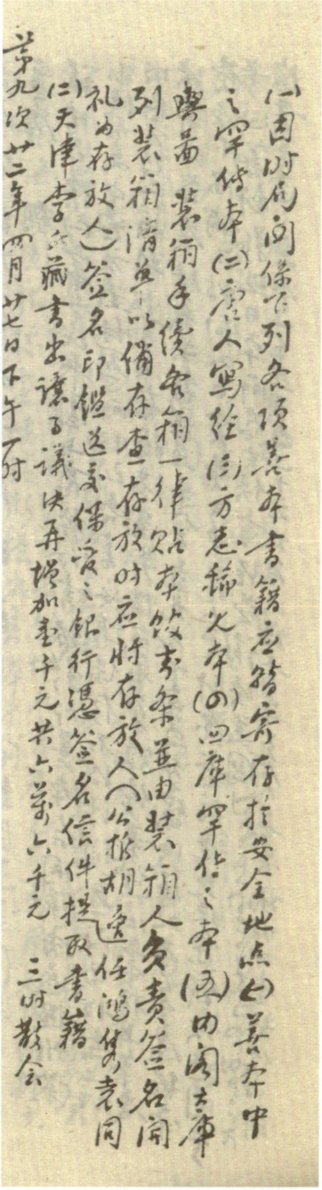
（一）国难时期关于下列各项善本书籍应装箱寄存于安全地点（一）善本甲库之罕传本（二）唐人写经（三）方志稀见本（四）四库罕传之本（五）内阁大库舆图 装箱手续每箱一律贴有号签并由装箱人负责签名同列装箱清单以备存查 存放时应将存放人（公推胡适 任鸿隽 袁同礼为存放人）签名印鉴送交保管之银行凭签名信件提取书籍
（二）天津李氏藏书出让事议决再增加壹千元共六万六千元 三时散会
第九次廿二年四月廿七日下午 时

图8-5
《委员会会议记录：第八次》。采自北京图书馆业务研究委员会编：《北京图书馆馆史资料汇编（1909—1949）》，书目文献出版社，1992年，第339页

图 8-6
袁同礼像。采自国家图书馆编：《袁同礼纪念文集》插图，国家图书馆出版社，2012 年

要图书器物簿籍仰将运寄安全地点”[①]。4 月 27 日，北平图书馆委员会召开第九次会议，再次讨论馆藏古籍善本的安全问题，决定“除已装箱者外，再装一百箱送至安全地点保存”[②]。同时函复教育部，汇报馆藏珍贵图书装箱情况，

① 国家图书馆档案，档采藏 5。

② 《委员会会议记录：第九次》（1933 年 4 月 27 日），北京图书馆业务研究委员会编：《北京图书馆馆史资料汇编（1909—1949）》，书目文献出版社，1992 年，第 339 页。

“本馆重要图书业经提取一部分运寄妥善地点，馀亦正在装箱，陆续运寄”[①]。5月2日，教育部再次密电北平图书馆馆长蔡元培、副馆长袁同礼（图8–6），强调了北平图书馆藏古籍善本的重要性，指示挑选馆藏精本南迁。电文如下：

> 国立北平图书馆蔡馆长、袁副馆长鉴密：北平图书馆承文内阁清学部藏书之遗，为全国图书馆之最大者，所藏宋元精本及永乐大典甚夥，而明代实录及明人集似系本来面目，远非四库全书删改者可比，尤为重要，特电仰将挑有精本南迁，以防不虞为要。教育部。[②]

5月3日，北平图书馆委员会委员长胡适（图8–7）函复教育部次长段锡朋、常务次长钱昌照，报告北平图书馆珍贵图书装箱后未能迁运南下的顾虑及在平、津“安全存放地点”。胡适强调：“南中天气潮湿，古本书籍在南方不容易贮藏保存，故我们决定在北方选择妥善地方保存”；寄存地有三处，“一为此间（北平）德华银行保险库，一为天津天主教之工商大学，一为天津大陆银行货栈”。对于教育部“所指各书，除明实录每日有学者研究，尚未装存外，

① 国家图书馆档案，档采藏5。

② 《教育部冬电善本图书南运及装箱寄存概况》（1933年5月3日），北京图书馆业务研究委员会编：《北京图书馆馆史资料汇编（1909—1949）》，书目文献出版社，1992年，第370—372页。

图 8–7
胡适像。采自北京大学信息管理系、台北胡适纪念馆编：《胡适王重民先生往来书信集》插图，国家图书馆出版社、安徽教育出版社，2009 年

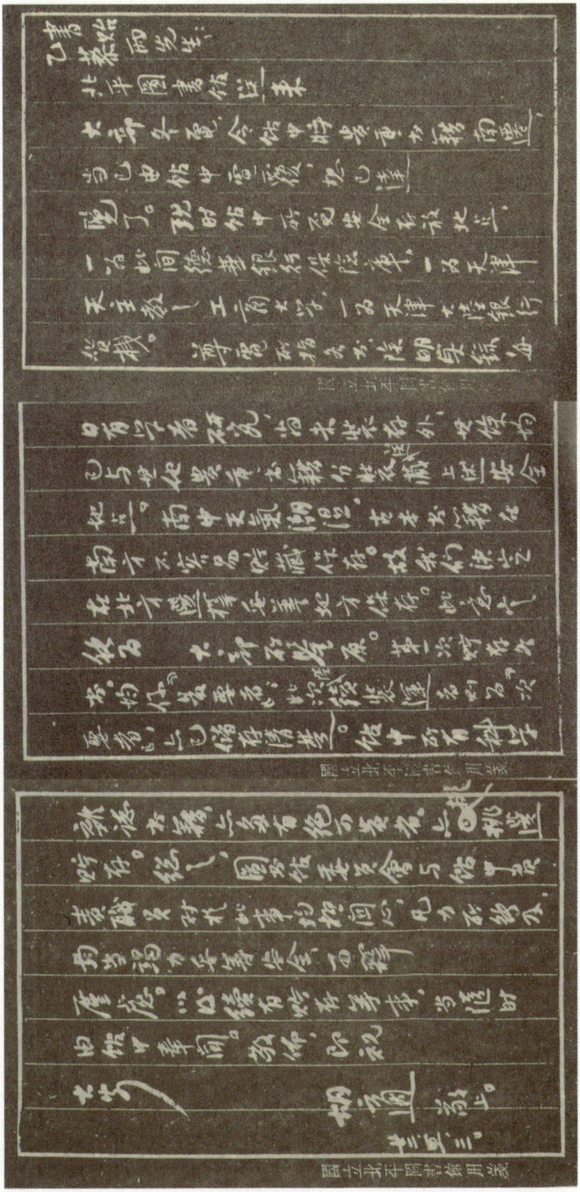

图 8-8
《胡适致段锡朋及钱昌照函告北平图书馆贵重图书南运情况》。采自北京图书馆馆业务研究委员会编：《北京图书馆馆史资料汇编（1909—1949）》，书目文献出版社，1992 年，第 376—378 页

其余均已与其他贵重书籍分装送藏上述安全地点”。胡适同时表示，“图书馆委员会与馆中负责职员对于此事均极关心，凡力所能及，均当竭力妥筹安全”[①]（图 8-8）。

之后，北平图书馆加快了古籍善本的装箱速度，第二、三、四批古籍善本陆续装箱并运存寄存地。5 月 6 日，第二批古籍善本装箱完成，其中内阁大库“舆图十三箱”，善本“甲库三十箱”，内装“元本通志、通考及之类通鉴”，善本“乙库三十八箱”，共计 81 箱，由中国旅行社运存天津大陆银行货栈；5 月 16 日，第三批古籍善本装箱完成，其中“善本甲库四十箱”，内装“明别集及明实录之类”及“唐人写经一箱”“金石拓片三箱”，共计 44 箱，运存北平德华银行；5 月 23 日，第四批“善本甲库”装箱三十箱，内装“史部零种及新购宋会要之类”，存北平德华银行 14 箱，德语学校 16 箱。至此，封装善本甲库图书 132 箱，善本乙库图书 38 箱，敦煌遗书 47 箱，舆图 13 箱，金石拓片 3 箱，总计 233 箱。[②]（图 8-9）

5 月 26 日，北平图书馆委员会召开第十次会议，“议决下列各书应优先装运。（甲）四库罕传本，以陈援庵先生开具之书为根

① 《胡适致段锡朋及钱昌照函告北平图书馆贵重图书南运情况》（1933 年 5 月 3 日），北京图书馆业务研究委员会编：《北京图书馆馆史资料汇编（1909—1949）》，书目文献出版社，1992 年，第 376-378 页。

② 《教育部冬电善本图书南运及装箱寄存概况》（1933 年 5 月 3 日），北京图书馆业务研究委员会编：《北京图书馆馆史资料汇编（1909—1949）》，书目文献出版社，1992 年，第 373-375 页。

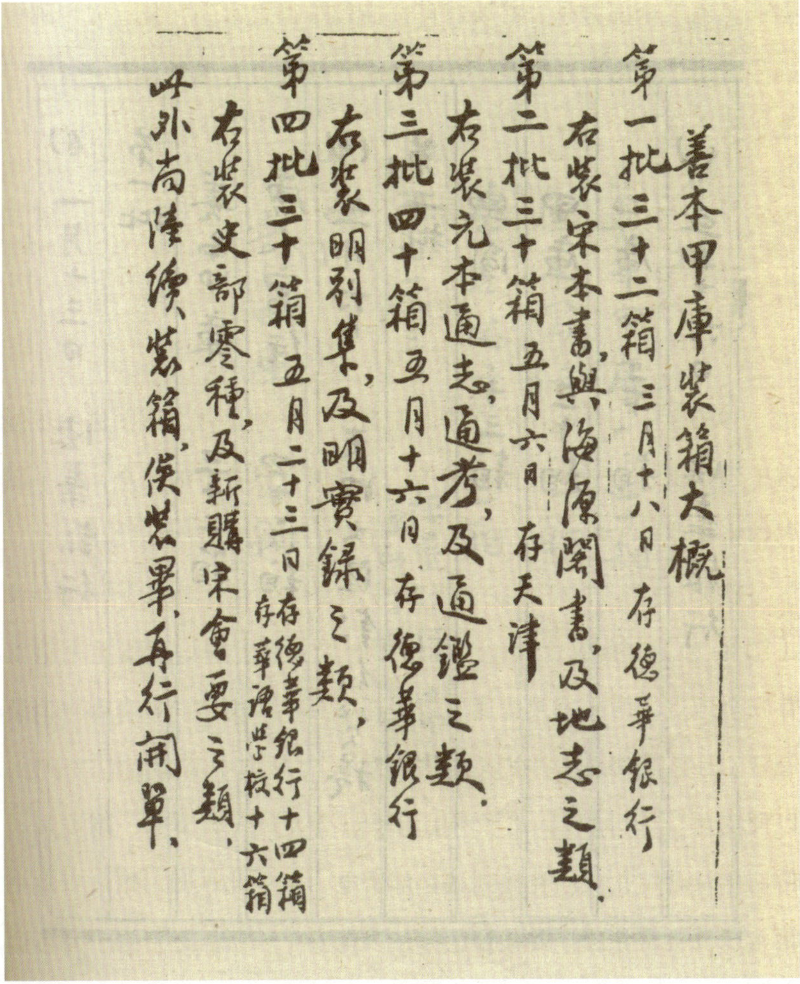
善本甲庫裝箱大概

第一批三十二箱 三月十八日 存德華銀行

右裝宋本書，與海源閣書，及地志之類。

第二批三十箱 五月六日 存天津

右裝元本通志，通考，及通鑑之類。

第三批四十箱 五月十六日 存德華銀行

右裝明别集，及明實録之類。

第四批三十箱 五月二十三日 存德華銀行十四箱 存華語學校十六箱

右裝史部零種，及新購宋會要之類。

此外尚陸續裝箱，俟裝畢，再行開單。

图 8—9

《教育部冬电善本图书南运及装箱寄存概况》。采自北京图书馆业务研究委员会编：《北京图书馆馆史资料汇编（1909—1949）》，书目文献出版社，1992 年，第 373 页

据；（乙）全部方志，必要时可选择较难得之本先行装运或用邮包挂号寄出；（丙）西文整部专门杂志，选难得者尽量装寄，暂寄存北平安全地点”[①]。

南迁宁沪

1935年，日本侵略者在华北制造了一系列事件，试图进一步侵占中国领土，北平局势更趋紧张。为确保古籍善本的安全，北平图书馆将寄存平津两地的古籍善本和仍存馆内的珍贵图书陆续南迁。

1935年11月23日，北平图书馆委员会召开第二十一次会议（图8–10），会议议决：“本馆因时局关系，应即将贵重书籍寄存安全地点，西文书及普通书暂缓迁移”；并决定向教育部申请装箱费、运费4000元，“在该款未寄到以前，暂向中基会借垫三千元，以便支付”[②]。同日，北平图书馆委员会委员长蒋梦麟、副委员长傅斯年及副馆长袁同礼接到教育部密电，电令北平图书馆“贵重书籍希以极机密方法择要移存南方，以策安全。所需运费二千元可商

① 《委员会会议记录：第十次》（1933年5月26日），北京图书馆业务研究委员会编：《北京图书馆馆史资料汇编（1909—1949）》，书目文献出版社，1992年，第340页。

② 《委员会会议记录：第二十一次》（1933年11月23日），北京图书馆业务研究委员会编：《北京图书馆馆史资料汇编（1909—1949）》，书目文献出版社，1992年，第352页。

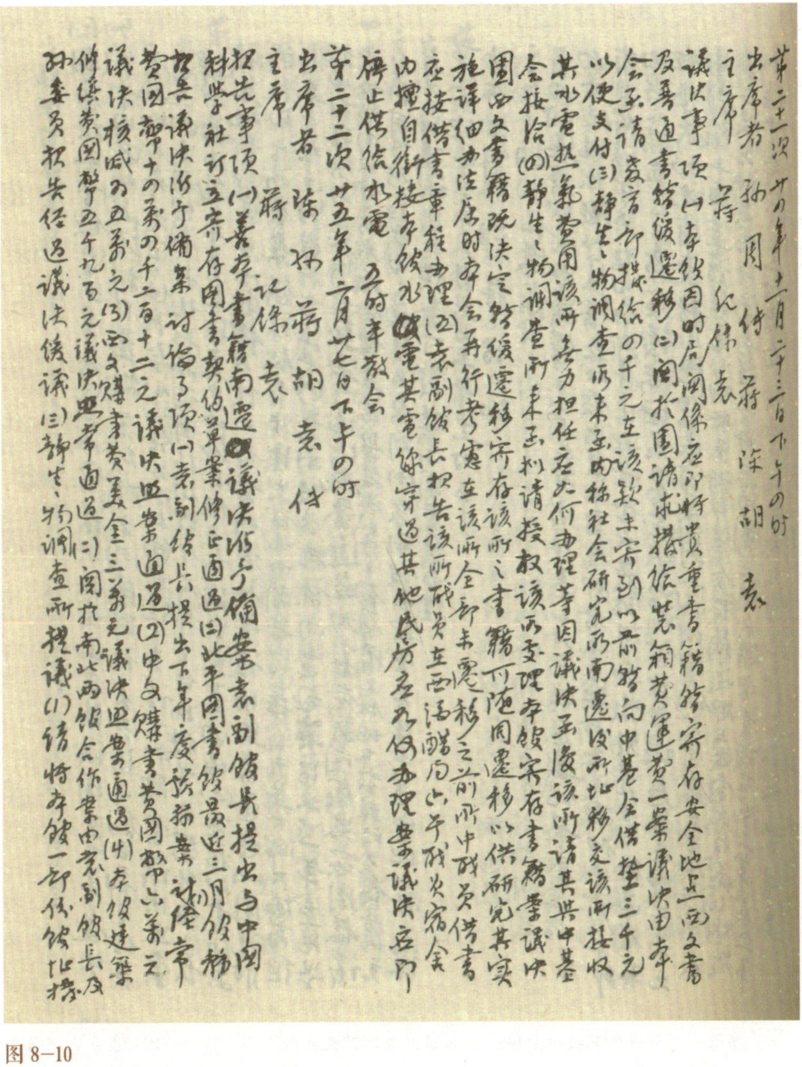

图 8-10

《委员会会议记录：第二十一次》。采自北京图书馆业务研究委员会编：《北京图书馆馆史资料汇编（1909—1949）》，书目文献出版社，1992 年，第 352 页

北大垫付，当由部汇还”[1]。11月25日，北平图书馆委员会呈函教育部，报告古籍善本南运情形：“国立北平图书馆所藏珍本书籍至可宝贵，目下北方时局日趋严重，已由同人商决，择其重要者于日前运出一百三十箱。此后仍当陆续南移，以期安全。”同时，依据23日委员会决议，北京图书馆向教育部申请“制箱、装运、租栈”等项费用4000元。[2]

至1935年12月，北平图书馆的古籍善本陆续运往上海、南京，运输工作委托中国旅行社负责。据统计，南迁的古籍善本共计586箱，其中善本甲库197箱，善本乙库107箱，唐人写经49箱，内阁大库舆图15箱，汉石经、楚器及金文拓本8箱，西文整部科学杂志116箱，西文东方学善本书籍30箱，梁启超寄存书64箱。[3]关于南运古籍善本的存放地点，早在11月下旬，北平图书馆就与位于上海的中央研究院化学、物理、工程研究所等单位函电联络，商洽寄存事宜，并派善本部馆员李耀南、庶务组组长金守淦等人与相关单位进行接洽。南迁古籍善本分别寄存于上海的中央研究

① 《教育部电告重要图书择要移存运费商北大垫付函》（1935年11月24日），北京图书馆业务研究委员会编：《北京图书馆馆史资料汇编（1909—1949）》，书目文献出版社，1992年，第417页。

② 《北平图书馆委员会函教育部报告运书情形请拨装箱运租费》（1935年11月25日），北京图书馆业务研究委员会编：《北京图书馆馆史资料汇编（1909—1949）》，书目文献出版社，1992年，第415—416页。

③ 《北平图书馆密呈教育部解决善本图书南运经费办法》（1935年12月6日），北京图书馆业务研究委员会编：《北京图书馆馆史资料汇编（1909—1949）》，书目文献出版社，1992年，第428页。

院化学、物理、工程研究所，上海商业储蓄银行，中国科学社以及南京的故宫博物院南京分院，国立中央大学图书馆，中英文化协会等单位。

寄存中央研究院化学、物理、工程研究所的50箱图书于1935年11月底运达，12月2日，北平图书馆派馆员李耀南、金守淦前往粘贴封条。但该处“并无妥善之库房，亦无负责保管之专员”，只能“堆存礼堂中”，安全难以保障。后经协商，这50箱图书最终在1936年4月4日移存中央研究院会议厅（图8–11、图8–12）。[①]

寄存上海商业储蓄银行的246箱图书分别于12月5日、6日、10日、12日分四批运抵，存放于该行第一仓库。并由该行并代北平图书馆“向宝丰保险公司投保火险国币伍万元”[②]。

寄存上海中国科学社的226箱图书（中文书80箱，西文书146箱）于12月中旬前存放于该社图书馆。对于寄存于中国科学社图书馆的图书，北平图书馆与中国科学社签订寄存契约8条，内容主要包括“中文书八十箱存于中国科学社图书馆书库顶层，暂不开箱，由北平图书馆派员粘贴封条，及委托中国科学社代为负责保

① 《国立中央研究院工程研究所函告收到寄存图书》（1936年1月20日），北京图书馆业务研究委员会编：《北京图书馆馆史资料汇编（1909—1949）》，书目文献出版社，1992年，第435—438页。

② 《上海商业储蓄银行收到寄存书函》（1935年12月18日），北京图书馆业务研究委员会编：《北京图书馆馆史资料汇编（1909—1949）》，书目文献出版社，1992年，第433页。

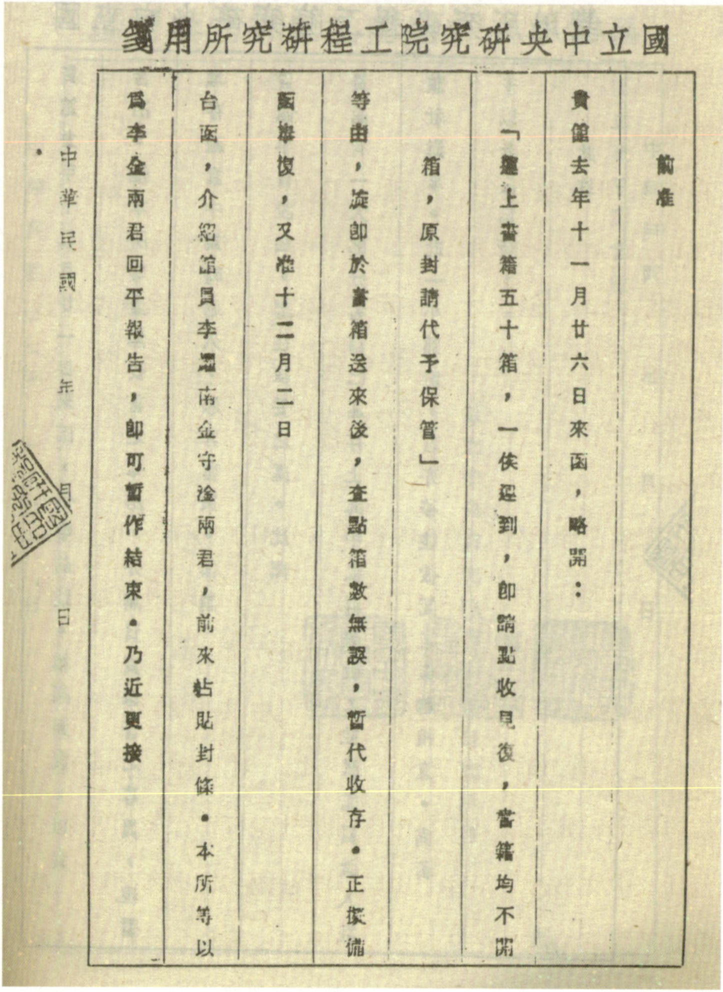
國立中央研究院工程研究所用箋

逕啟者

貴館去年十一月廿六日來函，略開：

「運上書箱五十箱，一俟運到，即請點收見復，書籍均不開箱，原封請代予保管」

等由，旋即於書箱送來後，查點箱數無誤，暫代收存。正擬備函奉復，又准十二月二日

台函，介紹館員李照南金守淦兩君，前來粘貼封條。本所等以爲李金兩君回平報告，即可暫作結束。乃近更接

中華民國　年　月　日

图 8—11

《国立中央研究院工程研究所函告收到寄存图书》。采自北京图书馆业务研究委员会编：《北京图书馆馆史资料汇编（1909—1949）》，书目文献出版社，1992 年，第 435 页

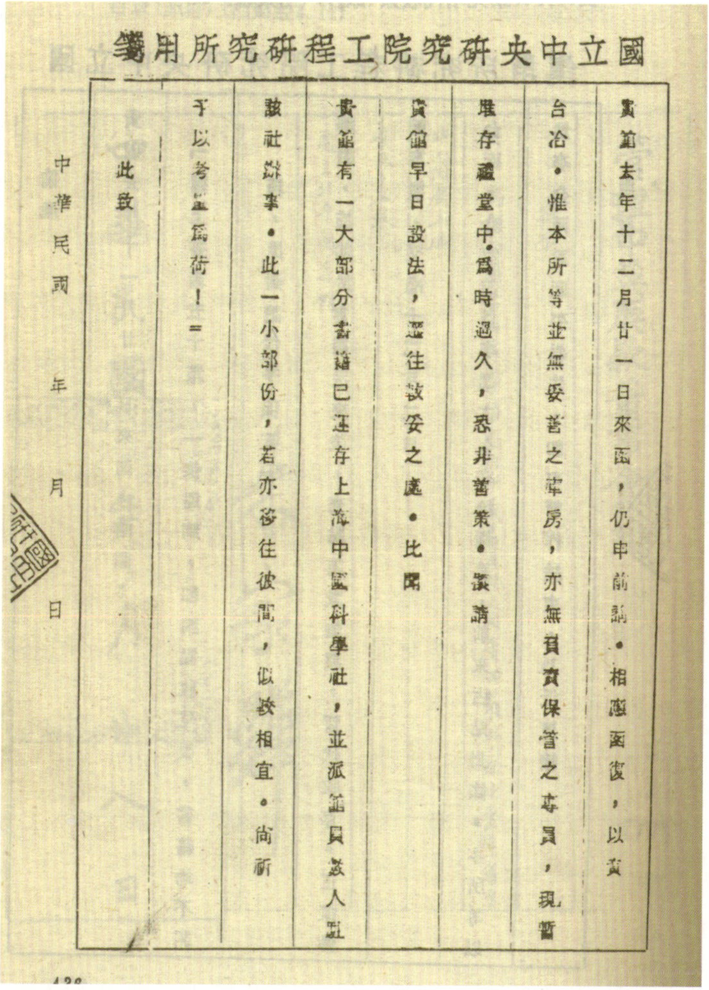

國立中央研究院工程研究所用箋

貴館去年十二月廿一日來函，仍申前請，相應函復，以資
台洽。惟本所等並無妥善之庫房，亦無負責保管之專員，現暫
堆存禮堂中，為時過久，恐非善策。擬請
貴館早日設法，運往妥善之處。比聞
貴館有一大部分書籍已運存上海中國科學社，並派館員數人駐
該社辦事。此一小部份，若亦移往彼間，似較相宜。尚祈
予以考量爲荷！＝
此致

中華民國　　年　　月　　日

图 8–12

《国立中央研究院工程研究所函告收到寄存图书》。采自北京图书馆业务研究委员会编：《北京图书馆馆史资料汇编（1909—1949）》，书目文献出版社，1992 年，第 436 页

管”；“西文书籍由北平图书馆派员前往开箱，即存于中国科学社图书馆书库内，公开阅览”；“北平图书馆派往之馆员于整理前项西文书籍外，并仍受中国科学社之委托，代为整理其所藏图书”；“派往整理书籍之馆员其薪金由北平图书馆给予作为寄存书籍租费”；“北平图书馆可随时持原收据将寄存书籍取回”[①]等。

寄存国立中央大学图书馆的15箱图书为内阁大库舆图，于1937年1月运存该校图书馆。[②]后迁存故宫博物院南京分院保存库内。“首都沦陷以前，该院文物西迁，未及代为运出”[③]（图8–13）。

寄存中英文化协会的为英国印刷珍本图书，具体箱数不清，于1937年春运往南京，寄存山西路中英文化协会（中英庚款董事会）内。

对于南迁图书的总体情况，1940年7月，北平图书馆呈教育部报告中进行了统计。“运出者有下列各项”：“甲、善本甲库全部（清以前善本库）；乙、善本乙库全部（清以后善本库）；丙、唐人敦煌写经全部；丁、内阁大库舆图及参谋部之地图；戊、金石

① 《中国科学社函告收到寄存书及寄存契约》（1935年12月6日、13日），北京图书馆业务研究委员会编：《北京图书馆馆史资料汇编（1909—1949）》，书目文献出版社，1992年，第429—432页。

② 《国立中央大学图书馆函告收到寄存图书》（1937年1月15日），北京图书馆业务研究委员会编：《北京图书馆馆史资料汇编（1909—1949）》，书目文献出版社，1992年，第439页。

③ 《北平图书馆呈教育部报告图书馆工作情况》（1940年7月12日），北京图书馆业务研究委员会编：《北京图书馆馆史资料汇编（1909—1949）》，书目文献出版社，1992年，第717页。

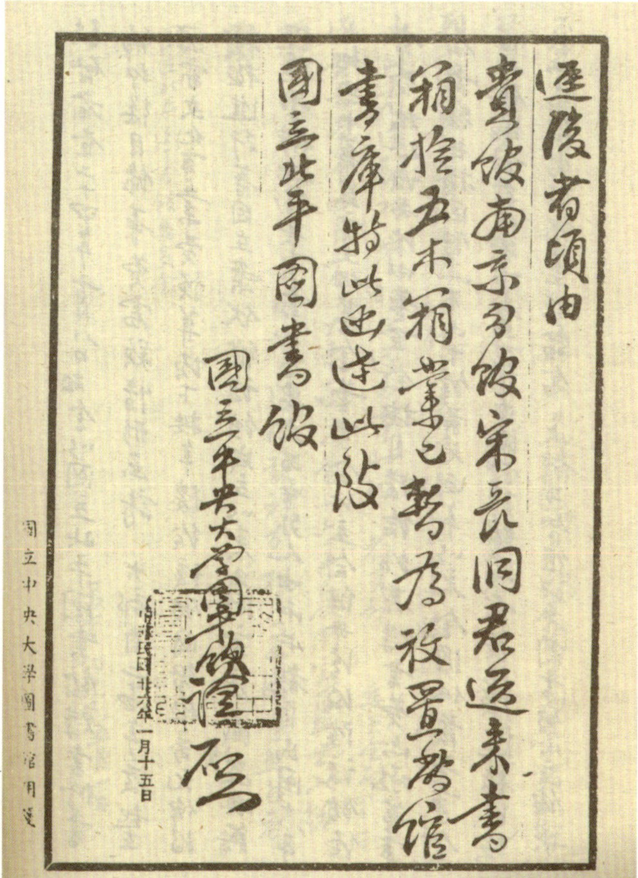

逕復者頃由
貴館南京分館宋長同君送來書
箱拾五木箱業已暫為放置敝館
書庫特此函達此致
國立北平圖書館
國立中央大學圖書館啓
民國廿六年一月十五日
國立中央大學圖書館用箋

图 8–13

《国立中央大学图书馆函告收到寄存图书》。采自北京图书馆业务研究委员会编：《北京图书馆馆史资料汇编（1909—1949）》，书目文献出版社，1992 年，第 717 页

墨本及楚器全部；己、西文善本及专门杂志全部。”①

同时，北平图书馆也对“留平未移出者”进行了统计。滞留北平的图书有：“甲、文津阁四库全书（因宋哲元阻挠不许运出）；乙、二十五年一月至七七事变中间，所购之中文善本书；丙、普通中文书；丁、普通西文书及日文书；戊、普通地图；己、普通金石拓本。”②

通过对比装箱数量与寄存数量发现，图书装箱586箱，宁沪寄存537箱，中间相差49箱。这49箱图书可能为寄存于中英文化协会的图书，但此猜测尚需相关史料的进一步发掘予以佐证。

运存美国

太平洋战争爆发之前，上海租界虽处在英、法、美等国的控制之下，但安全形势日趋紧张，“沪上租界允日宪兵随时搜查，已攫

① 《北平图书馆呈教育部报告图书馆工作情况》（1940年7月12日），北京图书馆业务研究委员会编：《北京图书馆馆史资料汇编（1909—1949）》，书目文献出版社，1992年，第716页。

② 《北平图书馆呈教育部报告图书馆工作情况》（1940年7月12日），北京图书馆业务研究委员会编：《北京图书馆馆史资料汇编（1909—1949）》，书目文献出版社，1992年，第717页。

取我政府寄存物不少”[①]。为确保存于上海的古籍善本安全，北平图书馆驻上海工作人员对上海的存书组织了多次转运，并在转运中坚持分散保存的原则。有资料可查的藏书地点包括中美艺、逸园、英栈、法租界汶林路民房等地，其中最珍贵的300箱中文古书于1938年初转存到了震旦博物院内，而西文书则一直存放在中国科学社图书馆。[②]

随着时局的日益恶化，1941年初，北平图书馆馆长袁同礼建议将中文古籍善本迁移美国，寄存于美国国会图书馆中。他与“驻渝美大使詹森及驻沪美总领事罗君（F. P. Lockhart）协商”，但无结果。时任“驻美胡大使适之先生闻之，极谋所以促其成。迭与美国务院及国会图书馆接洽”[③]，得到了美方相关人士的支持。

得到了美方支持后，如何将古籍善本运出上海海关，安全运到美国是最为关键的问题。胡适认为“非美政府派人押运，方能免除危险”，但美国政府“以沪上情形不明，不肯即允”。胡适又考虑“由国会图书馆派人前往”，但“又恐事若不成，反惹日人注目”[④]。

在没有办法的情况下，胡适决定由其个人出资，派原系北平图

---

① 《王重民致胡适》（1941年5月），中国社会科学院近代史研究所中华民国史研究室编：《胡适来往书信选》（中），中华书局，1979年，第522页。

② 陈明颖：《抗战时期国立北平图书馆重要文献南迁》，《兰台世界》，2020年第1期。

③ 《王重民致胡适》（1941年5月），中国社会科学院近代史研究所中华民国史研究室编：《胡适来往书信选》（中），中华书局，1979年，第522页。

④ 《王重民致胡适》（1941年5月），中国社会科学院近代史研究所中华民国史研究室编：《胡适来往书信选》（中），中华书局，1979年，第523页。

图 8–14
王重民像。采自北京大学信息管理系、台北胡适纪念馆编：《胡适王重民先生往来书信集》插图，国家图书馆出版社、安徽教育出版社，2009 年

书馆馆员，时在美国国会图书馆东方部工作的王重民（图 8–14）回国，与袁同礼商议古籍善本赴美的运输办法。1941 年 2 月 28 日，王重民抵达香港，并与袁同礼会晤。3 月 4 日，两人冒险回到上海进行古籍善本的运输安排。经过考察，他们认为公共租界内英人所办美术品公司“栈房深邃，空气流通，颇适寄存书籍”。3 月 12 日和 13 日两日，袁同礼、王重民会同在上海守护古籍善本的北平图书

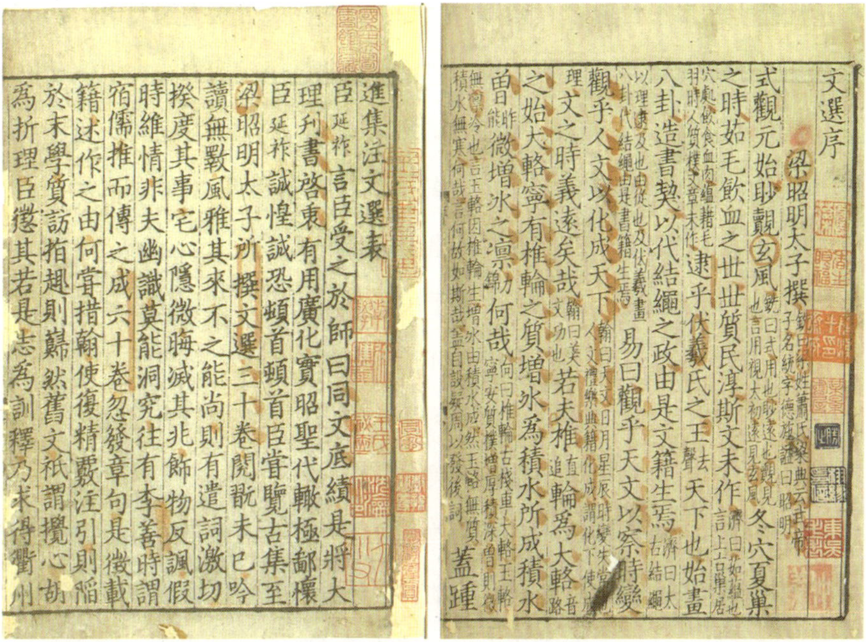

图 8-15
北宋刻本《文选》。采自台北“国家图书馆”官网

馆职工，用卡车将“甲、乙两库书三百箱运存该公司内”。并在该公司内，“开箱选择最精之本，冀减少箱数，易于搬运。”[1] 袁同礼、王重民等人从“最称善本”的甲库 180 箱中“选其最要者”。挑选原则是“逐箱启视，剔去重本与书

① 《王重民致胡适》（1941 年 5 月），中国社会科学院近代史研究所中华民国史研究室编：《胡适来往书信选》（中），中华书局，1979 年，第 523 页。

本重大而少学术上价值者。然后再就版刻与内容，选其最善最精者”。挑选工作费时三周，计装102箱。“箱编号码，书编目录（中文一份、英文两份）”[①]，箱内密封铁皮，以防潮浸。这些古籍善本约计3万余册，2700余种，包括宋元本约200种，明版近2000种和钞本500余种，是北平图书馆善本古籍中的精华（图8-15）。

图书挑选完成后，袁同礼、王重民等人开始策划如何将古籍善本安全运出上海的江海关，再运到开往美国的轮船上。在江海关任职的丁贵堂与袁同礼是故交，就古籍善本运出海关向袁同礼提出三种方案：“（一）将书箱点交驻沪美总领事，作为美国政府所有，完全由美领事代运，则江海关可发放行证。（二）改装旧衣箱，用旅客携带行李办法带往香港或其他地方，若每次携带二十箱上下，伊可给证免检。（三）若不能先将书箱移交美政府，则必先有重庆国民政府训令，方肯发放行证。”[②]对于第一种办法，美国领事虽答应届时可由“美领馆中派人押送”，但“遇危险，不肯承认为美政府所有物”，袁同礼、王重民一致认为“第一法”“办不到”；对于第二种办法，“购买旧衣箱难于新衣箱”，且“最易透露风声”，二人认为此法“殊难实行”[③]。所以，最终选择较为稳妥的第三种

① 《王重民致胡适》（1941年5月），中国社会科学院近代史研究所中华民国史研究室编：《胡适来往书信选》（中），中华书局，1979年，第524页

② 《王重民致胡适》（1941年5月），中国社会科学院近代史研究所中华民国史研究室编：《胡适来往书信选》（中），中华书局，1979年，第523页。

③ 《王重民致胡适》（1941年5月），中国社会科学院近代史研究所中华民国史研究室编：《胡适来往书信选》（中），中华书局，1979年，第523—524页。

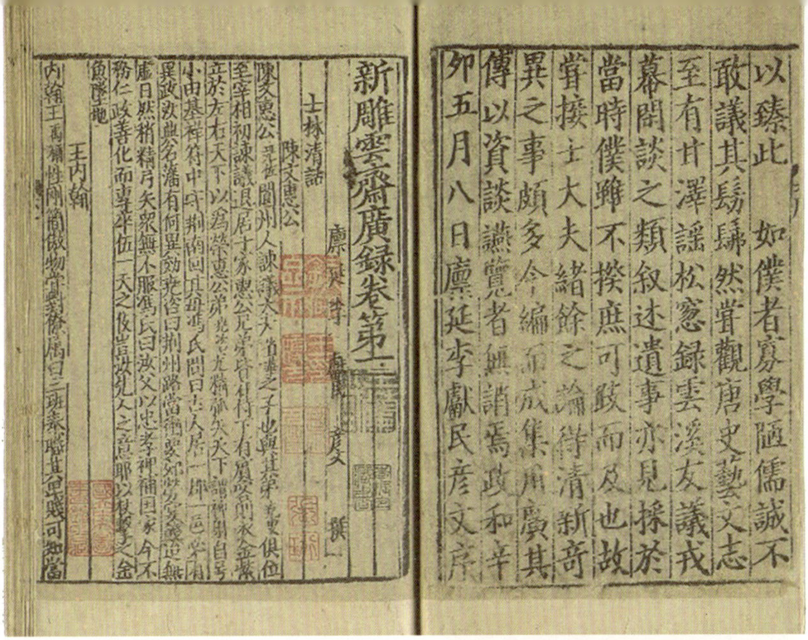

方案，由北平图书馆电请教育部呈报行政院，“并请转电商财政部转知总税务司准予免验放行”[1]（图 8-16）。

3 月 19 日，教育部部长陈立夫密呈行政院副院长孔祥熙，“查该馆善本书籍，

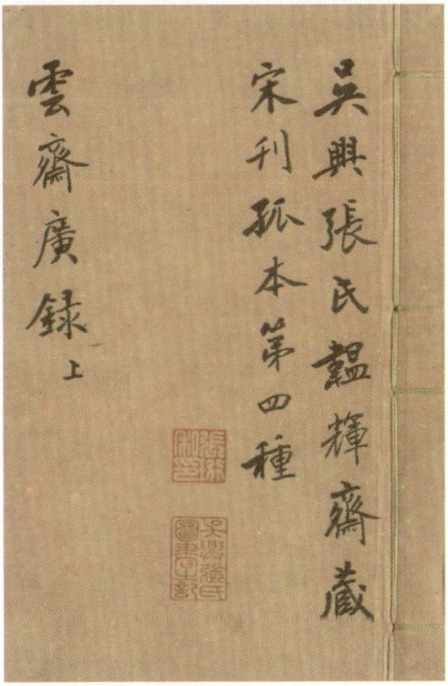

图 8–16
宋刊本《新雕云斋广录》。采自台北“国家图书馆”官网

① 《教育部致行政院密呈》（1941 年 3 月 19 日），中国第二历史档案馆编：《中华民国史档案资料汇编》第五辑第二编，文化（二），江苏古籍出版社，1998 年，第 603 页。

早为敌伪垂涎。现闻敌方正图劫取运往北平。该馆为保全国家文物起见，急待运出，以免散失，所请拨款及电税务司放行各节，事实紧急，亟待示复，免失时机，敬请核准为祷”[①]。但“等了四五十天”，行政院副院长“孔祥熙的命令方到了”，但此时古籍善本运出江海关的最佳时机已过，丁贵堂“未免有戒惧之心”，不肯擅自签发放行证，即转呈海关总税务司，总税务司认为，“此项允许证向由江海关填发，一经总税务司行文转饬难免泄露，且码头工人多被敌伪收买，骤见大宗箱件出口，难免检查阻止。总税务司以此为虑”[②]，拒绝签发出口允许证。第三种办法亦未能施行。1941 年 5 月 19 日，王重民致信胡适提到此事：“运书事除美领事出头不易办，可是他始终不肯”，“委命已失败”[③]（图 8–17）。

胡适在得知相关情况后，建议在局势较紧张时期，“太危险则不动”。5 月 20 日，袁同礼致信胡适，委托其代表北平图书馆与美国国会图书馆签订善本古籍借用契约，再由美国“国务院授权总领事，嘱其报关时作为美国财产，由其负责启运”[④]。但此事因美

① 《教育部致行政院密呈》（1941 年 3 月 19 日），中国第二历史档案馆编：《中华民国史档案资料汇编》第五辑第二编，文化（二），江苏古籍出版社，1998 年，第 603 页。

② 《教育部长陈立夫致行政院孔副院长折呈》，中国第二历史档案馆编：《中华民国史档案史料汇编》第五辑第二编，文化（二），江苏古籍出版社，1998 年，第 604 页。

③ 《王重民致胡适》（1941 年 5 月 19 日），中国社会科学院近代史研究所中华民国史研究室编：《胡适来往书信选》（中），中华书局，1979 年，第 520 页。

④ 《袁同礼致胡适》（1941 年 5 月 20 日），中国社会科学院近代史研究所中华民国史研究室编：《胡适来往书信选》（中），中华书局，1979 年，第 520 页。

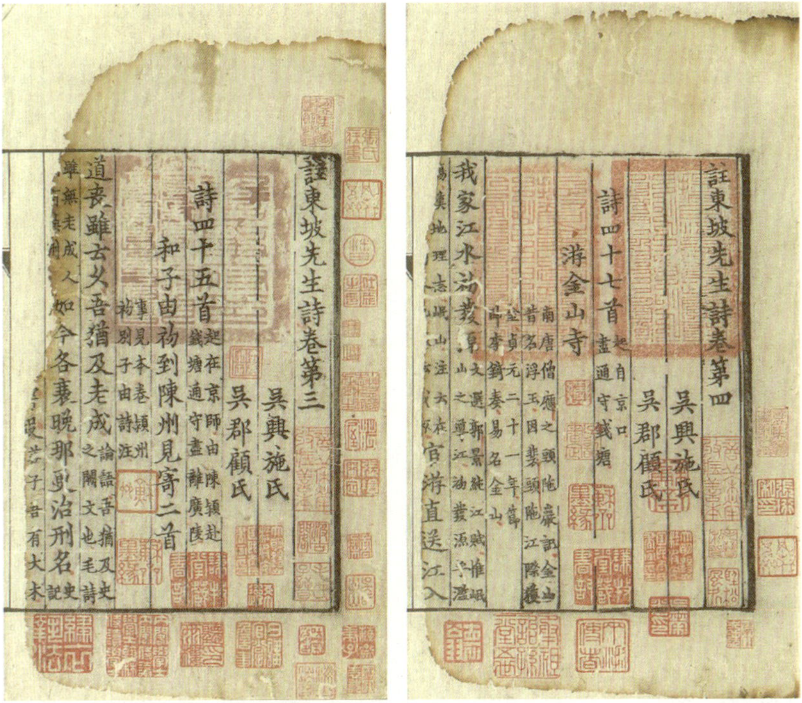

图 8–17
宋版《注东坡先生诗》。采自台北“国家图书馆”官网

驻沪总领事拒绝而未办成。

一直到 1941 年 9 月至 10 月间，正当所有人对寄存于上海的古籍善本赴美出关一筹莫展之际，在上海负责守护古籍善本的北平图书馆职工钱存训（图 8–18）偶然得知妻子张姓同学的哥哥在江海关任外勤，与其结识后，得到了对方的帮助，

图 8–18
钱存训像。采自国家图书馆编：《钱存训文集》第一卷插图，国家图书馆出版社，2012 年

顺利将古籍善本运出江海关，转运到驶往美国的轮船上。钱存训在《北平图书馆善本书籍运美经过》一文中详述了经过。

> 我得张女士的介绍认识她的令兄，问他有无办法相助，结果他一口答应帮忙。他说当他值班时，可把书箱送到海关，由他担任检查，如保守秘密，当不会引起日人注意。于是将

> 这一百零二箱书化整为零，分成十批交商船运送。每批约十箱，用一中国书报社的名义开具发票报关，作为代国会图书馆购买的新书。发单上开明的都是四部丛刊图书集成等大部头新书，但箱内所藏，却全是善本。送到海关后，箱子并不开启，就由张君签字放行。这样从十月开始，每隔几天，当张君值班时，便送一批去海关报关。这样前后经过两个月的时间，最后一批便于十二月五日由上海驶美的 S. S. President Harrison 装运出口。如此紧张的工作，才算松了一口气。①

“哈里逊总统号”驶出后两天，即 12 月 7 日，日军偷袭珍珠港，对美宣战。报纸刊登消息称“哈里逊总统号”被日军俘获，钱存训认为船上装运的最后一批古籍善本“必被日军俘获”。但是，1942 年 5 月 30 日，《申报》刊登了一则由华盛顿转来的电稿，称“中国国立北平图书馆之运往华府委托国会图书馆保存之珍本图书三千册，已由美方获得”②，并将开始摄制微缩书影。至于这一批古籍善本是如何脱险运抵美国的，根据目前可见史料，情况还不得而知。古籍善本从筹划运美至完成，历时近一年（图 8-19）。

---

① 钱存训：《北平图书馆善本书籍运美经过》，北京图书馆业务研究委员会编：《北京图书馆馆史资料汇编（1909—1949）》，书目文献出版社，1992 年，第 1335 页。

② 《中国珍本古书摄制图片》，《申报》，1942 年 5 月 30 日。

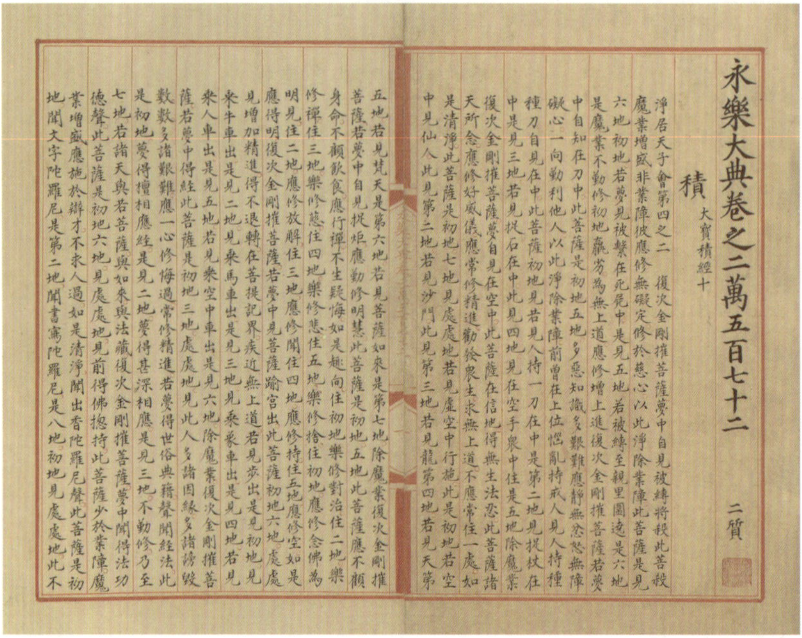

图 8–19
明嘉靖隆庆间（1522—1572）内府重写本《永乐大典》（积字卷）。采自台北“国家图书馆”官网

抗战胜利后，1947 年，教育部派钱存训赴美，负责古籍善本回国事宜。但当相关手续办理就绪后，最初因“上海仓库拥挤，没有地方存放”而推迟回国；之后又因内战爆发，“平沪交通断绝，即使接运到沪，也无法运返总馆，因此

图 8–20
《北平图书馆善本运美装箱书目》。采自清华大学校史馆网站文章，雷强：《为图书的一生：北平图书馆馆长袁同礼小传》

也奉令从缓”[1]。直至 1965 年，美国国会图书馆将这批 102 箱古籍善本运送台湾，存于台湾“国家图书馆”（图 8–20）。

① 钱存训：《中美书缘》，台北文华图书管理资讯有限公司，1998 年，第 70 页。

存沪藏书迁回“京馆”

在 1942 年 5 月美国国会图书馆公布了古籍善本运抵美国的消息后，引起了华北日军特务组织——兴亚院华北联络部的注意。该部指令伪国立北京图书馆彻查此事。时任代馆长的周作人接到指令后，指派王钟麟赴上海设立存沪图书保管处，由其担任保管处主任。并要求其克日前往上海“视察实际情形”，拟具存沪书籍运回北平的办法。

1942 年 9 月 29 日，王钟麟离平赴沪。10 月 1 日，王钟麟到达上海当日，便“召集留沪职员钱公垂、李芳馥、李耀南、陈贯吾等谈话”，传达周作人“维护馆务及图书之意旨”，并要他们“引导视察存书实际情形”。王钟麟了解到，存沪图书分存两处：“（一）中国科学社明复图书馆地下室存有西文书不足一万册，大体均系英、德、法等国文整套科学杂志及学术团体学报等；（二）法租界汶林路民房内存有中文书一百四十九箱，因其中一部分书籍经前馆长选送美国若干册，非经整理不知得其确数。”王钟麟要求驻沪馆员钱存训等，待将存沪图书“启运改装时，顺便编制草目，以凭查点”[①]。

① 《王钟麟致周作人报告存沪图书情况》（1942年10月），北京图书馆业务研究委员会编：《北京图书馆馆史资料汇编（1909—1949）》，书目文献出版社，1992 年，第 785—786 页。

之后，王钟麟就存沪图书运回北平一事，分别与驻南京、上海的日军各相关机构联系，在征得了他们同意后，“又与国际运输方面接洽，所有包装运输事宜悉委托其办理”[①]。

对于保存于中国科学社的西文书刊，王钟麟为避免不必要的周折，先期请周作人致函该社商洽，之后又偕同日本特务人员来到中国科学社提取北平图书馆存书。在此情况下，中国科学社被迫无奈，只得将北平图书馆存于此处的图书全部装箱交出。

存于法租界汶林路民房内的善本甲、乙库图书依然在箱子内保存，经过简单的整理后便于1942年11月3日、12月16日分两批运回北平。存于中国科学社的西文书刊，因制作包装箱费时数月，直至1943年8月才运回北平。

寄存图书的清点与回迁

抗战胜利后，北平图书馆恢复由国民政府教育部管理。其战后的首要任务就是对存于各地的图书损毁情况进行清点。

① 《王钟麟致周作人报告存沪图书情况》(1942年10月)，北京图书馆业务研究委员会编：《北京图书馆馆史资料汇编（1909—1949）》，书目文献出版社，1992年，第786页。

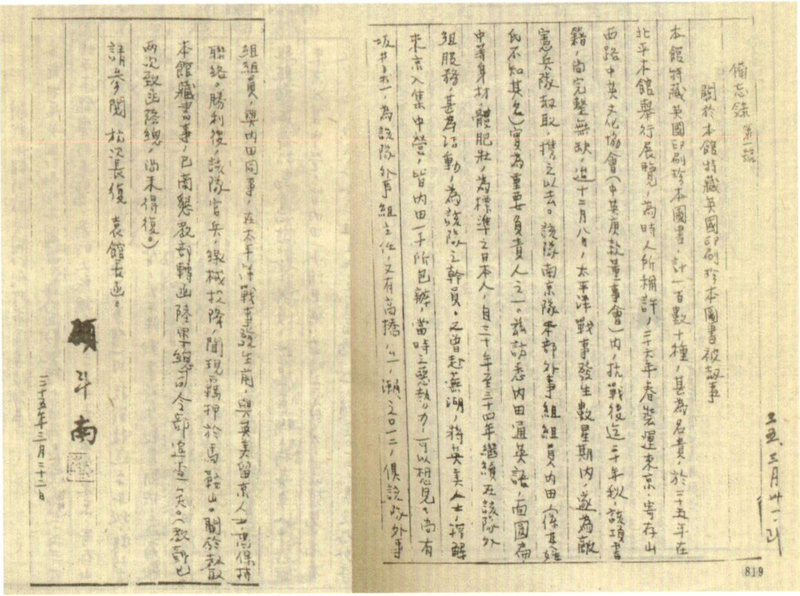

備忘錄 第一號

關於本館特藏英國印刷珍本圖書被劫事

本館特藏英國印刷珍本圖書，計一百數十種，甚為名貴，於二十五年在北平本館舉行展覽，為時人所稱許，二十六年春裝運來京，寄存山西路中英文化協會（中英庚款董事會）內，抗戰後迄三十年秋，該項書籍，尚完整無缺，迨十二月八日，太平洋戰事發生數星期內，遂為敵憲兵隊劫取，携之以去。該隊南京隊本部外事組組員內田（係其姓氏不知其名）實為重要負責人之一。茲訪悉內田通英語，面圓而中等身材，體肥壯，為標準之日本人，自三十年至三十四年繼續在該隊外組服務，甚為活動，為該隊之幹員，又曾赴蕪湖，將英美人士，押解來京入集中營，皆內田一手所包辦，當時之惡勢力，可以想見。尚有坂井某一，為該隊外事組主任，又有高橋[illegible]一，頗知日一二，俱說外事組組員，與內田同事，在太平洋戰事發生前，與英美留京人士，尚保持聯絡。勝利後，該隊官兵，繳械投降，聞現羈押於馬鞍山。關於劫取本館藏書事，已函懇教部轉函陸軍總司令部追查矣。（教部已兩次致函陸總，尚未得復。）

請參閱 杭滬長復 袁館長函。

顧斗南

三十五年三月二十二日

三五，三月廿二

819

图 8–21

《顾斗南关于本馆特藏英国印刷珍本图书被劫和清点存南京内阁舆图备忘录及工作报告》。北京图书馆业务研究委员会编：《北京图书馆馆史资料汇编（1909—1949）》，书目文献出版社，1992 年，第 819 页

经过清点，1946 年 3 月 22 日至 1947 年 2 月 12 日，抗战期间主持南京办事处的北平图书馆馆员顾斗南，先后提交了 5 次工作报告和 4 份备忘录（图 8–21），汇报馆藏英国印刷珍本图书及清内阁大库舆图被日军劫掠的情况。

英国印刷珍本图书被日军劫掠

馆藏英国印刷珍本图书“计一百数十种，甚为名贵”。1937年春运往南京，寄存山西路中英文化协会（中英庚款董事会）内。1941年底，“太平洋战争爆发数星期内，遂为敌宪兵队劫取，携之以去”[①]。日本投降后，在北平图书馆的函请下，教育部曾两次致函陆军总司令部协助追查，追还被掠图书。

清内阁大库舆图被日伪掠夺

1936年冬，内阁大库舆图自北平运往南京，辗转后存故宫博物院南京分院朝天宫库房。故宫博物院朝天宫库房文物西迁时，因内阁大库舆图“图大且重，而交通工具缺乏，无法移运。敌军占南京后，连同故宫古物及公私图书一并劫持。组伪中支建设资料整备委员会，占用中央研究院及经济部中央地质调查所房屋为会址，嗣移交伪政府，改组为伪行政院文物保管委员会。舆图则置于伪图书专门委员会图书馆之地图库”[②]。

---

① 《顾斗南关于本馆特藏英国印刷珍本图书被劫和清点存南京内阁舆图备忘录及工作报告》（1946年3月22日—1947年2月12日），北京图书馆业务研究委员会编：《北京图书馆馆史资料汇编（1909—1949）》，书目文献出版社，1992年，第819页。

② 《清内阁大库舆图目录序》（1946年9月），北京图书馆业务研究委员会编：《北京图书馆馆史资料汇编（1909—1949）》，书目文献出版社，1992年，第847页。

抗战胜利后，教育部特派员接收、封存了伪图书专门委员会图书馆。1946 年 1 月，教育部组设南京区清点接收封存文物委员会，北平图书馆即派钱存训、顾斗南参与清点。[①] 清点工作历时 6 个多月，经过清点，确认北平图书馆暂存南京的内阁大库舆图有 277 种。清点工作结束后，编成《国立北平图书馆特藏清内阁大库舆图目录》。南京区清点接收封存文物委员会在清点中还发现，在国学图书馆、中央图书馆、中央研究院、金陵女子文理学院等处亦存有北平图书馆的藏书。[②] 所有图书清点后，运往金陵大学（北平图书馆南京办事处办公地点时在金陵大学图书馆内）暂存。

清点工作结束后，暂存各地的图书开始陆续迁运回北平。据统计，到 1949 年初，回迁的善本甲库图书有 525 种，3172 册；善本乙库的图书有 259 种，2575 册，共计 784 种，5747 册。[③]

但随着国内局势的变化，内阁大库舆图未能顺利回归，而是随同中央博物院筹备处的文物一并迁往台湾。

新中国成立后，北京图书馆寄存上海的剩余图书，开始运回北京。

① 《清内阁大库舆图目录序》（1946 年 9 月），北京图书馆业务研究委员会编：《北京图书馆馆史资料汇编（1909—1949）》，书目文献出版社，1992 年，第 847 页。

② 《顾斗南关于本馆特藏英国印刷珍本图书被劫和清点存南京内阁舆图备忘录及工作报告》（1946 年 3 月 22 日—1947 年 2 月 12 日），北京图书馆业务研究委员会编：《北京图书馆馆史资料汇编（1909—1949）》，书目文献出版社，1992 年，第 819—839 页。

③ 《善本书统计表》（1949 年），北京图书馆业务研究委员会编：《北京图书馆馆史资料汇编（1909—1949）》，书目文献出版社，1992 年，第 1103 页。

北京图书馆上海办事处的图书仪器，已于二十六日由上海运到北京。其中计有：中文善本书二十五箱、敦煌写经卷子四十九箱，及显微照书机二箱，与中央图书馆上海办事处国际交换书籍四十五箱。此外并有上海铁琴铜剑楼霍氏之名贵藏书十三箱及朱启钤所捐献的明代阳王的文物图像六箱等。另有从南京运回的工程书籍八十一箱，总计书籍大小三百三十四件，已一并运到北京图书馆。[1]

这一时期，除了北平图书馆的珍贵图书进行南迁外，北平各高校、研究单位，如北京大学、北平大学、北平师范大学、北平研究院、交通大学铁道管理学院等单位的珍贵图书亦曾南迁，以确保安全。

① 《故宫南运文物一部运返首都 北京图书馆由沪运回大批图书》，《人民日报》，1950年1月29日。

流沙坠简

西北科学考查团所获居延汉简的跨国抢救

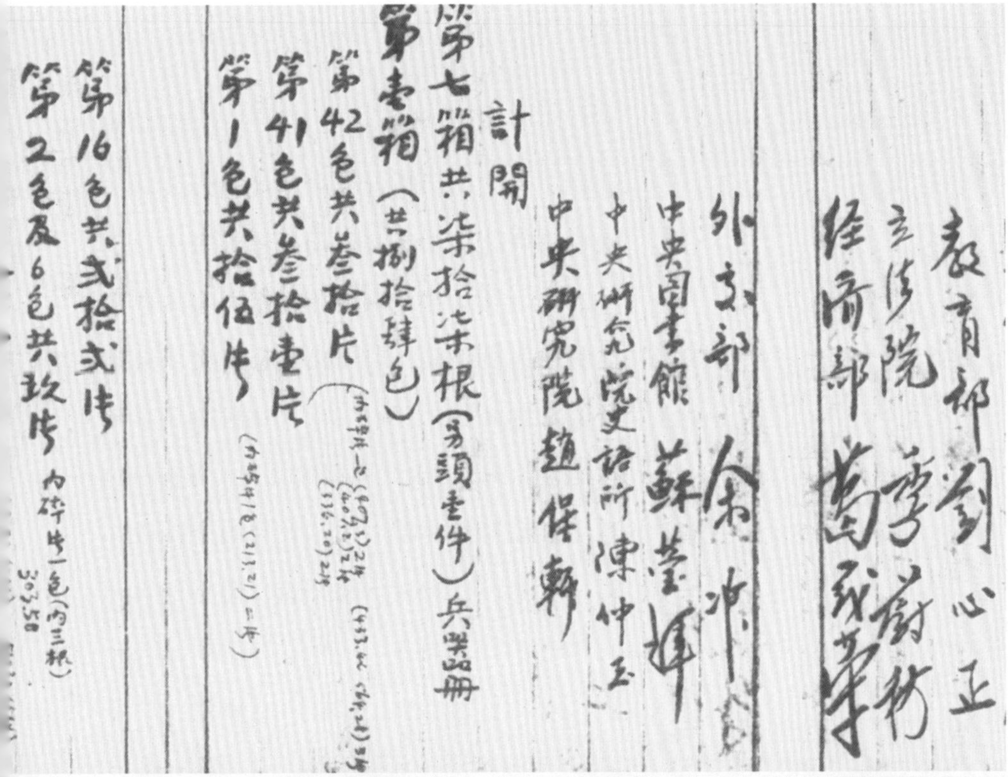

教育部劉[illegible]
立法院[illegible]
經濟部[illegible]
外交部[illegible]
中央圖書館蘇瑩輝
中央研究院史語所陳仲玉
中央研究院趙保[illegible]
計開
第七箱共柒拾柒根（另頭壹件）兵器冊
第壹箱（共捌拾肆包）
第42包共叁拾片
第41包共叁拾壹片
第1包共拾伍片
第16包共貳拾貳片
第2包及6包共玖片 內碎片一包（內三根）

图 9–1
斯文·赫定（Sven Hedin）像。采自吴华锋、周珊编著：《黄文弼画传》，中西书局，2019 年，第 21 页

西北科学考查团，又称中瑞联合西北科学考查团，是近代中国规模最大的一次中外联合科学考察活动。考查团成立于 1927 年，由中国、瑞典等多个国家的数十名科研人员组成，瑞典探险家斯文·赫定（Sven Hedin）（图 9–1）和中国著名学者徐旭生（图 9–2）共同担任团长。考查团的科考活动持续 8 年之久，分为两个阶段：第一阶段从 1927 年 5 月开始，到 1933 年 5

图 9–2
徐旭生像。采自吴华锋、周珊编著：《黄文弼画传》，中西书局，2019年，第23页

月结束；第二阶段从 1933 年 10 月开始，到 1935 年 3 月结束。考查团在我国内蒙古、新疆等地开展多学科考察，在考古、气象观测、古生物调查等诸多学科取得了丰硕成果，特别是西北科学考查团成员瑞典人沃尔克·贝格曼（Folke Bergman）（图 9–3）在内蒙古额济纳地区发现和采集的大量居延汉简备受中外学术界关注。

1929 年 5 月至 1931 年 3 月，西北科学

图 9-3
贝格曼（Folke Bergman）像。采自台湾“中研院”历史语言研究所网站

考查团成员瑞典人贝格曼在内蒙古的额济纳地区发现和采集了大量的居延汉简。1929 年 5 月，贝格曼在额济纳地区博罗松治烽燧遗址意外发现了汉五铢钱和青铜箭头等遗物，使得他决定发掘遗址，希望找到更多的遗物。据记载，贝格曼在博罗松治遗址发掘出土大量简牍，重达 250 余斤。[①] 大量汉简的出土，使贝格曼将工作

① 《西北科学考查团在甘工作之成绩》，《安徽教育行政周刊》，1930 年第 3 卷第 35 期。

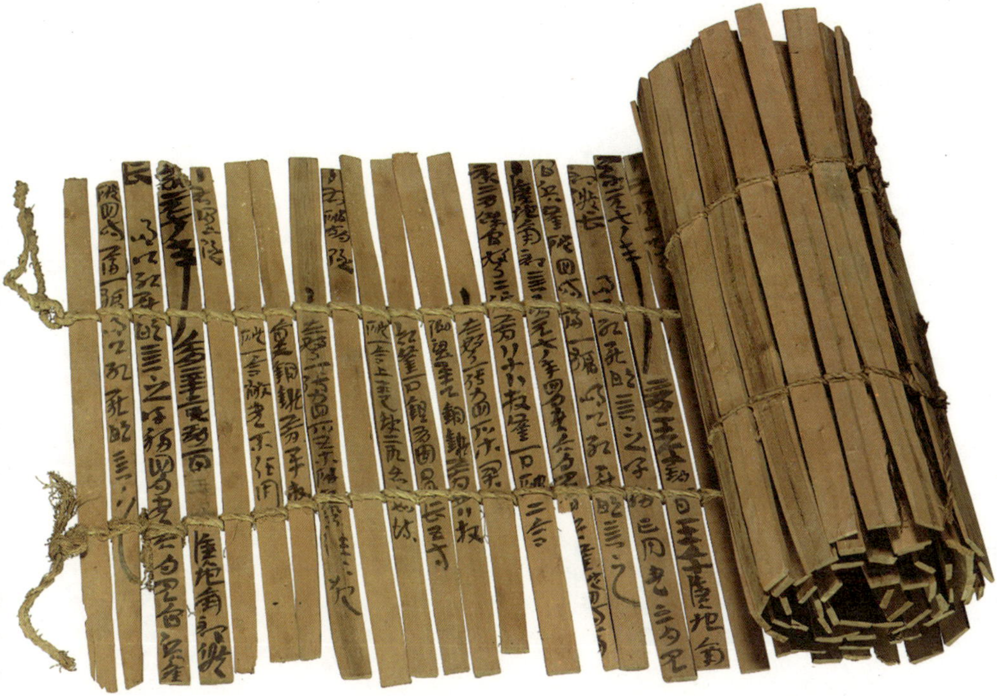

图 9–4
永元器物簿。采自台湾“中研院”历史语言研究所网站

目标由遗址测绘转为汉简发掘。1930 年 9 月，在肩水都尉府遗址的汉代烽燧，贝格曼挖掘出土汉简 1500 余枚。10 月，在遗址东北方向的地湾，他再次发掘出大量汉简，其中包括唯一一册完整的汉简文书——“永元器物簿”（图 9–4），该文书由 78 枚木简连缀而成。之后 11 月至次年 1 月，贝格曼一直在额济纳河中下游地区考察汉代古城和烽燧遗址。在穆德布林遗址，出土了汉简 4000 多枚，以及一支完整的毛笔。1931 年 1 月底至 2 月初，贝

图 9–5
刘复像。采自吴华锋、周珊编著：《黄文弼画传》，中西书局，2019年，第22页

格曼在黑水城遗址进行发掘，出土了各种材质的小文物，以及一部分“纸本汉文文稿，其中也有藏文、回鹘文、蒙文和西夏文的印刷及手写文稿碎片”[①]。

1930年底至1931年初，贝格曼等人将发掘出土的汉简等遗物集中于酒泉客栈后运往归化（今呼和浩特），再由归化运至北平。1931年春，汉简“运到北平图书馆书库。七月在四

① （瑞典）贝格曼：《考古探险笔记》，张鸣译，新疆人民出版社，2013年，第268—269页。

图 9–6
傅振伦像。傅振伦：《傅振伦文录类选》插图，学苑出版社，1994 年

库阅览室由马衡、刘复（图 9–5）”[1] 两位西北科学考查团理事会理事[2]监视开箱，由傅振伦（图 9–6）和傅德明登记编目。1932 年 10 月，北京大学文学院院长胡适兼任北平图书馆委员会委员长，傅斯年为副委员长，该委员会是北平图

① 傅振伦：《西北科学考查团在考古学上的重大贡献》，《敦煌学辑刊》，1989 年第 1 期（总第 15 期）。

② 西北科学考查团理事会成立于 1927 年 4 月，是在北京学术机构联合组成的中国学术团体协会与瑞典国探险家斯文·赫定进行谈判，准备合作成立中国西北科学考察团体的背景下成立的监察和管理机构。

书馆的最高决策机构，其职权范围包括制定馆务方针、人事管理、财务管理等所有重要方面。傅斯年同时也是西北科学考查团理事会理事。1933 年 7 月，经胡适、傅斯年居中协调，存于北平图书馆的汉简陆续运往北京大学[①]，存“景山东街马神庙松公府的北大文史研究院（按：北京大学研究院文史部）”[②]。最初参与清点登记的傅振伦记述了当时的情形：

> 松公府藏文物之处在大院的最后面，前进为一个四合院，北屋三楹为语音实验室。西屋三间，贝格曼在北间整理古物。甘泉宝在中间修复古器物，还有安德生助手白万玉推荐的通州人潘某在此作整洁木简，拼胶合之事。我和傅明德在南间整理木简，将登记的木简纳入卡片长方座柜中，按照号次做成囊匣分装其中。其珍贵材料特制楠木长箱，安上玻璃。每天下班对加锁，贴上锁封及封条。[③]

1934 年 6 月，北京大学研究院进行改组，文史部即改为文科研究所，文科研究所主任由文学院院长胡适兼任。改组后，马衡改

① 邢义田：《地不爱宝：汉代的简牍》，中华书局，2011 年，第 391 页。

② 沈仲章口述，霍伟记录，胡绣枫整理：《抢救“居延汉简”历险记》，《文物天地》，1986 年第 4 期。

③ 傅振伦：《第一批居延汉简的采集与整理始末记》，《文物天地》，1987 年第 1 期。

图 9-7
《元康五年诏书》。采自台湾“中研院”历史语言研究所网站

聘为名誉教授，傅振伦则调故宫博物院工作。据沈仲章口述：“我们离职之后，把考古室工作交给新任助教罗尔纲，把居延简原物和侯印卿、常惠摄制的照片与登记册、释文、释文卡片嘱傅明德转交北大文学院秘书卢逮曾，卢逮曾仍交傅明德管理。”同年 7 月，刘复去世。为加

图 9–8
《昌邑国田卒衣用簿》。采自台湾“中研院”历史语言研究所网站

强汉简的研究，“后来经理事会的十多个理事研究，挑选了四个北大读文学历史的优秀的毕业生来协助马衡研究，先照相或抄写，其中工作比较多的是劳干（劳榦），他对汉史有研究，还有一个是

贺昌群，一个是余逊（余让之），另一个大概是向达（向觉明），他对东西交通很熟悉。这四位青年学者工作了才半年，一面将稿子交马衡审阅，一面继续写作，工作正处于释文还未完毕的阶段，日寇就打进北平来了。”[1]（图 9-7、图 9-8）

“偷运”汉简

抗日战争全面爆发后，1937 年 7 月 29 日，日本侵略者占领北平。北平沦陷前，为保护师生安全，北京大学及北平众多高校决定南迁长沙避难，而汉简却被遗忘，无人顾及。其实早在故宫博物院等单位文物南迁后，关于汉简是否南迁，中央研究院院长蔡元培、西北科学考查团理事会常务理事胡适、管理中英庚款董事会董事叶恭绰[2]等人就曾讨论过。

① 沈仲章口述，霍伟记录，胡绣枫整理：《抢救“居延汉简”历险记》，《文物天地》，1986 年第 4 期。

② 叶恭绰（1881—1968），字玉甫，号遐庵，广东番禺人，书画家、收藏家、政治活动家。早年毕业于京师大学堂，后留学日本，加入孙中山领导的同盟会。曾任北洋政府交通总长、孙中山广州国民政府财政部长、南京国民政府铁道部长。1927 年出任北京大学国学馆馆长。1929 年兼故宫博物院常务理事、管理中英庚款董事会董事。20 世纪 30 年代后期在香港发起成立中国文化协进会。新中国成立后，曾任中央文史馆副馆长、第二届中国政协常委。在中瑞西北科学考查团组建时，叶恭绰在与瑞方交涉及筹集经费方面发挥了重大作用。

图 9—9
叶恭绰像。采自郑重：《叶恭绰传：仰止亭畔落梅花》，文汇出版社，2023 年，第 157 页

1935 年 1 月，蔡元培致信叶恭绰（图 9–9），询问汉简是否可以南迁保存。

> 承询汉、晋木简，自刘半农先生逝世后，由孟真（按：傅斯年）兄等继续整理，闻进行颇速，是否可以南迁？[1]

① 《复叶恭绰》（1935 年 1 月），中国蔡元培研究会编：《蔡元培全集》（第十四卷），浙江教育出版社，1998 年，第 18 页。

蔡元培对北平文物南迁持支持态度。在1933年历史语言研究所文物南迁时，蔡元培曾接受媒体采访，表示："吾数千年之国粹，若不妥加保存，后患诚难设想。故宁未雨绸缪，即使苟有损坏，但以全部被夺与损坏小部相较，孰轻孰重。""我人作事，应以超然目光观察，若徒拘于事实，必有措手不及之虑。"① 蔡元培询问的目的，自然是希望将汉简择机南迁。

叶恭绰如何回复蔡元培的，目前还没有看到相关史料，不得而知。但从胡适1936年3月的一封信中可以看出，叶恭绰也曾向胡适建议将汉简南迁。

> "西北科学考察团"之汉简，乃系瑞典人Bergmar（按：应为Bergman）（字迹潦草，未知是否作此——按）所发见，委托三个专家在华整理报告。因半农（按：刘复）去世，叔平（按：马衡）太忙，此事久搁置。去年由北大研究院文科研究所负责请向达、贺昌群、余逊、劳干（按：劳榦）四人负（此处似缺一"责"字，原文如此——按）整理释文之事，进行极速，不幸又因时局，停顿半年。今年又重新鼓起勇气来，限期将"释文"一事于一个半月内办完。现已将完功。（向达已去英国，余人皆在此作此事）释文完后，即拟将初次报告写成付印。故此项

① 《中央研究院两所书籍等南迁 昨已运抵沪》，《民报》，1933年2月2日。

汉简此时正在整理中，万不能南移，乞先生将此意转达玉甫（按：叶恭绰）先生为感。

匆匆奉复，即祝

先生起居百福

胡适敬上 廿五，三，四

——胡适九封未刊书稿[①]

因该信札为残札，前文缺，收信人信息不明。但从信的内容可以看出，叶恭绰的建议并未得到胡适的采纳。胡适之所以拒绝将汉简南迁，除汉简正在整理的关键时期不能中断的原因之外，再有就是他对时局的误判。罗常培《七七事变后北大的残局》中记载：“事变发生的第二天，我到米粮库四号去看胡先生。在他那里遇见了徐森玉（鸿宝）、张奚若、陈之迈、张佛泉、沈仲章五位。大家询问胡先生对于时局的意见，他当时以为芦沟桥只是局部事件，或者不至于扩大。”[②]

北平沦陷后，汉简面临时刻被日寇掠夺、焚毁的危险。西北科学考查团理事会干事沈仲章（图 9-10）曾协助刘复协调科考团各项任务，深知汉简的价值，沈仲章为此焦急万分。据沈仲章回忆，

① 《致某某》，胡适著，季羡林主编：《胡适全集》，第 24 卷，安徽教育出版社，2003 年，第 274—275 页。

② 陈平原、夏晓红编：《北大旧事》，生活·读书·新知三联出版社，1998 年，第 150—159 页。

图 9–10
20 世纪 30 年代的沈仲章。采自沈亚明：《沈仲章与居延汉简在北平》，《古今论衡》，2015 年，总第 28 期

抗战发生后，那批木简还都摊放在那抽屉里，谁也没法进行工作了。日本人的先头部队已开进城里，北大是一个重点，也被包围看守了，只等待着后续部队来接收。就在这时，我焦急万分，因为不久前当形势紧起时，故宫的许多

东西及北京图书馆的善本珍藏都已运往南京存放，这批汉简却未被运走。这批稀世珍品如不转移出去，它们的命运将不堪设想。首先打进城来的日本军队是十分野蛮的。我半夜里爬进去侦察一下，学校里空无一人，遍地都是污秽和泥灰，因为日军到处大小便，把各种古书和所里珍藏的许多艺风堂碑帖拓片撕得粉碎或揉成一团当废纸烧或当作手纸用。木简锁在西屋，要是被他们发现，肯定会被毁或当木柴烧掉。如果等到被接收时，那它的命运至少也会被劫掠而去，会象“北京人的头骨”那样至今还找不到。①

情况危急，沈仲章决心把这批汉简抢救出来。沈仲章找到了时任北大秘书长的郑天挺，向其提出抢救汉简的想法，但郑天挺“不敢表态”。之后，沈仲章又陆续找到了尚在北平的西北科学考查团理事会理事沈兼士、袁同礼等人，但“他们也是怕担风险，不敢表态”②。

形势此时已刻不容缓，沈仲章决定把汉简“偷运”出来。

沈仲章找到在西北科学考查团工作的助手周殿福和一位工友帮

---

① 沈仲章口述，霍伟记录，胡绣枫整理：《抢救“居延汉简”历险记》，《文物天地》，1986 年第 4 期。

② 沈仲章口述，霍伟记录，胡绣枫整理：《抢救“居延汉简”历险记》，《文物天地》，1986 年第 4 期。

图 9-11
抗战期间的徐森玉。采自郑重：《中国文博名家画传——徐森玉》，文物出版社，2007年，第53页

忙，他们从北大的“旁门偷偷地进去”，“进去之后赶快把木简一根一根地卷起来，放在箱子中拎出来”[1]。装进箱子里的除了木简之外，还有居延毛笔的模型、西北科学考查团的纪念邮票、《西北科学考查团及汉简整理委员会会议记录》以及贝格曼绘制的汉简坑位图、汉简

① 沈仲章口述，霍伟记录，胡绣枫整理：《抢救“居延汉简”历险记》，《文物天地》，1986年第4期。

释文稿件等。转运出来后，沈仲章将装有汉简的箱子藏在“北长街一个小庙里，这是西北科学考察团理事会负责人徐森玉的住处”[①]。

刘复去世后，徐森玉（图 9–11）接管西北科学考查团理事会的日常事务。徐森玉是沈仲章的直接领导，也是沈仲章非常尊敬的师长。但此时，徐森玉已不在北平，辗转撤退到长沙。沈仲章晚年口述：“抢救汉简主要是出于对几位师长，尤其是对刘半农和徐森玉的知遇之恩。”[②]

汉简转存小庙后，因“担心日本人来每家每户地搜查”，沈仲章决定“设法把箱子运到东交民巷德华银行去”。“德国商业银行是比较守信用的，他们不会瞎来，同时日本人也不会侵犯它的，因为德国人同日本人联盟”[③]。

因“木简这些东西一碰就坏”，在转运德华银行之前，沈仲章对汉简进行了重新包装并定制了两个大木箱。“木简都是用松软的棉花裹着，防止震动”。木箱“内层马口铁焊起来，密封”[④]防潮。

① 沈仲章口述，霍伟记录，胡绣枫整理：《抢救“居延汉简”历险记》，《文物天地》，1986 年第 4 期。

② （美）沈亚明：《沈仲章与居延汉简在北平》，《古今论衡》，2015 年，总第 28 期。

③ （美）沈亚明：《沈仲章与居延汉简：从北平到天津》，中西书局，2023 年，第 189—202 页。

④ （美）沈亚明：《沈仲章与居延汉简：从北平到天津》，中西书局，2023 年，第 181—184 页。

移存香港

汉简转运至德华银行的保管库保存后，1937 年 8 月 11 日，沈仲章前往天津，计划由天津乘船赴上海，去找北大的负责人。但沈仲章到达天津的第二天，“八一三”淞沪会战爆发，开赴上海的轮船停航，沈仲章不得已滞留在天津。

在天津，沈仲章致信长沙的徐森玉，报告了其抢救汉简、转存汉简的情况。徐森玉“得知后又高兴又惊奇”，没想到沈仲章“这个小小工作人员竟能把木简抢救出来”，“做了他们所不敢做的事”[①]。徐森玉经与傅斯年商议后，立即发电报给沈仲章，要求其“就地待命，听候有人来联系、接头，千万不要离开”[②]。沈仲章在天津等了一个多月，等来的不是别人，而是徐森玉。

徐森玉接到沈仲章的信后，开始计划北上。因由长沙直接北上赴天津的交通已不安全，徐森玉选择南下香港，通过海路北上。根据现存的徐森玉日记残页可知（图 9–12），徐森玉于 1937 年 11 月 14 日由长沙动身，17 日到达广州，同日下午乘船赴香港并会晤了在香港大学文学院任教的许地山。23 日，徐森玉乘船由香港北上。28 日抵达上海，并在上海停留数日。之后的行程因日记

① 沈仲章口述，霍伟记录，胡绣枫整理：《抢救“居延汉简”历险记》，《文物天地》，1986 年第 4 期。

② （美）沈亚明：《沈仲章与居延汉简：从北平到天津》，中西书局，2023 年，第 289 页。

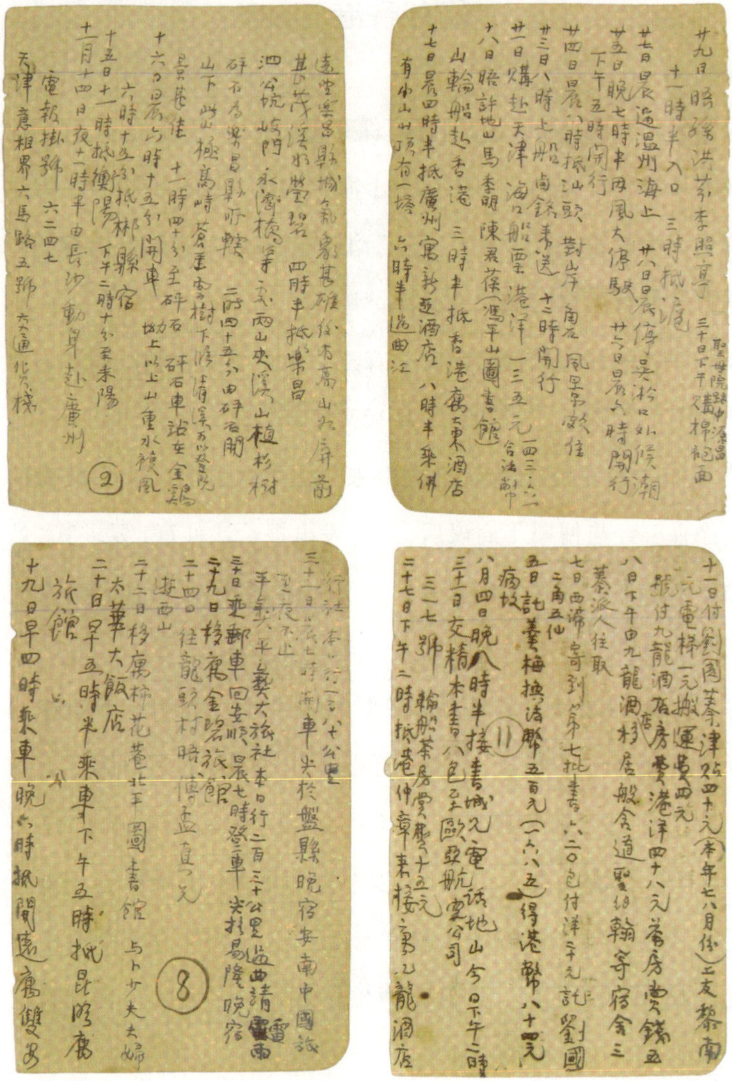

图 9-12

徐森玉日记残页，记载其由长沙赴天津经过。采自郑重：《中国文博名家画传——徐森玉》，文物出版社，2007 年，第 122 页

散失，徐森玉到达天津的具体时间已不清楚，猜测为12月初。徐森玉到达天津后，向沈仲章告知了汉简运输计划，即由沈仲章“继续在已有的功劳上，进一步把这批东西运到天津，再由天津运到香港”。“要求做得没一个人知道，没一个人看到，不受一点损害地运到香港”[①]。

接到任务后，沈仲章秘密返回北平。对于如何将汉简由北平运出，徐森玉在1937年11月3日致傅斯年信中曾提到，可以参考营造学社物品迁移之法，即“托外人包运”。

> 至如何运出北平之法，在此无法悬揣，俟宝到津后与仲章兄切实商酌，相机办理。梁思成、刘士能二君均来湘，言营造学社各种珍品系托外人包运，甚为妥当，将来或循此途径办理亦可。[②]

沈仲章返回北平后，采用了“托外人包运”之法，委托中立国瑞士的“伯利行”将装好的包括汉简在内的两箱物品运至天津。之所以选择“伯利行”，因其“靠着中立国的招牌，不受检查，即使

---

① （美）沈亚明：《沈仲章与居延汉简：从北平到天津》，中西书局，2023年，第294—295页。

② 《徐森玉致傅斯年》，“中研院”历史语言研究所傅斯年图书馆藏，转引自柳向春编：《徐森玉全集》，上海人民出版社，2022年，第143页。

检查也比较客气”[1]，运输相对安全。

汉简运到天津后，如何安全地通过海关运送到开往香港的轮船上，是至为关键的一步。沈仲章在清华大学熊大缜等人的帮忙下，成功避开日军的检查，将汉简运上“恒生号”海轮，放在船长卧舱床下，运往香港，沈仲章随船运送。

“恒生号”途经青岛时，需要装运另一批货物，临时停靠十几个小时。沈仲章下船拍发电报告知长沙的徐森玉，汉简已经起运南下，让其派人到香港等待接收。发完电报回到码头时，沈仲章发现轮船已临时启航开走。沈仲章后来才得知，“恒生号”轮船接到紧急电讯，“说日本有十一条军舰向青岛港开来，还包围崂山湾，象要登陆，形势紧急”[2]。所以货物只装了一半，船就开走了。沈仲章立即发电报给船长汤麦斯，请其帮忙把装有汉简的两个木箱和装有行李托运凭证、科考团账册、纪念邮票的手提箱交给同船随行的青年学生吴景祯，待吴景祯到达香港后转交给在香港大学文学院任教的许地山。

1938年1月初[3]，“恒生号”抵达香港。吴景祯携带沈仲章的手提箱下船后，在香港联系不上许地山，无奈又把手提箱带到了重

① 沈仲章口述，霍伟记录，胡绣枫整理：《抢救“居延汉简”历险记》，《文物天地》，1986年第4期。

② 沈仲章口述，霍伟记录，胡绣枫整理：《抢救“居延汉简”历险记》，《文物天地》，1986年第4期。

③ 据邢义田考证为1938年1月4日前，邢义田：《地不爱宝：汉代的简牍》，中华书局，2011年，第393页。

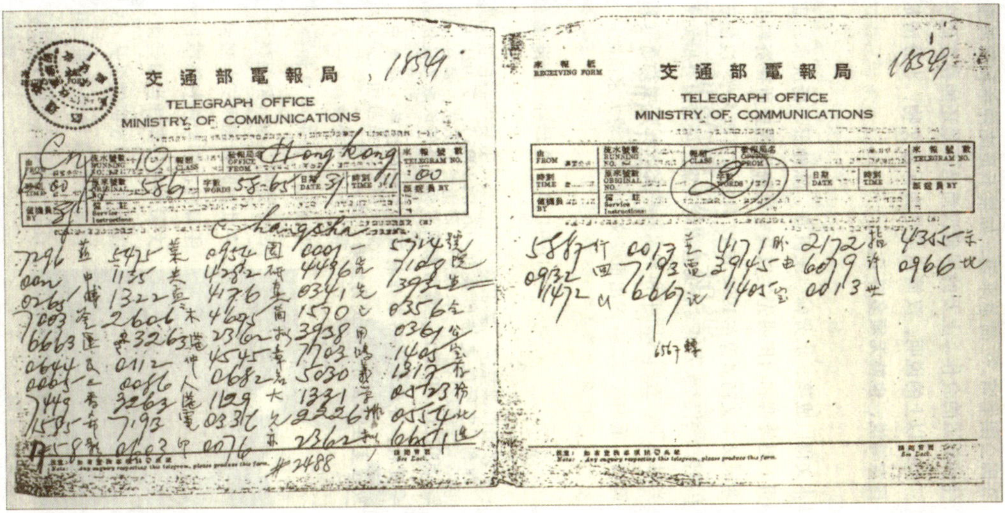

图 9–13
徐森玉致傅斯年电报。采自邢义田：《地不爱宝：汉代的简牍》，中华书局，2011 年，第 423 页

庆，继而又带到长沙。到长沙后，委托北大校长蒋梦麟带往香港交给沈仲章，并把相应情况写信告知沈仲章。两个木箱因无人领取，“恒生号”离港后被搁在码头仓库里。

沈仲章经过种种车船周折后抵达香港，和许地山一起带着托运凭证到码头领取到了装有汉简的两个木箱。在许地山的联络下，汉简以傅斯年、徐森玉、沈仲章三人名义存入香港大学冯平山图书馆[①]（图 9–13）。沈仲章在完成了汉简的护送工作后，对徐森玉说：“第一阶

① 邢义田：《地不爱宝：汉代的简牍》，中华书局，2011 年，第 396 页。

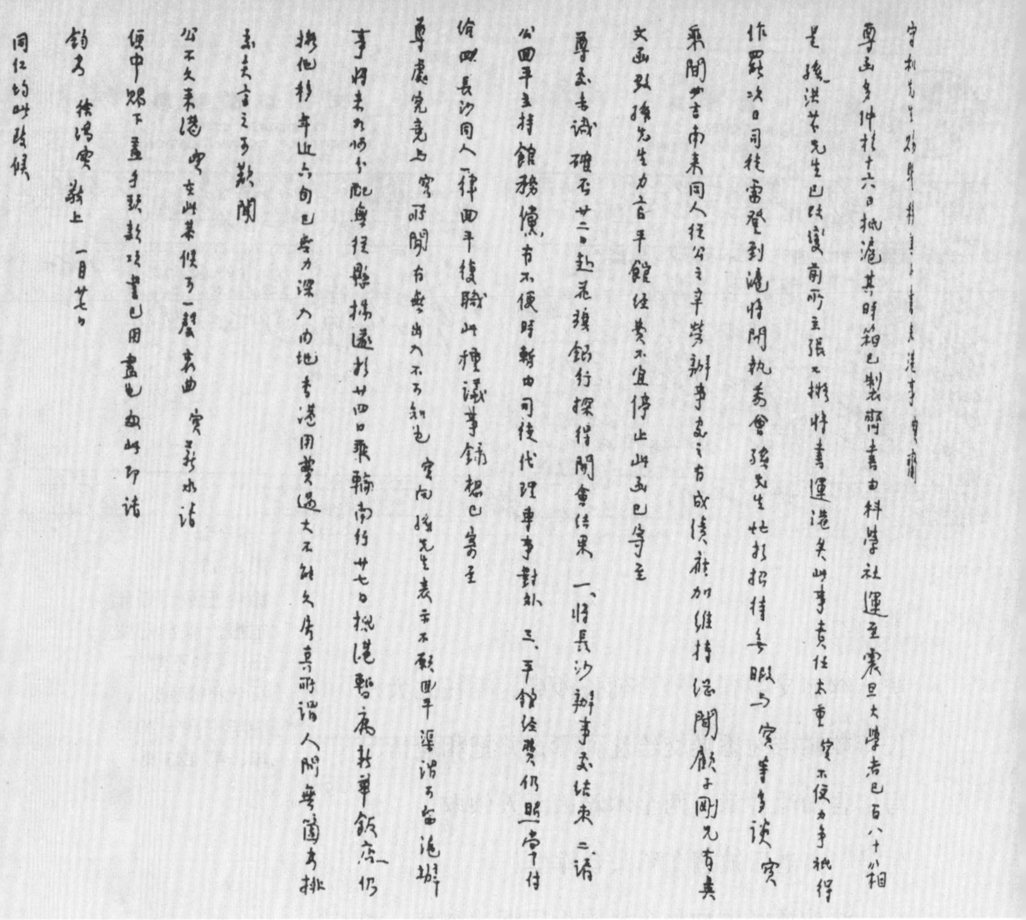

守和先生[illegible]
尊函[illegible]於十六日抵滬 其時箱已製齊 書由科學社運至震旦大學者已百八十八箱
是孫洪芬先生已改變前所主張 以為將書運港 失此事責任太重 寶不便力爭 祇得
作罷 次日司徒雷登到滬 將開執委會 孫先生忙於招待 無暇與寶等多談 寶
乘間[illegible]南來同人經公之辛勞 辦事處之成績 應加維持 繼聞顧子剛兄有英
文函致孫先生 力言平館經費不宜停止 此函已寄至
尊處否 廿二日赴花旗銀行探得開會結果 一、將長沙辦事處結束 二、請
公回平主持館務 [illegible]不便時 暫由司徒代理 專事對外 三、平館經費仍照常付
給 四、長沙同人一律回平復職 此種議事錄想已寄至
尊處 究竟與寶所聞有無出入不可知也 寶向孫先生表示不願回平 深諳[illegible]留滬 將
來[illegible]如何分配無從懸揣 遂於廿四日乘輪南行 廿七日抵港 暫寓新華飯店 仍
擬他移 年[illegible]向已安方深入內地 香港用費過大 不能久居 真所謂人間無適[illegible]
[illegible]之可歎 聞
公不久來港 寶在此恭候 可一罄衷曲 寶[illegible]
便中賜下[illegible]手[illegible] 款項[illegible]已用盡也 專此即請
鈞安 徐鴻寶 敬上 一月廿七日
同仁均此致候

图 9–14
《徐森玉致袁同礼信》（1938 年）。采自郑重：《中国文博名家画传——徐 森玉》，文物出版社，2007 年，第 118 页

段任务是我自告奋勇，第二阶段是你交办的，我全做到了。没人看见，没人知道，没人碰过，原封不动我把它运来了。”[1]（图 9–14）

---

① 沈仲章口述，霍伟记录，胡绣枫整理：《抢救“居延汉简”历险记》，《文物天地》，1986 年第 4 期。

图 9-15
杭立武像。采自王萍访问，官曼莉记录：《杭立武先生访问记录》插图，"中研院"近代史研究所，1991 年

转运美国

1940年，随着日军侵华战火的迅速蔓延，香港成为冲突的重要区域，局势愈发紧张，汉简的安全问题再一次摆在众人面前。

1940 年 6 月，西北科学考查团理事傅斯年、徐森玉及中英庚款董事会总干事杭立武（图 9-15）等人多次通过电报往来商议汉简保存地点。徐森玉向傅斯年建议将汉简由香

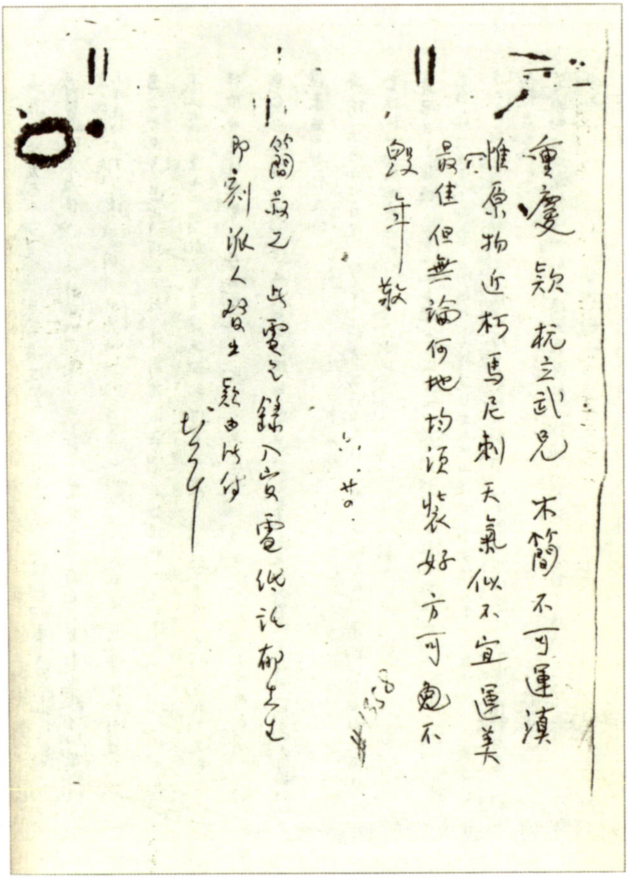
重慶
歕杭立武兄：木簡不可運滇，
惟原物近朽，馬尼剌天氣似不宜，運美
最佳，但無論何地均須裝好，方可免不
毁。年。敬

图 9–16
傅斯年致杭立武电稿。采自邢义田：《地不爱宝：汉代的简牍》，中华书局，2011 年，第 403 页

港运往昆明，并着手安排船只，但此时从香港到昆明，必须绕道交战中的越南，运输途中不安全。杭立武建议将汉简运往菲律宾首都马尼拉，但傅斯年认为马尼拉天气湿热，不利于汉简的保存，主张借胡适在美国任大使之便，将汉简运往美国保存。傅斯年在

函电中特别强调："无论何地，均须装好，方可不毁。"[①]（图9–16）徐森玉在得到傅斯年汉简运美保存的指示后，于1940年7月与在香港组织中国文化协进会的叶恭绰先后通过函电、信件的方式联系胡适，向其说明汉简的情况并希望其协调汉简运美后的保存地点（图9–17）。

胡适在北大任教期间，曾兼任北京大学文科研究所考古学研究室主任一职，参与过汉简相关工作的安排。1937年9月胡适赴美后，对汉简的安全也极为关心。1937年12月8日，他曾在写给傅斯年的信中询问汉简的保存情况："居延汉简，当时我曾略作布置，但不知后来如何下落，千万请兄一问毅生（按：郑天挺，时任北京大学秘书长）（如他未到南方，请缓问），给我一信。"[②]在收到叶恭绰、徐森玉函电、信件后，胡适回信表示汉简可存美国国会图书馆，由其居间协调。

玉甫、森玉两先生：前得玉甫先生第一电，因在旅行中，未及作相当接洽，及得森玉第二电，当即复云"Safe Custodyassured"（保证安全储藏）。其实尚未与国会图

① 《傅斯年致杭立武》，转引自王汎森、潘光哲、吴政上主编：《傅斯年遗札》（第二卷），"中研院"历史语言研究所，2011年，第1085页。

② 《胡适致傅斯年》，胡适著，季羡林主编：《胡适全集》，第24卷，安徽教育出版社，2003年，第357页。

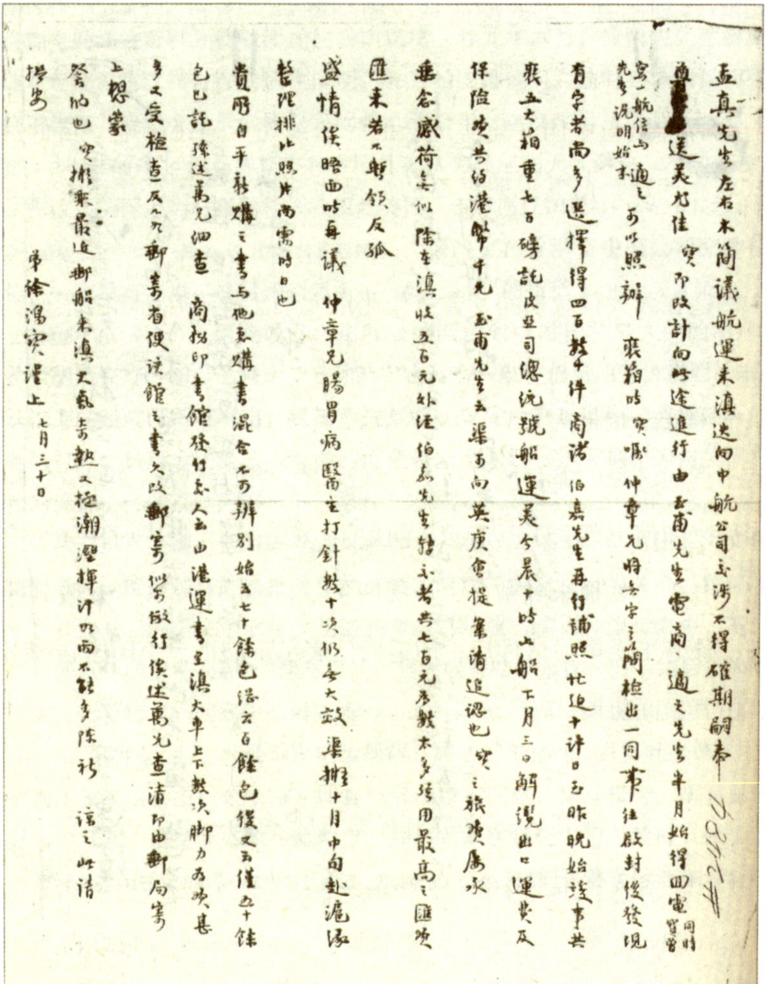

孟真先生左右：木簡議航運來滇，迭向中航公司交涉，不得確期。嗣奉

[redacted]送美尤佳。實即改計，向郵途進行，由立庵先生電商適之先生，半月始得回電（同時實曾寄一航信與適之先生說明始末），可以照辦。裝箱時，實囑仲章兄將無字之簡檢出一同帶往，啟封後發現

有字者尚多，選擇得四百數十件，商諸伯嘉先生再行補照，計廿十許日，至昨晚始竣事，共

裝五大箱，重七百磅，託皮亞司總統號船運美，今晨十時上船，下月三日解纜出口。運費及

保險費共約港幣千元，立庵先生云渠可向英庚會提案請追認也。實之旅費，屬承

垂念，感荷無似。除在滇收五百元外，經伯嘉先生轉交者共七百元，為數太多，該用最高之匯價

匯來，若不敷，領，反孤

盛情，俟晤面時再議。仲章兄腸胃病，醫生打針數十次，仍無大效，渠擬十月中旬赴滬就醫，

暫阻排比照片，尚需時日也。

貴所自平移攜之書與他處攜書混合，不可辨別，始交七十餘包，後又交二百餘包，後又僅五十餘

包也。託孫述萬兄細查，商務印書館發行處人云由港運書至滇，火車上下數次，腳力為費甚

多，又受檢查，反不如郵寄者便，該館之書久改郵寄，似可做行。俟述萬兄查清，即由郵局寄

上，想蒙

鑒納也。實搬乘最近郵船來滇，天氣奇熱，又極潮濕，揮汗如雨，不能多陳，祈諒之。此請

撰安

弟徐鴻寶謹上 七月三十日

图 9–17

《徐森玉致傅斯年信》。采自邢义田：《地不爱宝：汉代的简牍》，中华书局，2011 年，第 404 页

书馆汉文部长相见（彼在东北境上避暑）。但适知其毫无问题。适有先人铁华公之遗稿几十册，现由国会图书馆代为收藏，藏于保险库，由图书馆出具收条，交适保存。馆长与东方部长皆与适最相熟，故木简事绝对无问题。寄到之日即当转存国会图书馆，其收条当由适暂为保存（当摄照收条副本寄玉甫先生及森玉先生）。

前日又得森玉先生七月十二日长函，接读后百分兴奋，百分感叹！沈仲章兄之冒险保存汉简，森玉兄之终始护持，皆使适感叹下泪。适在当日实负典守之责，一旦远行，竟不能始终其事，至今耿耿。幸得仲章、森玉诸兄保存护持，又得玉甫、孟真诸兄大力，使汉简全部得整理摄影，留一副本在人间，今又得诸公之力，使此万余古简得至新洲“延其寿命”，此皆足为适减其罪愆。以后保存之责，适当谨慎担负，务求安全无危险，请诸兄放心。国会图书馆中现有王重民、房兆楹、朱士嘉诸兄，皆足襄助木简之储藏等事，并闻。

三箱何时出境，乞早示知。如有困难，可谒美国驻港领事，或可得其助力。箱内可写交适本人，可免海关检查。

……外间时有适回国之传说，皆无根据。汉简启运不可延缓。适无论如何当留此亲视木简储藏妥当，公等

不必因谣言改计也。敬祝两位安好，并问

仲章兄好。

胡适 敬上 廿九·七·卅一[1]

在得到胡适的回电后，徐森玉立即开展汉简装箱托运事宜。1940年8月4日，汉简分装成5箱，由美国运通公司通过“企利扶轮总统号”（Cleveland）轮船，于10月中旬抵达美国。[2]

1940年10月30日，胡适在写给叶恭绰、徐森玉的信中，说明了汉简抵达美国后转交美国国会图书馆的相关情况（图9–18）。

玉甫、森玉先生：汉简五箱，十月中旬到此。木箱内外丝毫无损坏。十月廿三日，国会图书馆善本室、东方室各方主任，及在图书馆服务之房兆楹、王重民、朱士嘉诸君，同来大使馆点看。五箱均开看，然后改用新式锁条将甲至辛八个小箱封锁了，交图书馆存储。原四、五两箱内无小箱，不易收存，故由本馆买了六只小箱，将四、五两箱内之各件分装六小箱，亦封锁交与图书馆收存。总计共拾肆只小箱，由图书馆出具收条，交我保管。我现将原收条照了一

① 《胡适致叶恭绰、徐森玉信》（1940年7月31日），转引自邢义田：《傅斯年、胡适与居延汉简的运美及返台》，《中研院历史语言研究所集刊论文类编》（历史编·秦汉卷），中华书局，2009年，第929页。

② 邢义田：《地不爱宝：汉代的简牍》，中华书局，2011年，第408页。

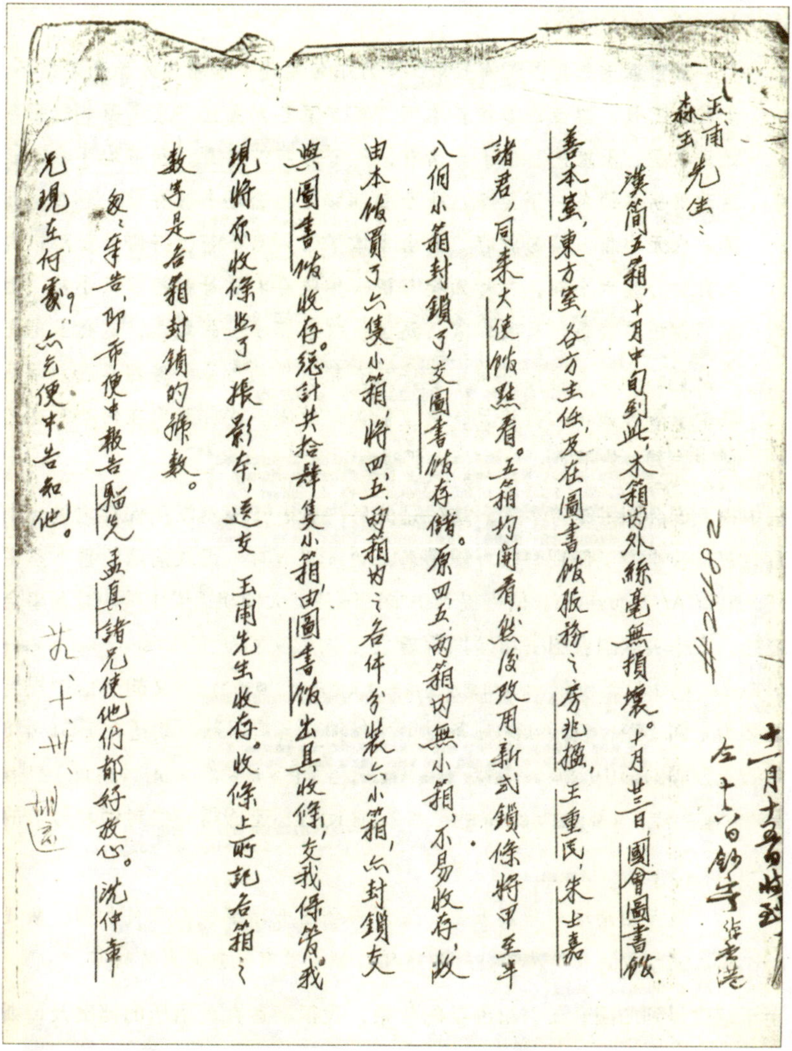

玉甫
森玉 先生：

漢簡五箱，十月中旬到此，木箱內外絲毫無損壞。十月廿三日國會圖書館善本室，東方室，各方主任，及在圖書館服務之房兆楹，王重民，朱士嘉諸君，同來大使館點看。五箱均開看，然後改用新式鎖條將甲至辛八個小箱封鎖了，交圖書館存儲。原四，五兩箱內無小箱，不易收存，故由本館買了六隻小箱，將四，五兩箱內之各件分裝六小箱，六封鎖交與圖書館收存。總計共拾肆隻小箱，由圖書館出具收條，交我保管。我現將原收條照了一張影本，送交 玉甫先生收存。收條上所記各箱之數字是各箱封鎖的號數。

匆匆奉告，即希便中報告騮先 孟真諸兄使他們都好放心。沈仲章兄現在何處？亦乞便中告知他。

廿九、十、卅、 胡適

28772#

十一月十五日收到
仝十七日鈔寄 作者港

图 9-18

《胡适致叶恭绰、徐森玉信》。采自邢义田：《地不爱宝：汉代的简牍》，中华书局，2011 年，第 409 页

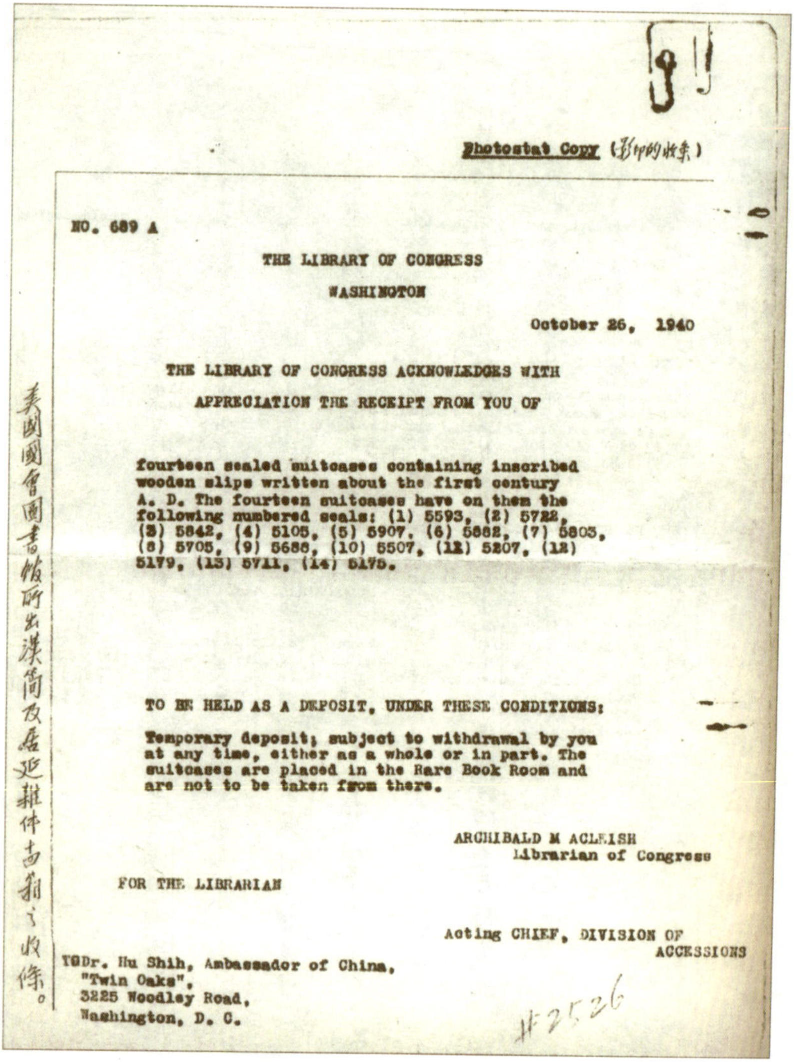

9

Photostat Copy（影印的收条）

NO. 689 A

THE LIBRARY OF CONGRESS

WASHINGTON

October 26, 1940

THE LIBRARY OF CONGRESS ACKNOWLEDGES WITH

APPRECIATION THE RECEIPT FROM YOU OF

fourteen sealed suitcases containing inscribed wooden slips written about the first century A. D. The fourteen suitcases have on them the following numbered seals: (1) 5593, (2) 5722, (3) 5842, (4) 5105, (5) 5907, (6) 5882, (7) 5803, (8) 5705, (9) 5688, (10) 5507, (11) 5207, (12) 5179, (13) 5711, (14) 5175.

TO BE HELD AS A DEPOSIT, UNDER THESE CONDITIONS:

Temporary deposit; subject to withdrawal by you at any time, either as a whole or in part. The suitcases are placed in the Rare Book Room and are not to be taken from there.

ARCHIBALD M ACLEISH
Librarian of Congress

FOR THE LIBRARIAN

Acting CHIEF, DIVISION OF
ACCESSIONS

TO Dr. Hu Shih, Ambassador of China,
"Twin Oaks",
3225 Woodley Road,
Washington, D. C.

#2526

美國國會圖書館所出漢簡及居延雜件書箱之收條。

图 9-19

美国国会图书馆出具的居延汉简收条。采自邢义田：《地不爱宝：汉代的简牍》，中华书局，2011 年，第 414 页

张影本，送交玉甫先生收存。收条上所记各箱之数字是各箱封锁的号数。

匆匆奉告，即希便中报告骝先、孟真诸兄，使他们都好放心。沈仲章现在何处？亦乞便中告知他。

廿九·十·卅·胡适[①]

从信中可以看出，汉简抵达美国后先运至中国驻美大使馆，重新分装密封于14个小箱中后转交美国国会图书馆存放，并由图书馆出具收条交由胡适（图9–19）。

汉简运台

汉简在美国国会图书馆一直保存至1965年。1964年至1965年，纽约举办世界博览会，台湾“中央研究院”等机构借此契机，由历史语言研究所的陈仲玉从美国国会图书馆将汉简取出后运往台湾。1965年11月，陈仲玉在致历史语言研究所汪和宗的信中，描述了汉简在美取出时的情形。

---

① 《胡适致叶恭绰、徐森玉信》（1940年10月30日），转引自邢义田：《傅斯年、胡适与居延汉简的运美及返台》，《中研院历史语言研究所集刊论文类编》（历史编·秦汉卷），中华书局，2009年，第929页。

汉简原装在大小不同的衣箱之内。箱外加札一条细绳。绳头有当日打的铅盒封签。据国会图书馆的赠品及交换部主任吴先生(Directorofgifts&exchange, Mr.Wood)说,自一九四〇年十月送进国会图书馆后至今已经二十五年,一直保藏在善本书的保险库中。箱子的封签未曾开过。里面的包装情形不清楚。晚在细察之后,发现衣箱是纸质的。有的把手在轻提之后即行断裂,绝不能担当长途的跋涉。箱内汉简装置情形不明。由一些盖口露出的纸丝可以看出,内面汉简已用纸丝塞聚。①

为了确保汉简运输过程中的安全,汉简从美国国会图书馆取出后,"交包装公司将原封未动的十四只箱另分装在三只大木箱中,与中央图书馆收回的一百零二箱善本书同时运往美国西海岸"②的旧金山奥克兰海军基地。1965 年 11 月 2 日,汉简由美国海军"盖飞将军号"运输舰(USNS, General Hugh J. Gaffey)运往台湾。11 月 23 日抵达台湾基隆港,当日运到台北,存"中央研究院"历史语言研究所考古馆。1966 年 1 月 27 日至 29 日,"由

① 《陈仲玉致汪和宗信》,转引自邢义田:《傅斯年、胡适与居延汉简的运美及返台》,《中研院历史语言研究所集刊论文类编》(历史编·秦汉卷),中华书局,2009 年,第 932—933 页。

② 邢义田:《傅斯年、胡适与居延汉简的运美及返台》,《中研院历史语言研究所集刊论文类编》(历史编·秦汉卷),中华书局,2009 年,第 933 页。

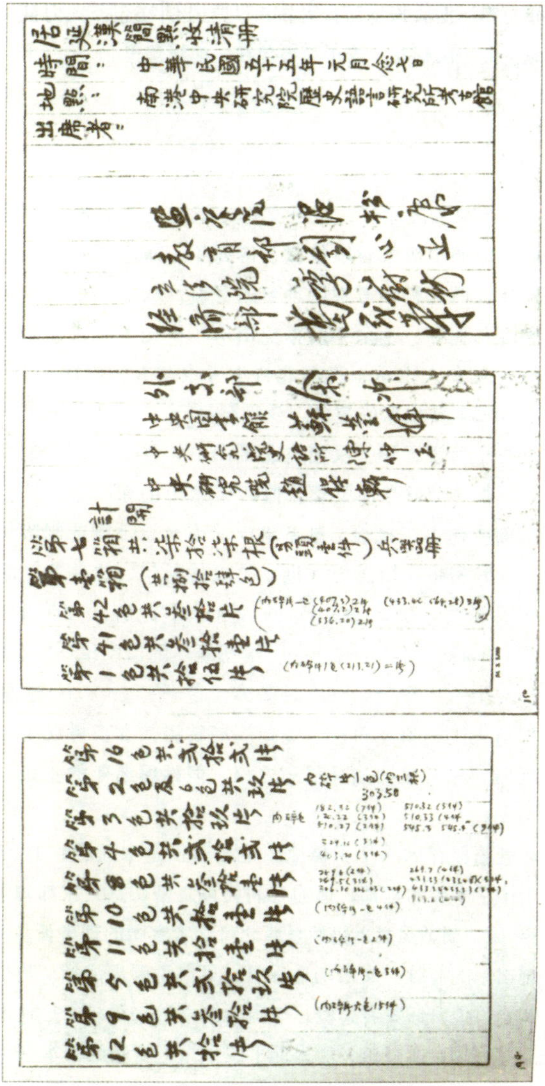

图 9–20
《居延汉简点收清册》。采自邢义田：《地不爱宝：汉代的简牍》，中华书局，2011 年，第 421 页

监察、立法、教育等7个相关单位组成点验小组，开箱点验，共计13405件汉简与少数杂件，并交由‘中央研究院’历史语言研究所收藏”[①]（图9–20）。

① 陈仲玉：《护送“居延汉简”由美返台的追忆》，《收藏快报》，2009年8月12日。

功侔鲁壁

北平文物迁移的特点与历史价值

战争不仅造成了巨大的人员伤亡和经济损失，也给文化遗产造成了无法弥补的损失。战时将文物迁移到比较安全的地方存放，防止敌人洗劫或毁于兵燹，成为保护文物的一种特殊方式。二战期间，不仅是在中国，在许多国家如西班牙、法国、苏联等国也曾采取过类似的措施。在 1936 年至 1939 年西班牙内战期间，在战火的威胁下，位于马德里著名的普拉多博物馆决定把最重要的藏品迁移存藏，并进行过多次转移，一次比一次更为偏远。法国“政府部门制定了保护国家藏品的计划，并设想了多种方案，如将部分藏品转移到外省，将其他藏品就地保护在博物馆地下室内等”[①]。1941 年德国进攻苏联，位于列宁格勒（今圣彼得堡）的埃尔米塔什博物馆将馆藏珍品分别装载到两列经过特殊改装的火车运往乌拉尔地区；1942 年，位于莫斯科的特列季亚科夫画廊和国立普希金造型艺术博物馆将其重要藏品运往新西伯利亚，克里姆林宫博物馆的珍品被撤离到斯维尔德洛夫斯克州。

比较而言，第二次世界大战期间北平文物迁移具有参与机构多、文物数量大、播迁历时长、迁移范围广、组织多元、协同程度高、影响深远等特点，是保护人类文化遗产的奇迹。

① 《法国吉美国立亚洲艺术博物馆藏中国文物概述》，《海外藏中国古代文物精粹——法国吉美国立亚洲艺术博物馆卷》，安徽美术出版社，2025 年，第 16 页。

文物迁移参与机构多、数量大

20 世纪 30 年代北平文物的迁移，直接参与的机构有中央研究院历史语言研究所、故宫博物院、古物陈列所、历史博物馆、北平图书馆、颐和园、国子监、西北科学考查团以及天坛、先农坛、天文研究所天文陈列馆等。除此之外，还有北平各高校、研究单位，如北京大学、北平大学、北平师范大学、北平研究院、交通大学铁道管理学院等。

迁移的文物数量达百万余件。各机构迁移的文物件数，有的比较具体，有的只有迁移文物箱只的统计而无文物件数。故宫博物院迁移的文物共计 13427 箱又 64 包，其中书画 9000 余幅，瓷器 7000 余件，铜器、铜镜、铜印 2600 余件，以及数量巨大的包括皇史宬和内府珍藏的清廷各部档案、明清两朝帝王实录和起居注、太平天国档案等在内的各种文献；古物陈列所迁移的文物共计 5414 箱，文物数量 111549 件，其中瓷器 93707 件、铜器 1729 件、玉器 786 件、铜珐琅 2817 件、字画 493 件、珍物 94 件、文玩 1687 件、书籍 6415 件、刺绣 75 件、钟表 59 件、雕漆 1122 件、盆景 131 件、挂屏 204 件、铜镀金 749 件、铺垫 661 件、紫檀小床 1 件、藏经 1319 件、戏衣 345 件、宝座 1 件、弓 128 张、刀 20 把、象牙

5 件[①]；历史博物馆迁移的共计 16915 件，其中铜器 13 件、宋元版书 13 件、玉器 7 件、书画 19 件、陶瓷器 36 件、木器 10 件、石刻 2 件、官印 114 件、铜铁炮 8 尊、甲骨刻辞 20 块、清代历科殿试策 15115 卷及兵器、盔甲等；北平图书馆迁移的古籍善本共计 586 箱，其中善本甲库 197 箱，善本乙库 107 箱，唐人写经 49 箱，内阁大库舆图 15 箱，汉石经、楚器及金文拓本 8 箱，西文整部科学杂志 116 箱，西文东方学善本书籍 30 箱，梁启超寄存书 64 箱；中央研究院历史语言研究所迁移的文物、图书约 900 箱，其中包括山东章丘龙山遗址、河南安阳殷墟等地的考古发掘品、古籍善本以及清内阁大库档案等。1951 年历史语言研究所曾对运台内阁大库档案“全部开箱，逐箱清查件数及重新办理登记。结果，查得全部档案共计三十一万一千九百一十四件”[②]；西北科学考查团迁移的居延汉简共计 13405 枚与少数杂件；颐和园迁移的文物计 2446 件（含图书 1 部）。此外，还有国子监、天坛、先农坛、天文研究所天文陈列馆以及北平各高校珍贵文物、古籍的南迁。

① 《古物陈列所二十年经过纪略》，北平古物陈列所编：《古物陈列所二十周年纪念专刊》（1934 年），第 49—50 页。

② （台湾）“中央研究院”：《计算中心通讯》，第 13 卷 24 期，1997 年 11 月 24 日。

文物迁移历时长、范围广

北平文物的迁移，历时十几年，播迁十余省，行程数万里，在颠沛流离中完成了世界文物保护史上历时最久、行程最长的文物大迁移。

故宫博物院的文物迁移从1933年2月开始，至新中国成立迁存南京的部分文物分批运回故宫博物院，在战火纷飞中播迁大半个中国。九一八事变后不久，故宫博物院文物从正阳门西车站起运，沿平汉铁路南下，从郑州转陇海铁路东行，到徐州后再循津浦路南下，至南京浦口火车站卸车，转运浦口码头装船后运往上海，分存于上海天主堂街及四川路、广州路等处租定的仓库内。1936年9月，故宫博物院南京朝天宫文物库房建成，12月8日至22日，存放于上海的文物分五批转运至南京库房。1937年8月13日，淞沪会战爆发后，故宫博物院于1937年8月至1939年7月分南、中、北三路将迁存南京的文物转移至西南后方。南路由轮船沿长江运达湖北汉口、武昌，再由火车运往湖南长沙，后转移贵州贵阳、安顺，再迁四川巴县；中路由轮船沿长江运至湖北汉口，后经湖北宜昌转运至重庆，再迁重庆以西乐山县；北路由火车经徐州、郑州、西安转运到宝鸡，再由汽车迁汉中、成都，最后转迁至峨眉。

抗战胜利后，文物开始东归，1946年1月至1947年11月，故宫博物院将藏于四川巴县、乐山、峨眉三处的文物先于重庆集中，在重庆暂存两个月后，再经水陆两路分运南京。解放战争期间，部分文物由南京迁台。新中国成立后至 1958 年，迁存南京的故宫博物院部分文物分三批被陆续运回北京。国子监、颐和园文物迁移随附故宫博物院进行，播迁路线与之基本相同。

在解放战争前，古物陈列所的文物迁移基本都是随附故宫博物院进行。在文物东归期间，国民政府行政院会议决议古物陈列所与故宫博物院合并，古物陈列所留存北平的文物拨交故宫博物院，迁移出北平的文物则划归中央博物院筹备处。[①] 这样，古物陈列所迁移文物成为了中央博物院筹备处的藏品。随着解放战争的胜利推进，国民党政府准备退守台湾，1948 年 12 月至 1949 年 1 月，中央博物院筹备处文物开始分三批迁运台湾。迁运台湾文物共计 846 箱，11729 件，其中原古物陈列所文物 825 箱，11415 件。

历史博物馆的文物迁移于 1933 年 2 月开始，至 1945 年 11 月文物运回南京中央博物院筹备处，历时 13 年。1933 年 2 月至 1935 年 7 月，历史博物馆采取多种运输方式，或由工作人员携带，或委托古物陈列所、历史语言研究所，或随附运输故宫文物专车、运输总理纪念品专车，先后将 16000 多件文物南迁至南京、上海。1936 年 7 月，历史博物馆正式划归中央博物院筹备处，南迁文物则亦悉数划归。1937 年 11 月 18 日，教育部指令中央博物院筹备处西迁，

① 刘楠楠选辑：《北平古物陈列所归并故宫博物院并改隶行政院领导史料一组》，《民国档案》，2015 年第 2 期。

西迁文物由南京迁移至汉口。12 月 24 日开始，所有文物从汉口用船转运至宜昌，再由宜昌向重庆转移，1938 年 1 月底运抵重庆。1941 年 5 月，日军开始对重庆进行大轰炸，中央博物院筹备处文物再次播迁，至 10 月，全部文物迁移至昆明。日本投降后，中央博物院筹备处存昆明文物于 1945 年 11 月 8 日运回南京。南京国民政府准备败退台湾时，部分文物精品被运往台湾。

历史语言研究所于 1933 年 1 月开始，陆续把文物、图书由北平迁至上海、南京。淞沪会战爆发后，部分珍贵文物、图书运往南昌及长沙。1938 年 7 月，历史语言研究所西迁昆明，部分文物、图书随迁。1938 年 10 月，“运存南昌农学院之珍贵图书文物迁往重庆，寄存于重庆大学”[①]。1940 年冬，历史语言研究所携带部分文物、图书由昆明迁往四川省南溪县李庄镇。抗战胜利后，历史语言研究所于 1946 年 10 月至 12 月由李庄经重庆迁回南京原址，所有文物、图书随之迁回。解放战争后期，部分文物、图书迁台。

此外，北平图书馆的古籍善本，西北科学考查团的居延汉简先后迁存美国国会图书馆保存。需要说明的是，故宫博物院、古物陈列所、北平图书馆、中央研究院历史语言研究所的迁移文物，播迁期间曾漂洋过海赴英国参加“中国艺术国际展览会”；故宫博物院、

---

①（台湾）“中研院”历史语言研究所编：《中研院历史语言研究所七十年大事记（1928—1998）》，“中研院”历史语言研究所，1998 年，第 14 页。

中央研究院历史语言研究所的迁移文物，曾赴苏联参加“中国艺术展览会”。

文物迁移组织多元、协同程度高

北平的文物迁移是由南京国民政府行政院主导，内政部、教育部、铁道部、财政部、军政部、中央研究院相关部门与北平、南京、上海等地方政府之间联动，故宫博物院、古物陈列所、历史博物馆、北平图书馆等多个主体机构参与，各个相关部门有序衔接、高度协同下完成的壮举。文物迁移过程中，人员、资金、火车、轮船、汽车以及文物贮藏所需库房等都得到了有效保障，可以说，北平文物迁移的顺利进行，是社会各界共同努力的结果。

以故宫博物院的文物迁移为例，迁移过程由国民政府行政院主持，铁道部、军政部、财政部等密切配合。通过 1933 年 2 月 7 日与 2 月 8 日的一组电文可窥见文物迁移的组织程序及各相关部门的配合情况。

2 月 7 日，故宫博物院院长易培基致行政院院长宋子文电：

宋院长赐鉴：漱密。第一批南运物品由高、李两委员派高乐和本院派简任秘书吴瀛率干练职员十三人随车照料，军分会派宪兵卫队官兵共百三十余人押车保护，业于今日辰刻装车完竣，由平汉站开行。请分电各经过地方官吏知照，注意保护为叩。易培基。阳。印。

2月7日，故宫博物院院长易培基再次致电行政院院长宋子文：

特急。限即刻到。宋院长赐鉴：漱密。辰电计达。故宫第二批物品急待起运，恳饬运第一批车辆到浦后从速驰回，以便再运。第一批押车之宪兵卫亦望由浦同车返平，再押第二批车辆。京沪轮运请另派车队押送，何如乞示遵。易培基。阳（七日）未。印。

［宋子文批：（一）当照办。车到浦口后，一切保护当由军政部派员。（二）电褚秘书长派员在浦口照料一切，并请军政部派宪兵护送至沪。（三）另电军政部。文。］

2月8日，行政院院长宋子文致电铁道部部长顾孟余：

南京铁道部顾部长孟余兄勋鉴：庚电计达。精密。故宫古物因车辆不敷，第一批仅运一部分。兹为迅速缜密起见，请兄设法加拨一列车，连同第一批车辆，克日放至北平续运为恳，并祈电复。弟子〇叩。庚二。

2月8日，行政院院长宋子文致电军政部：

南京军政部勋鉴：庚电计达。精密。故宫古物，由浦口轮运至沪，已由招商局派定江大轮在浦守候装运，希饬宪兵于物品到站时保护起卸装轮，并随轮严密护运至沪为荷。宋〇〇。庚二。

2月8日，行政院院长宋子文致电行政院秘书长褚民谊：

南京行政院褚秘书长鉴：庚电计达。精密。（一）招商局已派江大轮船在浦口守候装运。（二）请速与军政部接洽，选派得力宪兵于物品到站时保护起卸装轮，并护运到沪。（三）由本院拣派高级职员携带本院封条三四千张随轮来沪为要。子〇。庚二。

2月8日，行政院院长宋子文致电行政院秘书长褚民谊：

特急。限即到。南京行政院褚秘书长鉴：精密。接易寅村兄阳未电称，故宫第二批物品，云云，请另派兵队押运。等语。请兄即选派大员在浦口照料一切，随同招商局专轮押运来沪，并请军政部选派宪兵护运至沪。

一面通知铁道部将原车卸载后，连同押车兵队即行放回，以便续运为要。子〇。庚。

2月8日，行政院院长宋子文致电铁道部部长顾孟余：

特急。限即到。南京铁道部顾部长孟余兄勋鉴：精密。接易寅村兄阳未电称，故宫第二批物品，云云，另派兵队押运。等语。除电褚秘书长派员照料，并请军政部派宪兵接护运沪外，敬请吾兄即饬该项车辆于卸载后，连同原押运宪兵即日放回，以便续运为祷。弟宋〇〇叩。庚。

2月8日，行政院院长宋子文致军政部电：

特急。限即到。南京军政部勋鉴：精密。接易院长培基阳未电称，第一批故宫物品于阳晨由北平起运，现将到浦京沪轮运，请另派兵队押送。等语。即请贵部选派得力宪兵由浦口接护押运至沪。除电褚秘书长与贵部接洽外，敬希妥速办理为荷。宋〇〇。齐。

2月8日，行政院院长宋子文致电故宫博物院院长易培基：

特急。北平易院长寅村兄勋鉴：漱密。阳未电奉悉。已分电军政部、铁道部查照办理，并由院派员到浦，照料一切。特复查照。弟宋〇〇。庚。[1]

通过往来电文可知，文物起运时，除故宫博物院派职员随车押运外，还有北平军分会派宪兵卫队官兵多人押车保护。起运后，故宫博物院院长易培基即致电南京国民政府行政院院长宋子文，汇报文物起运情况并请求文物运抵南京后，运输车辆、人员尽快返平以便再次运输，同时提出文物运抵南京后需派兵保护，南京转运上海时请行政院派员接收。收到易培基的电文后，宋子文即分别致电铁道部部长顾孟余、行政院秘书长褚民谊以及军政部相关人员，协调运输车辆、文物接收、选派宪兵护送等事宜，一切安顿就绪后，致电通告易培基相关情况。

此外，文物在迁移过程中，也得到地方有关部门、民众的支持。如文物西迁宝鸡时，得到了国民政府军事委员会委员长西安行营的协助。故宫博物院职员那志良回忆，“文物存在宝鸡这段时间，得到了西安行营的不少协助，他们也时时以文物的安全为虑，屡次找我到行营去商量”。文物由宝鸡迁移汉中，因不通火车，只能由汽车运输，“那时陕甘军公商车，统由西安行营统制管理，他们把

① 刘楠楠、蔡全周、庞璐选辑：《故宫博物院古物南迁各方来往函电一组》，《民国档案》，2014 年第 3 期。

运文物的事，列入军运之中，问题便解决了”[①]。文物西迁乐山县安谷乡时，得到了当地民众的支持，他们腾出宗祠用于古物的存放。抗战胜利后，马衡代表国民政府向安谷乡颁发自己手书的“功侔鲁壁”匾，以此表彰乐山民众的护宝功绩。

其他机构的文物迁移，多由其上级主管部门组织，各个相关机构执行完成。如历史语言研究所、历史博物馆的文物迁移，是在中央研究院的组织协调下完成的。值得一提的是，在历史博物馆文物南迁过程中，有两批文物的迁移是委托古物陈列所进行的，古物陈列所与历史博物馆此前虽在文物归属、午门交通等一些事情上多有龃龉[②]，但在文物迁运问题上却积极协同，高度配合。北平图书馆的古籍善本迁移，是在教育部、北平图书馆委员会的组织下完成的。西北科学考查团居延汉简的迁移，最初是沈仲章的个人行为，之后是在西北科学考查团理事会的组织下完成的。

文物迁移意义重大、影响深远

北平文物的迁移，是在中华民族处于危急存亡的关头为保护民

① 那志良：《故宫五十年》，民主与建设出版社，2020 年，第 132—134 页。

② 详见李守义：《国博往事：历代帝后名臣画像的归属》《国博往事：太和殿内所存满蒙藏经版归属》《国博往事：午门城门的开放》，《文史知识》2013 年第 4、5、6 期。

族文化遗产不被侵华日军掠夺，免于兵燹所采取的必要行动。文物在迁移途中，克服各种困难，举办、参与了多个展览，弘扬了民族文化，凝聚了民族精神，激发了抗战热情，这是一场没有硝烟的文化抗战，是中国人民抗日战争的重要组成部分。

1937 年 4 月 1 日至 23 日，第二次全国美术展览会在南京举办，各类展品总计 2000 多件，吸引了 13 万多人次前来参观。故宫博物院、古物陈列所、中央研究院历史语言研究所、北平图书馆、历史博物馆、西北科学考查团等为展览的重要参与单位，选送了多件文物在展览会上进行展示，此次展览是抗战全面爆发前中国艺术史上规模最大的一次盛事，展览门票收入全部捐给抗日前线；1942 年 12 月 25 日至 1943 年 1 月 10 日，第三次全国美术展览会在重庆举办，展出美术作品近千件，其中故宫博物院、中央研究院历史语言研究所选送展品 100 多件，门票收入亦全部充捐用于抗日；1943 年 12 月 25 日，“国立北平故宫博物院书画展览会”在重庆开幕，展览选取“富有民族意义与地方历史有关之书画”百余件，其目的“‘以供社会观摩采讨广而宣扬’，亦有庆祝世界反法西斯战争不断取得胜利，舒缓战争紧张情绪，愉悦人民心情的热切意愿”[①]，展览开幕当天，“一时盛况空前，观者如堵”，《中央日报》以“伟大的民族艺术遗产”“活生生的中国艺术史”来赞誉这批“从帝王的书房里解放出来，又从日寇的觊觎下抢救出来的伟大民族艺术遗

① 刘忠福：《烽烟南迁》（下），四川人民出版社，2020 年，第 22 页。

产”[①]。1944 年 4 月 12 日，“故宫博物院在筑书画展览会”在贵阳举办，“参观者极为踊跃，万人空巷，盛况空前”[②]，参观须知特别提醒，如遇日寇飞机空袭，狮子山及麒麟洞为防空保护地点，并制定了在空袭前迅速拆展、装运、信息传递、疏散观众和处理门票等应急措施[③]，显示出战时的独特氛围。

此外，播迁中的北平文物还多次参加在国外举办的展览会。1935 年 11 月 28 日至 1936 年 3 月 7 日，故宫博物院、古物陈列所、中央研究院、北平图书馆等机构还选取了近千件展品参加在英国伦敦举办的“中国艺术国际展览会”。西方媒体在观展后也不禁感叹中国文化之伟大：“一个国家如果能创造出如此伟大的作品，那么眼前正在困扰着她的……军国主义的纷争以及这些纷争所带来的经济财政上的种种紊乱只能是偶染小恙而已。”[④]1939 年 4 月，故宫博物院、中央研究院历史语言研究所选取多件展品参加了在莫斯科举办的“中国艺术展览会”。苏联《真理报》对“中国艺术展览会”发表评论：“中国艺展，非仅在艺术上具有伟大之价值，抑且足以表示中苏两大民族具有如何之友好关系。苏联各界人士，对于争取国家独立之中国人民，具有如何热烈之同情，对于中国人民之生活

① 《琳琅满目美不胜收故宫书画展节目》，《中央日报（重庆）》，1943 年 12 月 25 日。

② 中国人民政治协商会议贵阳市南明区委员会文史资料研究委员会：《南明文史资料选辑》第 5 辑，1987 年，第 142 页。

③ 贵州省地方志编纂委员会编：《贵州省志·文化志》，贵州人民出版社，1999 年，第 298—299 页。

④ 《艺展预展第十九日薛铨曾参观记》，《申报》，1935 年 4 月 17 日。

如何关切。今兹之艺展，必能引起苏联各界之注意，而尤能有助于中苏两大民族友好联系之日臻于密切。”[①]1940年3月，邵力子在中苏文化协会第三次年会的工作报告中亦指出：“艺展在莫斯科开幕以来，引起了苏联人民极大的关注，也提起了苏联人民对于中国数千年的文化艺术的极大的兴趣，更加强了苏联人民对于正为自己祖国的独立而斗争的中国大众极热烈的同情。”[②]

这一系列国内外展览的举办，“不仅有力地宣传展示了我国的悠久文明与灿烂文化，促进了中外文化交流与相互了解，巩固了友好国家之间的邦谊，同时也借展览向国内民众普及了历史文化与文物知识，给艰苦抗战中的国民带来了审美与精神上的享受，激发了民众的民族自信与爱国热情。用马衡的话说‘结果不独在阐扬学术与国际声誉方面，已有相当收获，即于启发民智，增进一般民族意识，亦已有影响，成效颇彰’”[③]。

特别需要强调的是，故宫博物院、历史博物馆、北平图书馆、北京大学等机构留存的文物，在北平沦陷时期遭到了日寇的劫掠。1944年6月，日军为了缓解军事资源的枯竭，在北平发动“献铜运动”，以搜刮制造军火的原料。日军仅在故宫博物院和历史博物

① 陈石孚：《中国艺展在苏联》，《时事月报》，1940年第2期。

② 转引自故宫博物院编：《故宫博物院早期院史（1912—1949）》，故宫出版社，2016年，第122页。

③ 《马衡先生生平学术》，清华大学国学研究院主编：《马衡文存》，江苏人民出版社，2020年，第29页。

馆就劫得金缸、金屑和铜铁器等二百二十余吨。据故宫博物院院长马衡报告，故宫博物院“被征用之铜品除废铜2095市斤外，计铜缸66口，铜炮一尊，铜灯亭91件，此外，尚有历史博物馆铜炮3尊。本院之铜缸及历史博物馆之铜炮系由北支派遣军甲第一四〇〇部队河野中佐于三十三年六月十九日运赴协和医院，该部队过磅后，运赴东车站，闻系装车运往朝鲜。本院之铜炮和铜灯亭由伪市政府工务局专员齐昌复、职员张伯齐偕同昭和通商株式会社（在朝阳门内北小街）日人佐仓于三十四年六月二十二日来院启运，据闻系运往北新桥北支工厂”①。1945年3月，日伪华北政务委员会专员山本富士松带同军用汽车到历史博物馆，将历史博物馆午门前东西朝房所存废铁炮计一千四百零八尊运往他处处理。②历史博物馆费尽心力建设起来的古火器藏品系统，至此毁于敌手。“馆存旧炮千余竟遭掳掠，献资敌用，是大恨事。虽传闻或未及销毁，姑作敌伪一重公案容，再仿究焉”③。除此之外，北京大学文科研究所“损失文

① 《故宫博物院院长马衡为函达本院被敌军征取铜品之经过情形请转行第十一驻区长官司令部设法追究》（1945年12月7日），中国第二历史档案馆档案：全宗号5，案卷号1632。转引自孟国祥编著：《抗战时期的中国文化教育与博物馆事业损失窥略》，中共党史出版社，2017年，第306—307页。

② 《直隶政委会派员将历史博物馆废铁炮运往他处的呈文等》，北京市档案馆档案，档案号：J001-001-00350。

③ 《历史博物馆沦陷期工作报告》，中国国家博物馆藏，档案号：193003508542047。

物极多”[①]，北平图书馆被敌伪劫掠图书 4473 册[②]，故宫博物院被敌宪兵劫掠图书 11022 册。[③]这些文物被日寇劫掠，也恰恰说明了九一八事变后北平文物进行迁移异地保存的必要性。

① 《北京大学校产保管委员会呈报文物损失》(1946 年 1 月 29 日)，转引自孟国祥编著:《抗战时期的中国文化教育与博物馆事业损失窥略》，中共党史出版社，2017 年，第 306—307 页。

② 孟国祥编著:《抗战时期的中国文化教育与博物馆事业损失窥略》，中共党史出版社，2017 年，第 262 页。

③ 孟国祥编著:《抗战时期的中国文化教育与博物馆事业损失窥略》，中共党史出版社，2017 年，第 187 页。

后记

本书的写作缘起于我对民国时期历史博物馆（国家博物馆前身）历史沿革的关注。为系统梳理民国时期历史博物馆的发展历程，2010年，我赴台湾“中研院”历史语言研究所傅斯年图书馆查阅有关历史博物馆的档案，在查阅相关史料的过程中，一批关于抗战时期历史博物馆文物迁移的珍贵档案被发现。这批长期未被学界充分关注的史料，不仅具有重要的文献价值，更展现了特殊历史背景下历史博物馆对文化遗产保护的独特实践，由此引发我持续深入的研究兴趣。

研究初期，我主要聚焦于历史博物馆文物迁移的个案考察。近年来，随着研究的深入和档案资料的不断发掘，研究视野逐渐拓展。研究发现，历史博物馆这场文物迁移行动并非孤立的事件，而是1930年代北平文博界在民族危亡之际集体行动的有机组成部分。除历史博物馆之外，还有中央研究院历史语言研究所、故宫博物院、古物陈列所、北平图书馆、颐和园、国子监等多家文博机构均参与了这场规模空前的文物迁移行动。基于这一认识，促使我将研究视野从历史博物馆一个“点”拓展至整个北平文博界的“面”，试图系统、全面地还原20世纪30年代那场波澜壮阔的国宝大迁移的历史。需要说明的是，本书所收《端门含章——历史博物馆文物的迁移始末》曾以论文形式发表，今根据本书体例，进行了修改。

本书的完成，承蒙多方支持与帮助。特别感谢本书的策划人谭徐峰先生，正是他的独到的学术眼光与专业的出版理念，使这一选题得以以更富学术深度和可读性的方式呈现；在写作过程中，老友霍宏伟在观点提炼、研究思路上给予了诸多启发；在资料收集过程中，国家博物馆黑梦岩、北京市委党史研究室高俊良等提供了宝贵的档案支持；同时也感谢出版社编辑团队的细致打磨，责任编辑秦琥、冯世毓的精心编校与版式设计侯建、封面设计冯伟佳的创意设计，显著提升了本书的学术品质与呈现效果。在此一并致以诚挚谢意。

李守义

2025 年 7 月